O SOM E O SENTIDO

JOSÉ MIGUEL WISNIK

O som e o sentido

Uma outra história das músicas

3ª edição

3ª reimpressão

COMPANHIA DAS LETRAS

Grafia atualizada segundo o Acordo Ortográfico da Língua Portuguesa de 1990, que entrou em vigor no Brasil em 2009.

Capa
Elaine Ramos

Preparação
Ângelo Stepanovits

Revisão
Fátima Couto
Geuid Dib Jardim
Pedro Ribeiro

Coordenação editorial
Página Viva

Dados Internacionais de Catalogação na Publicação (CIP)
(Câmara Brasileira do Livro, SP, Brasil)

Wisnik, José Miguel
O som e o sentido : Uma outra história das músicas / José Miguel Wisnik. — 3ª ed. — São Paulo : Companhia das Letras, 2017.

ISBN 978-85-359-2969-0

1. Música — Linguagem — História 2. Som I. Título.

17-05784 CDD-781

Índices para catálogo sistemático:
1. Linguagem musical : História 781
2. Música : Linguagem : História 781

EDITORA SCHWARCZ S.A.
Rua Bandeira Paulista, 702, cj. 32
04532-002 — São Paulo — SP
Telefone: (11) 3707-3500
www.companhiadasletras.com.br
www.blogdacompanhia.com.br
facebook.com/companhiadasletras
instagram.com/companhiadasletras
twitter.com/cialetras

Agradecimentos

A Hélio Ziskind, cujo trabalho abriu e acrescentou muitas trilhas de som e de sentido a este livro. A Ricardo Breim, mestre de harmonias, ouvido e coração absolutos. A Maurício Dottori, pela generosa competência com que ilustrou o texto.

A Willy Corrêa de Oliveira, um brinde no meio do coro das contradições. A Edson da Cunha Swain, dentista transcendental, que afinou o teclado cosmobiológico.

Aos alunos que acompanharam o curso "O som e o sentido", pelo interesse, inquietações, contribuições. Aos promotores desse curso em várias cidades: Centro de Estudos da Escola da Vila (São Paulo), Editora Brasiliense (São Paulo), Sui generis (Porto Alegre), SESC (Curitiba), Escola Cenário/NEP-FUNARTE (Rio de Janeiro). Em especial: Rosa Iavelber (Escola da Vila), Marcelo Levi e Flora Venâncio (Brasiliense), Leoberto Brancher e Jussara Quadros (Porto Alegre), Celise Helena Niero (Curitiba), Adauto Novaes (Rio).

Aos músicos em São Paulo: Ná Ozzetti, Vânia Bastos, Suzana Salles, Eliete Negreiros, Tetê Espíndola e Cida Moreira, Arrigo Barnabé, Luiz Tatit, Carlos Rennó, Itamar Assunção, Livio Tragtenberg, Péricles Cavalcanti, Hermelino Neder, Paulo Tatit, Walter Franco, Tom Zé, Arnaldo Antunes.

À Fundação de Amparo à Pesquisa do Estado de São Paulo, que financiou uma viagem para estudo do tema deste livro (1982), e à Fundação Guggenheim, que me concedeu bolsa de pesquisa em 1984, da qual este livro resulta em parte.

Aos editores da primeira edição, Companhia das Letras e Círculo do Livro, que encamparam em 1989 as dificuldades de produção de um livro-fita. Ao pessoal da equipe de produção do Círculo do Livro, pela gentileza e atenção com que contribuiu, naquela oportunidade, para a solução das dificuldades técnicas.

A Márcia Maria Vinci de Moraes, pela mais-que-datilografia.

A Elisa Zein, José Antonio Pasta Júnior, Célia Eid, Marilene Felinto, João Camillo Pena, Viriato Campelo, Zé Tatit, Paulo Neves, pela ajuda, força e inspiração.

A Laura, música silenciosa.

São Paulo, junho de 1989/ agosto de 1998
José Miguel Wisnik

Sumário

Apresentação

Este é um livro para músicos e não-músicos. Ele fala do uso humano do som e da história desse uso. Mas não é uma "história da música" no seu sentido mais usual: história de estilos e de autores, suas biografias, idiossincrasias e particularidades composicionais. Não é também uma história da música tonal europeia entendida como música universal. É, sim, um livro sobre vozes, silêncios, barulhos, acordes, tocatas e fugas, em diferentes sociedades e tempos. Modos escalares em contraponto com modos de produção. Som dos anjos, dos astros, dos deuses, dos demônios; música dos homens, das musas, das máquinas.

Se é história, o livro poderia ser definido como o esboço de uma história da linguagem musical, em seu contracanto com a sociedade e com certas construções mitológicas, filosóficas e literárias.

O núcleo dessa história está nos capítulos "Modal", "Tonal" e "Serial", precedidos de uma descrição geral do fenômeno sonoro e de seus modos de uso ("Som, ruído e silêncio"), e seguidos de um comentário sobre as músicas da atualidade ("Simultaneidades").

O campo *modal*, tal como é entendido aqui, abrange toda a vasta gama das tradições pré-modernas: as músicas dos povos africanos, dos indianos, chineses, japoneses, árabes, indonésios, indígenas das Américas, entre outras culturas. Ele inclui também a tradição grega antiga (que só conhecemos na teoria) e o canto gregoriano, que constituem, ambos, estágios modais da música do Ocidente.

O *tonal* abrange o arco histórico que vai do desenvolvimento da polifonia medieval ao atonalismo (formação, fastígio e dispersão do sistema tonal na música chamada "erudita", da Europa), e tem seu momento forte entre Bach e Wagner (ou Mahler), do barroco ao romantismo tardio, passando pelo estilo clássico.

O *serial* compreende as formas radicais da música de vanguarda no século XX, representadas por Schoenberg e Webern, e pelos seus desdobramentos, que levam à música eletrônica, formas essas que serão comparadas, por contraste, com as tendências recentes à música repetitiva, também chamada minimalista.

Habitualmente as histórias da música são histórias da zona tonal, indo do barroco a Debussy, com uma breve incursão pelo dodecafonismo e um final suspensivo sobre a música atual, em que o fio da história se perde na completa impossibilidade de articular o passado e o presente. Elas contêm muitas vezes introduções sobre a música modal, a qual permanece, por sua vez, completamente desligada da tradição tonal europeia e moderna, quando não exótica em sua estaticidade pré-moderna.

Em *Uma nova história da música* (1950), Otto Maria Carpeaux resolveu o problema pelo avesso, assumindo com todas as letras aquilo que considerou ser uma condição inevitável da nossa escuta, a sua *ocidentalidade*. Em outras palavras, gravitamos, segundo Carpeaux, em torno da evolução tonal europeia, e nisso consistiria necessariamente para nós a (história da) música. Convencido, como Spengler e Toynbee, de que "a música, assim como a entendemos, é um fenômeno específico da civilização ocidental", de que "em nenhuma outra civilização ocupa um compositor a posição central de Beethoven na história da nossa civilização", e de que "nenhuma outra civilização produziu fenômeno comparável à polifonia de Bach", Carpeaux omitiu coerentemente o capítulo costumeiro sobre músicas modais "étnicas", e começa a sua história pelas melodias diatônicas (e terminantemente ocidentais) do canto gregoriano, porque elas são a base sobre a qual se constitui o tonalismo.

No entanto, fica cada vez mais claro, nos últimos trinta ou quarenta anos, que a música "ocidental" (tal como é referida por Otto Maria Carpeaux como sendo "a" música) não descreve mais a própria "música" ocidental. Aliás, Carpeaux percebera esse ponto de ruptura, ao terminar a sua história dizendo que a música concreta e a música eletrônica "nada têm nem poderão ter em comum com aquilo que a partir do século XIII até 1950 se chamava música". E conclui: "O assunto do presente livro está, portanto, encerrado". Modelar sob tantos aspectos, o livro de Carpeaux é também um modelo do critério tonal "clássico" como modo de leitura da história, que se vê obrigada aí a fechar-se sobre si mesma diante da verdadeira mutação que se operou nas músicas deste século.

Assistimos hoje, ao que tudo indica, ao fim do grande arco evolutivo da música ocidental, que vem do cantochão à polifonia, passando através do tonalismo e indo se dispersar no atonalismo, no serialismo e na música eletrônica. Esse arco evolutivo, que compreende o grande ciclo de uma música voltada para o parâmetro das alturas melódicas (em detrimento do pulso, dominante nas músicas modais), é um traço singularizador da música ocidental. É possível que esse ciclo tenha se consumado na metade do século XX e que estejamos vivendo o intermezzo de um grande deslocamento de parâmetros, em que o pulso volta a ter uma atuação decisiva (as músicas populares, o jazz, o rock e o minimalismo dão sinais dessa direção).

Trata-se então de interpretar esse deslocamento, que pode ser lido não apenas como uma espécie de "anomalia" final que perturba o bom andamento da tradição musical erudita, mas como o termo (ou o elo) de um processo que está contido nela desde as suas origens.

Entre os impasses declarados de algumas das linhas evolutivas da modernidade e o impacto da repetição nos meios de massa, fica impossível pensar a multiplicidade das músicas contemporâneas a não ser através de novos parâmetros.

Em primeiro lugar, há um vazamento daqueles bolsões que separavam tradicionalmente o erudito e o popular, além de que a música ocidental redescobre as músicas modais, com as quais se encontra em muitos pontos. Os balineses e os pigmeus do Gabão são contemporâneos de Stockhausen. Os cantores populares da Sardenha, com suas impressionantes polifonias, assim como as mulheres búlgaras (que mantêm vivo o canto imemorial da Trácia, pátria de Orfeu e Dionísio), são focos brilhantes das sonoridades presentes no mundo. O funk e a música eletrônica convergem juntamente no sintetizador. O jazz e especialmente o rock se alimentam da oscilação cíclica entre processos elaborados e processos elementares. A canção faz, em momentos privilegiados, a ponte entre a vanguarda e os meios de massa.

A questão é, pois, repensar os fundamentos da história dos sons tendo em conta essa sincronia. Ela exige que o pensamento, ele mesmo, se veja investido de uma propriedade musical: a polifonia e a possibilidade de aproximar linguagens aparentemente distantes e incompatíveis.

Este livro quer ser, ao mesmo tempo, didático e ensaístico-interpretativo. Os termos técnicos são evitados na medida em que não possam ser explicados e exemplificados (até onde isso é possível). Algumas especificações importantes foram deixadas para as notas, ao final do livro. Não se pede do leitor uma formação musical, mas o senso da escuta e uma disposição para pensar, como na música, em várias claves — onde se podem combinar a percepção das sonoridades, a interação corporal e também o pensamento poético, histórico-social, antropológico ou outro.

As intenções didáticas, interpretativas e polifônicas do livro não poderiam se realizar sem a presença da própria música, acompanhando o percurso conceitual do livro através de um percurso sonoro, contido em uma playlist. Nesta, o leitor-ouvinte encontrará uma montagem de exemplos, extraídos às vezes de gravações existentes (principalmente quando se trata das músicas modais), mas produzidos quase sempre a partir de sintetizadores e sequenciadores (quando se trata de músicas tonais e seriais). Sem a intenção de reproduzir literalmente a versão original dessas peças, no que diz respeito à sua instrumentação e expressividade "naturais", a versão sequenciada permite tornar nítidas certas passagens, decompor seus elementos e analisá-los concretamente sem a mediação excessiva — e abstrata para o leigo — da terminologia técnica.

Deve ficar claro, no entanto, que o acompanhamento sonoro não foi pensado como linearmente paralelo ao desenvolvimento do livro, embora vá incidindo sistematicamente sobre os pontos tratados ao longo dos seus diversos capítulos. Optou-se, na preparação da trilha, por um roteiro que atendesse às necessidades do próprio material musical, o que dá a ela uma certa autonomia em relação ao livro, embora se mantenha integrada a ele. A primeira edição de *O som e o sentido*, em 1989, trazia uma fita cassete; a edição de 1999, um CD. Agora, a trilha foi remasterizada e está disponível em playlist na página do livro na internet: www.companhiadasletras.com.br/osomeosentido. Para facilitar a coordenação entre a leitura e a escuta, cada conceito, ideia ou obra presente no livro, que se encontre exemplificado na playlist, vem marcado no texto com um asterisco*. Assim, o leitor sabe que encontrará na playlist (verificável no roteiro presente no final deste livro) a versão audível do que se diz ali, e pode ir procurando, através da escuta e da leitura alternadas, o seu ponto de acerto entre o som e o sentido.

O livro não pretende enfim "traduzir" o "sentido" — intraduzível — da música. Ele pretende apenas se aproximar daquele limiar em que a música fala ao mesmo tempo ao horizonte da sociedade e ao vértice subjetivo de cada um, sem se deixar reduzir às outras linguagens. Esse limiar está fora e dentro da história. A música ensaia e antecipa aquelas transformações que estão se dando, que vão se dar, ou que deveriam se dar, na sociedade.

I. SOM, RUÍDO E SILÊNCIO

Física e metafísica do som

1. SINAL DE ONDA. SOM E SILÊNCIO

Sabemos que o som é onda, que os corpos vibram, que essa vibração se transmite para a atmosfera sob a forma de uma propagação ondulatória, que o nosso ouvido é capaz de captá-la e que o cérebro a interpreta, dando-lhe configurações e sentidos.

Representar o som como uma onda significa que ele ocorre no tempo sob a forma de uma periodicidade, ou seja, uma ocorrência repetida dentro de uma certa frequência.

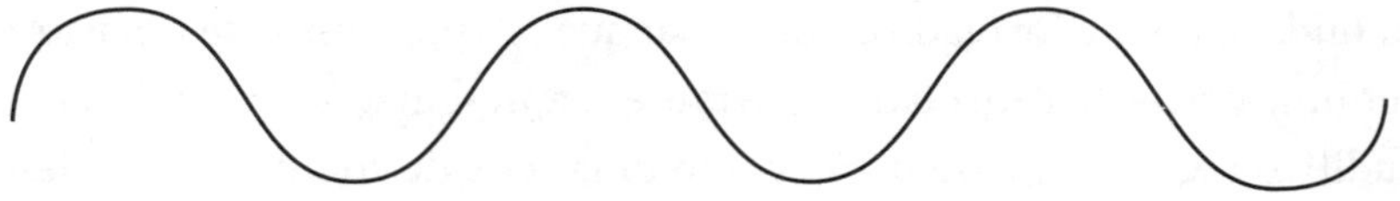

Periodicidade da onda sonora

O som é o produto de uma sequência rapidíssima (e geralmente imperceptível) de *impulsões* e *repousos*, de impulsos (que se representam pela ascensão da onda) e de *quedas cíclicas desses impulsos*, seguidas de sua reiteração. A onda sonora, vista como um microcosmo, contém sempre a partida e a contrapartida do movimento, num campo praticamente sincrônico (já que o ataque e o refluxo sucessivos da onda são a própria *densificação* de um certo padrão do movimento, que se dá a ouvir através das camadas de ar). Não é a matéria do ar que caminha levando o som, mas sim um sinal de movimento que passa através da matéria, modificando-a e inscrevendo nela, de forma fugaz, o seu desenho.

O som é, assim, o movimento em sua complementaridade, inscrita na sua forma oscilatória. Essa forma permite a muitas culturas pensá-lo como modelo de uma essência universal que seria regida pelo movimento permanente. O círculo do Tao, por exemplo, que contém o *ímpeto yang* e o *repouso yin*, é um recorte da mesma onda que costumamos tomar, analogicamente, como representação do som.

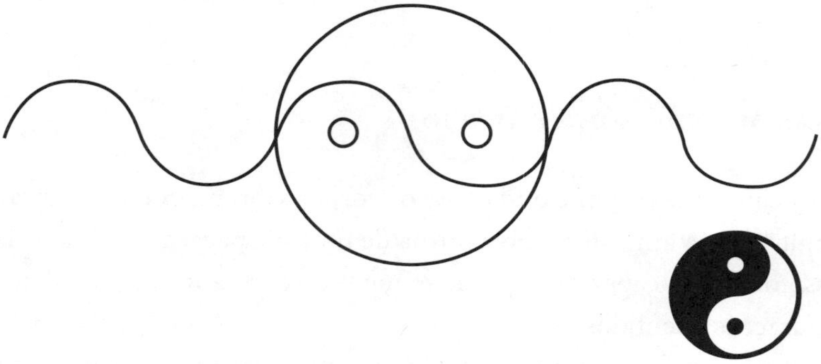

O Tao do som

Em outros termos (agora mais digitais do que analógicos), pode-se dizer que a onda sonora é formada de um sinal que se apresenta e de uma ausência que pontua desde dentro, ou desde sempre, a apresentação do sinal. (O tímpano auditivo registra essa oscilação como uma série de compressões e descompressões.) Sem esse lapso, o som não pode durar, nem sequer começar. Não há som sem pausa. O tímpano auditivo entraria em espasmo. O som é presença e ausência, e está, por menos que isso apareça, permeado de silêncio. Há tantos ou mais silêncios quantos sons no som, e por isso se pode dizer, com John Cage, que *nenhum som teme o silêncio que o extingue.*[1] Mas também, de maneira reversa, há sempre som dentro do silêncio: mesmo quando não ouvimos os barulhos do mundo, fechados numa cabine à prova de som, ouvimos o barulhismo do nosso próprio corpo produtor/receptor de ruídos (refiro-me à experiência de John Cage, que se tornou a seu modo um marco na música contemporânea, e que diz que, isolados experimentalmente de todo ruído externo, escutamos no mínimo o som grave da nossa pulsação sanguínea e o agudo do nosso sistema nervoso).

O mundo se apresenta suficientemente espaçado (quanto mais nos aproximamos de suas texturas mínimas) para estar sempre vazado de vazios, e concreto de sobra para nunca deixar de provocar barulho.

2. PERIODICIDADE E PULSO

A onda sonora é um sinal oscilante e recorrente, que retorna por períodos (repetindo certos padrões no tempo). Isso quer dizer que, no caso do som, um sinal nunca está só: ele é a marca de uma propagação, irradiação de frequência.

Para dizer isso, podemos usar uma metáfora corporal: a onda sonora obedece a um *pulso*, ela segue o princípio da pulsação. Bem a propósito, é fundamental pensar aqui nessa espécie de correspondência entre as escalas sonoras e as escalas corporais com as quais medimos o tempo. Porque o complexo corpo/mente é um medidor frequencial de frequências. Toda a nossa relação com os universos sonoros e a música passa por certos padrões de pulsação somáticos e psíquicos, com os quais jogamos ao ler o tempo e o som.

No nível somático, temos principalmente o pulso sanguíneo e certas disposições musculares (que se relacionam sobretudo com o andar e suas velocidades), além da respiração. A terminologia tradicional associa o ritmo à categoria do andamento, que tem sua medida média no andante, sua forma mais lenta no largo e as indicações mais rápidas associadas já à corrida afetiva do allegro e do vivace (os andamentos se incluem num gradiente de disposições físicas e psicológicas). Assim, também, um teórico do século XVIII sugeria que a unidade prática do ritmo musical, o padrão regular de todos os andamentos, seria "o pulso de uma pessoa de bom humor, fogosa e leve, à tarde" (!).[2]

Os indianos usam o batimento do coração ou o piscar do olho como referência, esse último já próximo de uma medida mais abstrata, como aquela que certos teóricos chamam "duração de presença" (a maior unidade de tempo que conseguimos contar mentalmente sem subdividi-la). Essa seria uma unidade mental, relativamente variável de pessoa para pessoa e que, como lembram bem os defensores da música in natura, é mais importante do que o tempo mecanizado do metrônomo e a cronometria do *segundo*.[3]

O fundamento dessa unidade de presença estaria possivelmente em certas frequências cerebrais, especialmente no *ritmo alfa* (sobre o qual voltarei a falar, por causa de sua importância para o caso das ondas sonoras), que alguns consideram como o *ritmo* (ou, mais exatamente, o *pulso*) *cerebral* que serve de base à interpretação dos demais ritmos.

Os sons são emissões pulsantes, que são por sua vez interpretadas segundo os pulsos corporais, somáticos e psíquicos. As músicas se fazem nesse ligamento em que diferentes frequências se combinam e se interpretam porque se interpenetram.

3. DURAÇÕES E ALTURAS

Mas é preciso dizer *como* se apresenta o pulso na música. Assim como o corpo admite ritmos somáticos (a exemplo do sanguíneo) e ritmos psíquicos (como as ondas cerebrais), que operam em diferentes faixas de onda, as frequências sonoras se apresentam basicamente em duas grandes dimensões: as *durações** e as *alturas** (durações rítmicas, alturas melódico-harmônicas).

O bater de um tambor é antes de mais nada um pulso rítmico. Ele emite frequências que percebemos como recortes de tempo, onde inscreve suas recorrências e suas variações. Mas se as frequências rítmicas foram tocadas por um instrumento capaz de acelerá-las muito, a partir de cerca de dez ciclos por segundo, elas vão mudando de caráter e passam a um estado de granulação veloz, que salta de repente para um outro patamar, o da *altura melódica*. A partir de um certo limiar de frequência (em torno de quinze ciclos por segundo, mas estabilizando-se só em cem e disparando em direção ao agudo até a faixa audível de cerca de 15 mil hertz), o ritmo "vira" melodia*.

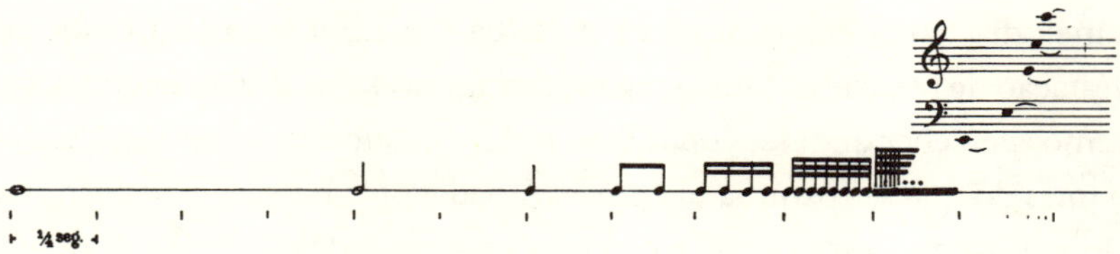

A aceleração rítmica progressiva e sua conversão em alturas

Se o nosso ouvido só percebe sinais discretos, separados e portanto rítmicos, até o umbral aproximado de 10 hertz (ciclos por segundo), entre 10 e cerca de 15 hertz o som entra *numa faixa difusa e indefinida* entre a duração e a altura, que se define depois, nos registros oscilatórios mais rápidos, através da sensação de permanência espacializada do som melódico (quando a periodicidade das vibrações fará então com que o escutemos com a identidade de um possível dó, um mi, um lá, um si). A diferença quantitativa produz, portanto, num certo *ponto de inflexão*, um salto qualitativo: muda o parâmetro da escuta. Passamos a ouvir, então, toda a cambiante das distinções que vão deslizando dos graves aos agudos, o campo movente de tessitura (como é chamado o espectro das alturas) no qual as notas das melodias farão a sua dança. Nesse campo, pelo mesmo enlace corporal que já comentei a propósito do andamento rítmico, o som grave (como o próprio nome sugere) tende a ser associado ao peso da matéria, com os objetos mais presos à terra pela lei da gravidade, e que emitem vibrações mais lentas, em oposição à ligeireza leve e lépida do agudo (o ligeiro, como no francês *léger*, está associado à leveza).

A partir de certa altura, os sons agudos vão progressivamente saindo da nossa faixa de percepção: a sua afinação soa distorcida, e eles vão perdendo intensidade até desaparecer para nós, embora sejam escutáveis (por um cão, por exemplo).

No entanto, é preciso lembrar que, em música, ritmo e melodia, durações e alturas se apresentam ao mesmo tempo, um nível dependendo necessariamente do outro, um funcionando como o *portador* do outro. É impossível a um som se apresentar sem durar, minimamente que seja, assim como é impossível que uma duração sonora se apresente concretamente sem se encontrar numa faixa qualquer de altura, por mais indefinida e próxima do ruído que essa altura possa ser.

Se pensamos as durações e as alturas como variáveis de uma mesma sequência de progressão vibratória, em que o ritmo, a partir de certo limiar, se torna melodia-harmonia (e sendo a melodia-harmonia uma outra ordem de manifestação de relações rítmicas, escutadas agora espacialmente como alturas), poderemos perceber que essas duas dimensões constitutivas da música dialogam muito mais do que se costuma imaginar. A pedagogia musical não costuma dar atenção nenhuma a essa passagem, a essa correspondência entre as diferentes dimensões vibratórias, e perde aí todo um horizonte de insights possíveis extremamente estimulantes para fazer e pensar músicas. O preço que se paga é a cristalização enrijecida da ideia de *ritmo* e *melodia* como coisas separadas, perdendo-se a dinâmica temporal (e os fluxos) que fazem com que um nível se traduza (com todas as suas diferenças e correspondências) no outro.[4]

A tradutibilidade subjacente entre durações e alturas é estimulada por um outro dado extremamente intrigante que envolve a relação entre as duas: aquele ponto de inflexão que as separa, entre dez e quinze vibrações por segundo, no limiar oscilante entre as figuras rítmicas e a altura melódica, coincide muito aproximadamente com a faixa vibratória do chamado ritmo alfa. O *ritmo alfa* (situado entre 8 e 13 hertz) é uma frequência cerebral que, ao que tudo indica, funciona para a nossa percepção como uma onda portadora de ondas, uma espécie de fundo condutor (desaparece no sono profundo e é recoberto por outros ritmos quando a nossa atenção está solicitada, mas é particularmente marcado no eletroencefalograma — quando os olhos estão fechados mas em vigília, ou quando olhamos sem fixar o olhar).

Segundo Alain Daniélou, em sua *Sémantique musicale*, "o ritmo alfa parece ser de fato a base que determina o valor do tempo relativo e consequentemente todas as relações do ser vivo com o seu ambiente". Segundo essa interpretação, ele seria o fator constante e subjacente, padrão vibratório que "condiciona todas as percepções", funcionando como um *sinal de sincronização* que comandaria o andamento da nossa sensação do tempo. (Quando árvores em série na beira da estrada, por exemplo, em sincronia com a velocidade do carro, entram nessa faixa de frequência, causam forte interferência sobre a atenção do motorista, podendo provocar acidente.)

A música teria, no limiar decisivo entre duração e altura, ali onde "a pulsação deixa de ser percebida como um elemento rítmico para aparecer como cor sonora de uma escala melódica", aquela frequência vibratória que é, digamos assim, a nossa medida no turbilhão das vibrações cósmicas. O ritmo alfa, pulsação situada no coração da música (como linha divisória e ponto de referência implícito entre a ordem das durações e a das alturas), seria o nosso *diapasão temporal*, o ponto de afinação do ritmo humano frente a todas as escalas rítmicas do universo, e que determinaria em parte o alcance do que nos é perceptível e imperceptível.[5]

4. COMPLEXIDADE DA ONDA SONORA

Quando dizemos que o sinal sonoro corresponde a uma onda que fazemos representar por uma senoide, estamos procedendo a uma *redução* simplificadora, a uma abstração que se faz necessária para a apresentação mais elementar de um fundamento. Isso porque cada som concreto corresponde na realidade não a uma onda pura, mas a um feixe de ondas, uma superposição intrincada de frequências de comprimento desigual. Os sinais sonoros não são na verdade simples e unidimensionais, mas complexos e sobrepostos.

Onda sinusoidal

Quase nunca (praticamente só em condições laboratoriais, a partir de sintetizadores eletrônicos) nos deparamos com um som que seja efetivamente o produto de uma ondulação pura e simples (ou, como se diz, uma onda sinusoidal). Um som angelical desse tipo só se produz em sintetizador e se aparenta com o registro mais agudo de uma flauta transversal. Se o mundo fosse sinusoidal, um grande conjunto de ondas pulsando na mesma frequência, não haveria música.

Toda música "está cheia de inferno e céu", pulsos estáveis e instáveis, ressonâncias e defasagens, curvas e quinas. De modo geral, o som é um feixe de ondas, um complexo de ondas, uma *imbricação de pulsos desiguais*, em atrito relativo.

A onda sonora é complexa, e se compõe de frequências que se superpõem e interferem umas nas outras. Essa complexidade é antes de mais nada a do som concreto, o som real, que é sempre, em alguma medida, impuro. São os feixes de onda mais densos ou mais esgarçados, mais concentrados no grave ou no agudo, são em suma os componentes da sua complexidade (produzida pelo objeto que o gerou) que dão ao som aquela singularidade colorística que chamamos *timbre**. Uma mesma nota (ou seja, uma mesma altura) produzida por uma viola, um clarinete ou um xilofone soa completamente diferente, graças à combinação de comprimentos de ondas que são ressoadas pelo corpo de cada instrumento. Essa ressonância está ligada a uma propriedade do som, que é de vibrar dentro de si, além da frequência fundamental que percebemos como altura (a frequência mais lenta e grave), um feixe de frequências mais rápidas e agudas, que não ouvimos como altura isolada mas como um corpo timbrístico, muitas vezes caracterizado como a *cor* do som. Esse feixe frequencial embutido no som, esse espectro de ondas que o compõe, pode ser, como através de um prisma, subdividido nos sons da chamada *série harmônica**. A série harmônica é a única "escala" natural, inerente à própria ordem do fenômeno acústico. Todas as outras são construções artificiais das culturas, combinações fabricadas pelos homens, dialogando, de alguma forma, com a série harmônica, que permanece como referência modelar subjacente, seu paradigma. (Mais adiante, mergulharemos no entendimento desse fenômeno, que é o prisma secreto do som, e cujas refrações dão as suas cores harmônicas.)

Quanto ao timbre:

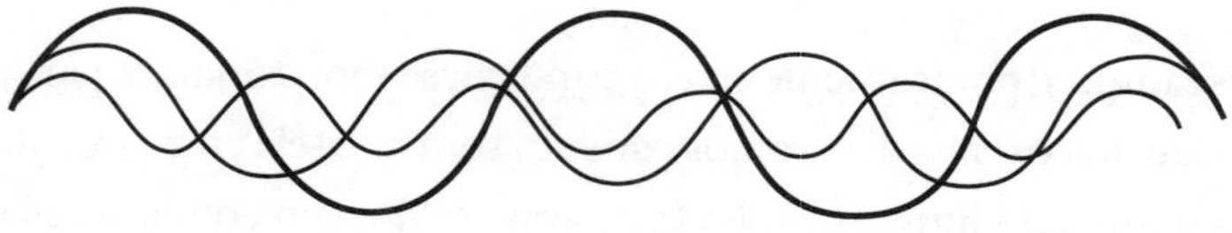

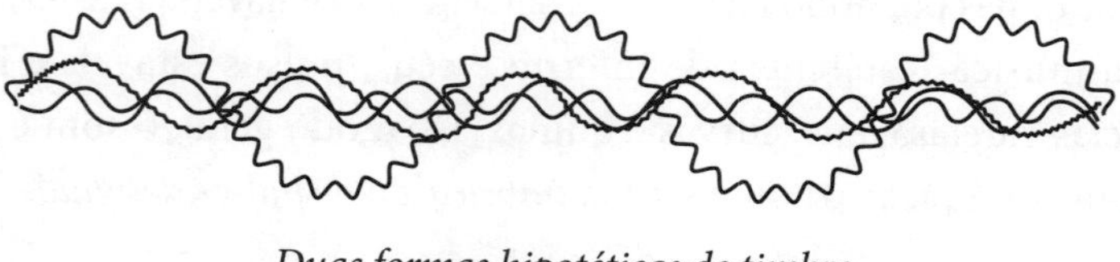

Duas formas hipotéticas de timbre

a nota que escutamos como *altura melódica* corresponde, em cada caso, à mesma velocidade vibratória fundamental. Mas cada um dos instrumentos vibra também em outras frequências mais rápidas (os chamados sons harmônicos), diferentes em cada um, frequências que não escutamos como altura, mas cujo produto reconhecemos como timbre. O próprio corpo singular de cada som se faz, portanto, de uma multiplicidade de períodos conjugados.[6]

Assim como o timbre colore os sons, existe ainda uma variável que contribui para matizá-los e diferenciá-los de outro modo: é a *intensidade* dada pela maior ou menor amplitude da onda sonora.

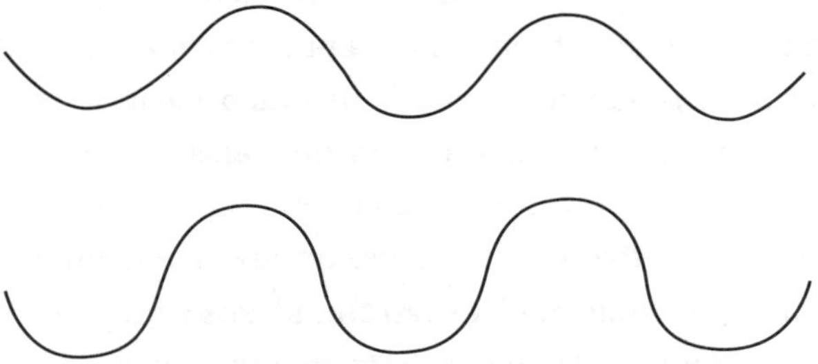

A amplitude da onda: intensidade

A segunda onda apresenta a mesma frequência (altura), mas uma amplitude maior (que resulta em intensidade: a primeira soa piano, a segunda, forte ou fortíssimo).

A intensidade é uma informação sobre um certo grau de *energia* da fonte sonora. Sua conotação primeira, isto é, sua semântica básica, está ligada justamente a estados de excitação energética, sempre dentro da margem de ambivalência (ou multivalência) em que se inscreve todo e qualquer *sentido* em música. O som que decresce em intensidade pode remeter tanto à fraqueza e à debilitação, que teria o silêncio como morte, ou à extrema sutileza do extremamente vivo (podendo sugerir justamente o ponto de colamento e descolamento desses sentidos, o ponto diferencial entre a vida e a morte, aí potencializados). O crescendo e o fortíssimo podem evocar, por sua vez, um jorro de explosão proteínica e vital emanando da fonte, ou a explosão mortífera do ruído como destruição, como desmanche de informações vitais. Falta ou excesso de intensidade (embora a rigor só possam ser avaliados no contexto formal em que aparecem, denunciando a sua estratégia específica) são índices diferenciais de força (potenciômetro das medidas humanas diante dos movimentos do mundo). As intensidades tecem todas as gradações dos *crescendos* e *diminuindos* (cambiantes apresentadas em progressão, que se somam às melodias) ou todo o quadro, importantíssimo, das pontuações: destaques, fortes ou pianos súbitos, acentuações minimais que são decisivas para o resultado das pulsações (as intensidades são um elemento auxiliar das durações na configuração do suingue, do balanço, da levada, da curvatura do fluxo, do contínuo no descontínuo, do descontínuo no contínuo).

Através das alturas e durações, timbres e intensidades, repetidos e/ou variados, o som se diferencia ilimitadamente. Essas diferenças se dão na conjugação dos parâmetros e no interior de cada um (as *durações* produzem as figuras rítmicas; as *alturas*, os movimentos melódico-harmônicos; os *timbres*, a multiplicação colorística das vozes; as *intensidades*, as quinas e curvas de força na sua emissão).

Os pulsos rítmicos são complexos e se traduzem em tempos e contratempos; os pulsos melódico-harmônicos são complexos e projetam estabilidades e instabilidades harmônicas. Tempo e contratempo, consonância e dissonância são modos como interpretamos determinadas combinações de certas propriedades básicas do som, que procurarei explicar mais adiante. Os sons entram em diálogo e "exprimem" semelhanças e diferenças na medida em que põem em jogo a complexidade da onda sonora. É o diálogo dessas complexidades que engendra as músicas. As músicas só são possíveis por causa das correspondências e desigualdades no interior dos pulsos. Todos os parâmetros são modos de uma mesma coisa: vibrações, séries intervaladas de atritos, ruídos respirantes que projetam ondas.

5. FASE E DEFASAGEM — SOM-RUÍDO

A natureza oferece dois grandes modos de experiência da onda complexa que faz o som: frequências regulares, constantes, estáveis, como aquelas que produzem o som afinado, com altura definida, e frequências irregulares, inconstantes, instáveis, como aquelas que produzem barulhos, manchas, rabiscos sonoros, ruídos. Complexos ondulatórios cuja sobreposição tende à estabilidade, porque dotados de uma periodicidade interna, e complexos ondulatórios cuja sobreposição tende à instabilidade, porque marcados por períodos irregulares, não coincidentes, descontínuos. No nível rítmico, a batida do coração tende à constância periódica, à continuidade do pulso; um espirro ou um trovão, à descontinuidade ruidosa.

Um som constante, com altura definida, se opõe a toda sorte de barulhos percutidos provocados pelo choque dos objetos. Um som afinado pulsa através de um período reconhecível, uma constância frequencial. Um ruído é uma mancha em que não distinguimos frequência constante, uma oscilação que nos soa desordenada.

O som do mar: durações oscilantes entre a pulsação e a inconstância, num movimento ilimitado; alturas em todas as frequências, das mais graves às mais agudas, formando o que se chama um *ruído branco*.[7]

Ao fazer música, as culturas trabalharão nessa faixa em que som e ruído se opõem e se misturam. Descreve-se a música originariamente como a própria extração do som ordenado e periódico do meio turbulento dos ruídos. Cantar em conjunto, achar os intervalos musicais que falem como linguagem, afinar as vozes significa entrar em acordo profundo e não visível sobre a intimidade da matéria, produzindo ritualmente, contra todo o ruído do mundo, um som constante (um único som musical afinado diminui o grau de incerteza no universo, porque insemina nele um princípio de ordem).[8] Sem saber, as pessoas produzem uma constante invisível e numericamente tendente ao exato: um lá central se localiza em torno de 440 vibrações por segundo. As vozes entram em uníssono, pulsando o tom melódico, intensidades, timbres, ressonâncias harmônicas. Essa afinação do pulso e da altura definida soa como metáfora subliminar do salto biológico em que a vida sai do mar. (Um coro cantando uma única nota, contra o ruído branco das ondas, contém, digamos assim, uma espécie de redução sumária de todas as possibilidades da música, oscilando entre a organização e a entropia, a ordem e o caos.)

Nos rituais que constituem as práticas da música modal invoca-se o universo para que seja cosmos e não-caos. Mas, de todo modo, os sons afinados pela cultura, que fazem a música, estarão sempre dialogando com o ruído, a instabilidade, a dissonância. Aliás, uma das graças da música é justamente essa: juntar, num tecido muito fino e intrincado, padrões de recorrência e constância com acidentes que os desequilibram e instabilizam. Sendo sucessiva e simultânea (os sons acontecem um depois do outro, mas também juntos), a música é capaz de ritmar a repetição e a diferença, o mesmo e o diverso, o contínuo e o descontínuo. Desiguais e pulsantes, os sons nos remetem no seu vaivém ao tempo sucessivo e linear, mas também a um outro tempo ausente, virtual, espiral, circular ou informe, e em todo caso não cronológico, que sugere um contraponto entre o tempo da consciência e o não-tempo do inconsciente. Mexendo nessas dimensões, a música não refere nem nomeia coisas visíveis, como a linguagem verbal faz, mas aponta com uma força toda sua para o não-verbalizável; atravessa certas redes defensivas que a consciência e a linguagem cristalizada opõem à sua ação e toca em pontos de ligação efetivos do mental e do corporal, do intelectual e do afetivo. Por isso mesmo é capaz de provocar as mais apaixonadas adesões e as mais violentas recusas.

Há mais essa peculiaridade que interessa ao entendimento dos sentidos culturais do som: ele é um objeto diferenciado entre os objetos concretos que povoam o nosso imaginário porque, por mais nítido que possa ser, é invisível e impalpável. O senso comum identifica a materialidade dos corpos físicos pela visão e pelo tato. Estamos acostumados a basear a realidade nesses sentidos. A música, sendo uma ordem que se constrói de sons, em perpétua aparição e desaparição, escapa à esfera tangível e se presta à identificação com uma outra ordem do real: isso faz com que se tenha atribuído a ela, nas mais diferentes culturas, as próprias propriedades do espírito. O som tem um poder mediador, hermético: é o elo comunicante do mundo material com o mundo espiritual e invisível. O seu valor de uso mágico reside exatamente nisto: os sons organizados nos informam sobre a estrutura oculta da matéria no que ela tem de animado. (Não há como negar que há nisso um modo de conhecimento e de sondagem de camadas sutis da realidade.) Assim, os instrumentos musicais são vistos como objetos mágicos, fetichizados, tratados como talismãs, e a música é cultivada com o maior cuidado (não se pode tocar qualquer música a qualquer hora e de qualquer jeito). (Voltarei a falar longamente no cuidado ritual que cerca a prática musical e em seu caráter *sacrificial*, a propósito do mundo modal.)

O som é um objeto subjetivo, que está dentro e fora, não pode ser tocado diretamente, mas nos toca com uma enorme precisão.[9] As suas propriedades ditas dinamogênicas tornam-se, assim, demoníacas (o seu poder, invasivo e às vezes incontrolável, é envolvente, apaixonante e aterrorizante). Entre os objetos físicos, o som é o que mais se presta à criação de metafísicas. As mais diferentes concepções do mundo, do cosmos, que pensam harmonia entre o visível e o invisível, entre o que se apresenta e o que permanece oculto, se constituem e se organizam através da música.

Mas, se a música é um modelo sobre o qual se constituem metafísicas (e, na tradição ocidental, basta lembrar o caráter profundamente musical da concepção pitagórica e platônica do cosmo), não deixa de ser metáfora e metonímia do mundo físico, enquanto universo vibratório onde, a cada novo limiar, a energia se mostra de uma outra forma. Pode-se pensar na sequência de uma rítmica geral em que passamos não só das durações às alturas, mas daí, em frequências cada vez mais rápidas entrando pelo campo eletromagnético, às ondas de rádio, de radar, às ondas luminosas visíveis e invisíveis (do infravermelho ao espectro das cores, seguindo depois pelo ultravioleta, e daí aos raios X, aos raios gama, aos raios cósmicos).

São fenômenos de outra ordem, dos quais a música se aproxima, ao oferecer o *modelo* de um universo concebido como pura energia, cuja densidade é dada pela interpretação do movimento. A estrutura subatômica da matéria também pode fazer com que esta seja concebida como uma enorme e poderosa densificação do movimento. A música traduz para a nossa escala sensorial, através das vibrações perceptíveis e organizáveis das camadas de ar, e contando com a ilusão do ouvido, mensagens sutis sobre a intimidade anímica da matéria. E dizendo intimidade anímica da matéria, dizemos também a espiritualidade da matéria. A música encarna uma espécie de infraestrutura rítmica dos fenômenos (de toda ordem). O ritmo está na base de todas as percepções, pontuadas sempre por um *ataque*, um modo de entrada e saída, um fluxo de tensão/distensão, de carga e descarga. O feto cresce no útero ao som do coração da mãe, e as sensações rítmicas de tensão e repouso, de contração e distensão vêm a ser, antes de qualquer objeto, o traço de inscrição das percepções. (Por isso pode-se também dizer que a música, linguagem não referencial, que não designa objetos, não tem a capacidade de provocar medo, mas sim a de provocar angústia, ligada, segundo Freud, a um estado de expectação indeterminada, que se dá na ausência do objeto.)[10]

A música é capaz de distender e contrair, de expandir e suspender, de condensar e deslocar aqueles acentos que acompanham todas as percepções. Existe nela uma gesticulação fantasmática, que está como que modelando objetos interiores.

Isso dá a ela um grande poder de atuação sobre o corpo e a mente, sobre a consciência e o inconsciente, numa espécie de eficácia *simbólica*.[11] Os hindus a veem (e o hinduísmo é talvez a mais musical das religiões) como algo da ordem da materialidade sutil, quase tátil, modelagem modeladora, toque em regiões corporais e psíquicas, psicossomáticas. O vazio e a plenitude, dos quais o som emerge e nos quais mergulha, são o próprio duplo, o espelho, de uma ordem cósmica regida pela dança da criação e da *destruição*.[12] Na música, como no sexo, a gênese da vida e da morte deixa-se conhecer, por extrema magnanimidade dos deuses, como prazer.

Quando a criança ainda não aprendeu a falar, mas já percebeu que a linguagem significa, a voz da mãe, com suas melodias e seus toques, é pura música, ou é aquilo que depois continuaremos para sempre a ouvir na música: uma linguagem em que se percebe o horizonte de um sentido que no entanto não se discrimina em signos isolados, mas que só se intui como uma globalidade em perpétuo recuo, não verbal, intraduzível, mas, à sua maneira, transparente.[13]

A música vivida enquanto habitat, tenda que queremos armar ou redoma em que precisamos ficar, canta em surdina ou com estridência a voz da mãe, envelope sonoro que foi uma vez (por todas) imprescindível para a criança que se constitui como algo para si, como *self*.

6. CODA

A música, em sua história, é uma longa conversa entre o *som* (enquanto recorrência periódica, produção de constância) e o *ruído* (enquanto perturbação relativa da estabilidade, superposição de pulsos complexos, irracionais, defasados). Som e ruído não se opõem absolutamente na natureza: trata-se de um *continuum*, uma passagem gradativa que as culturas irão administrar, definindo no interior de cada uma qual a margem de separação entre as duas categorias (a música contemporânea é talvez aquela em que se tornou mais frágil e indecidível o limiar dessa distinção).

Enquanto experiência do mundo em seu caráter intrinsecamente ondulatório, o som projeta o limiar do sentido na medida da sua *estabilidade* e *instabilidade* relativas. Esse sentido é vazado de historicidade — não há nenhuma medida absoluta para o grau de estabilidade e instabilidade do som, que é sempre produção e interpretação das culturas (uma permanente seleção dos materiais visando o estabelecimento de uma economia de som e ruído atravessa a história das músicas: certos intervalos, certos ritmos, certos timbres adotados aqui podem ser recusados ali ou, proibidos antes, podem ser fundamentais depois). A instância decisiva para essa codificação será a constituição de escalas musicais ou de sistemas escalares (assunto que começará a ser tratado no segundo capítulo deste livro, "Modal"). O modo de conceber e praticar as *escalas musicais*, nas mais diferentes culturas, é decisivo para a administração da relação entre som e ruído, e define o caráter mais estável ou instável dos materiais sonoros. O som se produz negando terminantemente certos ruídos e adotando outros, para introduzir instabilidades relativas: tempos e contratempos, tônicas e dominantes, consonâncias e dissonâncias. Vale adiantar, já, que a música contemporânea é aquela que se defronta com a admissão de todos os materiais sonoros possíveis: som/ruído e silêncio, pulso e não-pulso (a necessidade histórica dessa admissão generalizada inscreveu nela, como problema permanente e assumido, um grau muito maior de improbabilidade na medição ou na configuração do limiar diferencial entre a ordem e a não-ordem).

Há no ar um suspense, apocalíptico, sobre essa dificuldade generalizada para instaurar diferenciação, sintoma de um processo de desagregação geral do sentido, que alguns veem como estágio terminal da sociedade de massas. Tal situação pode ser interpretada também como episódio de um grande deslocamento de parâmetros, que estaria se dando como processo de mutação. Este livro pretende aprofundar o exame dessa pergunta.

Vamos discutir essa história através de um certo mapeamento histórico-cultural, que passa pela música *modal*, pela música *tonal* e pela música *pós-tonal* (que tem no serialismo e no minimalismo os seus casos-limites), sobre o fundo constante das músicas populares e das músicas de massa.

Antropologia do ruído

1. SOM E SACRIFÍCIO

O som periódico opõe-se ao ruído, formado de feixes de defasagens "arrítmicas" e instáveis. Como já se disse, no entanto, o grau de ruído que se ouve num som varia conforme o contexto. Um intervalo de terça maior (como o que há entre as notas dó e mi) é dissonante durante séculos, no contexto da primeira polifonia medieval, e torna-se plena consonância na música tonal. Um grito pode ser um som habitual no pátio de uma escola e um escândalo na sala de aula ou num concerto de música clássica. Uma balada "brega" pode ser embaladora num baile popular e chocante ou exótica numa festa burguesa (onde pode se tornar frisson chique/brega). Tocar um piano desafinado pode ser uma experiência interessante no caso de um ragtime e inviável em se tratando de uma sonata de Mozart. Um cluster (acorde formado pelo aglomerado de notas juntas, que um pianista produz batendo o pulso, a mão ou todo o braço no teclado) pode causar espanto num recital tradicional, sem deixar de ser tedioso e rotinizado num concerto de vanguarda acadêmica. Um show de rock pode ser um pesadelo para os ouvidos do pai e da mãe e, no entanto, funcionar para o filho como canção de ninar no mundo do ruído generalizado.

Existe uma ecologia do som que remete a uma antropologia do ruído, e que eu vou tentar percorrer falando dos mundos modal, tonal e pós-tonal.

Para isso é útil combinar o conceito habitual de *ruído sonoro* com o da teoria da informação, derivado deste, que entende ruído como interferência na comunicação (ruído torna-se assim uma categoria mais relacional que natural). O ruído é aquele som que desorganiza outro, sinal que bloqueia o canal, ou desmancha a mensagem, ou desloca o código. A microfonia é ruído, não só porque fere o ouvido, por ser um som penetrante, hiperagudo, agressivo e "estourado" na intensidade, mas porque está interferindo no canal e bloqueando a mensagem. Essa definição de ruído como *desordenação interferente* ganha um caráter mais complexo em se tratando de arte, em que se torna um elemento virtualmente criativo, desorganizador de mensagens/códigos cristalizados e provocador de novas linguagens.

O rádio é uma boa metáfora para que se entendam as relações entre som, ruído e silêncio, em seus muitos níveis de ocorrência. Como no rádio, o silêncio é um espaçador que permite que um sinal entre no canal. O ruído é uma interferência sobre esse sinal (e esse canal): mais de um sinal (ou mais de um pulso) atuam sobre a faixa, disputando-a (o ruído é a mistura de faixas e de estações). O som é um traço entre o silêncio e o ruído (nesse limiar acontecem as músicas). (Em *Radio music*, Cage pôs em cena essa relação fazendo ouvir aleatoriamente silêncios, estática, músicas e falas misturadas.)

O jogo entre som e ruído constitui a música. O som do mundo é ruído, o mundo se apresenta para nós a todo momento através de frequências irregulares e caóticas com as quais a música trabalha para extrair-lhes uma ordenação (ordenação que contém também margens de instabilidade, com certos padrões sonoros interferindo sobre outros).

Se você tem um barulho percutido qualquer e ele começa a se repetir e a mostrar uma certa periodicidade, abre-se um horizonte de expectativa e a virtualidade de uma ordem subjacente ao pulso sonoro em suas regularidades e irregularidades. Do mesmo modo, se você está falando e de repente produz e sustenta um som de altura definida, remete a fala para um outro lugar, o paradigma das alturas contínuas, não codificado pela língua, com toda a estranheza que isso implica (e pode-se saltar então do patamar da fala para o do canto, ou habitar o espaço intercalar entre ambos).

Um único som afinado, cantado em uníssono por um grupo humano, tem o poder mágico de evocar uma fundação cósmica: insemina-se coletivamente, no meio dos ruídos do mundo, um princípio ordenador. Sobre uma frequência invisível, trava-se um acordo, antes de qualquer acorde, que projeta não só o fundamento de um cosmos sonoro, mas também do universo social. As sociedades existem na medida em que possam fazer música, ou seja, travar um acordo mínimo sobre a constituição de uma ordem entre as violências que possam atingi-las do exterior e as violências que as dividem a partir do seu interior. Assim, a música se oferece tradicionalmente como o mais intenso modelo utópico da sociedade harmonizada e/ou, ao mesmo tempo, a mais bem acabada representação ideológica (simulação interessada) de que ela não tem conflitos.[14]

Pois bem, no mundo modal, isto é, nas sociedades pré-capitalistas, englobando todas as tradições orientais (chinesa, japonesa, indiana, árabe, balinesa e tantas outras), ocidentais (a música grega antiga, o canto gregoriano e as músicas dos povos da Europa), todos os povos selvagens da África, América e Oceania, a música foi vivida como uma experiência do sagrado, justamente porque nela se trava, a cada vez, a luta cósmica e caótica entre o som e o ruído. Essa luta, que se torna também uma troca de dons entre a vida e a morte, os deuses e os homens, é vivida como *rito sacrificial*. Assim como o sacrifício de uma vítima (o bode expiatório, que os gregos chamavam *pharmakós*) quer canalizar a violência destruidora, ritualizada, para sua superação simbólica, o som é o bode expiatório que a música sacrifica, convertendo o ruído mortífero em pulso ordenado e harmônico. Assim como o *pharmakós* (a vítima sacrificial) tinha para os gregos o valor ambivalente do veneno e do remédio (a palavra é da mesma raiz de "farmácia", fármaco, droga), o som tem a ambivalência de produzir ordem e desordem, vida e morte (o ruído é destruidor, invasivo, terrível, ameaçador, e dele se extraem harmonias balsâmicas, exaltantes, extáticas). A música primitiva trava antes de mais nada uma relação com o corpo indiviso da terra: seus fluxos germinais intensos são inscritos ruidosamente, dolorosamente, no corpo dos homens e das mulheres, e dessa inscrição se extrai o canto sonoro, o vapor barato da música (ouça-se a fusão de profunda dor e alegria cósmicas que há nas maravilhosas texturas polifônicas da música dos pigmeus do Gabão). Nas estruturas despóticas, onde o corpo da terra e do som é apropriado pelo poder mandante, o som passa a ser privilégio do centro despótico, e as margens e as contestações tendem a se tornar ruídos, cacófatos sociais a serem expurgados. A música começa a dar corpo sutil aos conflitos sociais. Vou voltar a esse ponto mais adiante. Por ora, assinalo que na música modal esses conflitos são marcados pelas intensidades da economia sacrificial de base, onde o ruído está sempre no limite de invadir o som.[15]

A música modal* é a ruidosa, brilhante e intensa ritualização da trama simbólica em que a música está investida de um poder (mágico, terapêutico e destrutivo) que faz com que a sua prática seja cercada de interdições e cuidados rituais. Os mitos que falam da música estão centrados no símbolo sacrificial, assim como os instrumentos mais primitivos trazem a sua marca visível: as flautas são feitas de ossos, as cordas de intestinos, os tambores são feitos de pele, as trompas e as cornetas de chifres. Todos os instrumentos são, na sua origem, testemunhos sangrentos da vida e da morte. O animal é sacrificado para que se produza o instrumento, assim como o ruído é sacrificado para que seja convertido em som, para que possa sobrevir o som (a violência sacrificial é a violência canalizada para a produção de uma ordem simbólica que a sublima).

Num sermão, Santo Agostinho compara Cristo a um tambor, pele esticada na cruz, corpo sacrificado como instrumento para que a música (ou ruído) do mundo se torne a cantilena da Graça, holocausto necessário para que soem as aleluias. Marius Schneider, que cita a comparação de Santo Agostinho, diz também que a própria palavra "aleluia", que vem de *jubilare*, está associada na sua origem à imitação onomatopaica do canto das aves de rapina.[16] Os anjos são terríveis: nas suas vozes aleluiáticas esplende necessariamente a história da crueldade. (A força da canção *Carcará*, de João do Vale, está ligada igualmente à fusão de júbilo cruel que se encontra nessa aleluia nordestina.)

O mundo é barulho e é silêncio. A música extrai som do ruído num sacrifício cruento, para poder articular o barulho e o silêncio do mundo. Pois articular significa também sacrificar, romper o *continuum* da natureza, que é ao mesmo tempo silêncio ruidoso (como o mar, que é, nas suas ondulações e no seu rumor branco, frequência difusa de todas as frequências). Fundar um sentido de ordenação do som, produzir um contexto de pulsações articuladas, produzir a sociedade significa atentar contra o universo, recortar o que é uno, tornar discreto o que é contínuo (ao mesmo tempo que, nessa operação, a música é o que melhor nos devolve, por via avessa, a experiência da continuidade ondulatória e pulsante no descontínuo da cultura, estabelecendo o circuito sacrificial em que se trocam dons entre os homens e os deuses, os vivos e os mortos, o harmonioso e o informe).

Há um mito arecuná (tribo do Norte do Brasil e da Guiana), colhido por Koch-Grunherg e analisado por Lévi-Strauss em *O cru e o cozido*, que formula essa questão com a maior beleza possível. Trata-se do mito da "origem do veneno de pesca" (o timbó, uma raiz que tem o poder de narcotizar os peixes, e que tematiza ali as imbricações polivalentes da passagem da natureza à cultura).[17] Num certo ponto desse mito, o arco-íris é uma serpente d'água que é morta pelos pássaros, cortada em pedaços e a sua pele multicolorida repartida entre os animais. Conforme a coloração do fragmento recebido por cada um dos bichos, ele ganha o *som* de seu *grito particular* e *a cor* de seu pelo ou da sua *plumagem*.

O núcleo desse episódio é o *sacrifício* como origem do som e da cor na escala zoológica (o som e a cor percebidos nitidamente pelo pensamento selvagem como gradações cromáticas de um mesmo princípio). A serpente arco-íris é o *continuum* dos matizes, a escala, os intervalos mínimos e indiscerníveis, como é a ordem das alturas em música, antes de ser recortada pelas escalas produzidas pelas culturas, e como é o próprio arco-íris, do qual só uma convicção muito etnocêntrica pode afirmar que tem sete cores (a leitura das cores do arco-íris varia enormemente entre as culturas, assim como as escalas musicais). O sacrifício da serpente (que era um deslizar cromático de nuances sem divisão) e o seu espedaçamento em porções discretas provocará e produzirá a ordem colorística e sonora que particulariza as espécies vivas (cuja profusa organização, ricamente anotada pelo mito com grande acuidade etnozoológica, já é obra da cultura).

> A garça branca pegou seu pedaço e cantou: "ã — ã", grito que é seu ainda hoje. O maguari (*Ciconia maguari*) fez o mesmo e lançou o seu grito feio: "á(o) — á(o)". O socó (*Ardea brasiliensis*) colocou seu pedaço sobre a cabeça e sobre as asas (onde se encontram as plumas coloridas) e cantou: "koró — koró — koró". O martim-pescador (*Alcedo* sp.) pôs seu pedaço sobre a cabeça e sobre o peito, onde as plumas se tornaram vermelhas, e cantou: "sê — txê — txê — txê — txê". Depois foi a vez do tucano, que cobriu o peito e a barriga (onde as penas são brancas e vermelhas). Ele disse: "kión — hé, kión — hé — hé". Um pedaço de pele ficou preso no seu bico, que se tornou amarelo. Então veio o mutum (*Crax* sp.); ele pôs seu pedaço sobre a garganta e cantou: "hm — hm — hm — hm", e um retalho de pele que ficou fez o seu nariz amarelo. Em seguida veio o cujubim

(*Penelope* sp.), cujo pedaço fez brancas a cabeça, o peito e as asas, e que cantou: "krrr", como, a partir daí, toda manhã. Cada pássaro "acha sua flauta bonita e a guarda".[18]

E assim segue a narrativa mítica, fazendo cada animal (a arara, o papagaio, o jacu, o rouxinol, o tapir, a capivara, o veado, a cutia, o caititu, o macaco), numa longa série, encontrar as suas cores e a sua "flauta". O nascimento da música, na tragédia sacrificial, é brilho e beleza se erguendo sobre o silêncio e a dor. Com a decomposição do espectro das possibilidades sonoras e cromáticas e sua refração sobre o mundo animal surgem as unidades distintivas de cada som, portanto o subdividido espectro de suas significações plumárias.

Marius Schneider (o estudioso mais informado sobre o lastro mítico do mundo modal, que ele estudou nas mais diferentes tradições) afirma que todas as cosmogonias têm um fundamento musical. "Toda vez que a gênese do mundo é descrita com a precisão desejada, um elemento acústico intervém no momento decisivo da ação."[19] Em outros termos, sempre que a história do mundo fosse bem contada, ela revelaria a natureza essencialmente musical deste. A música aparece aí como o modo da *presença* do ser, que tem sua sede privilegiada na *voz*, geradora, no limite, de uma proferição analógica do símbolo, ligada ao centro, ao círculo, ao mito/rito e à encantação como modo de articulação entre a palavra e a música. (É contra essa "metafísica da presença", imposta pelo primado da voz e pela precedência do som sobre a letra, mais a concepção de sujeito uno que a acompanha, que Derrida opõe um discurso desconstrutor calcado no primado do traço diferencial e da escritura; segundo ele, a metafísica advém de um mal-entendido logofonocêntrico, como aquele que estaria na base do platonismo. Contra Derrida, Daniel Charles afirma que, se bem entendida, a voz, ao contrário de uma presença a si do fonocentrismo, faz ressoar o passado do ser — sua desaparição — e seu devir incessante e sempre problemático: "a voz veicula a 'quarta dimensão do tempo', aquela que engloba e rege as três outras; ela não deixa o tempo ressoar senão por intermitências". Essa seria uma longa discussão, que não temos como fazer aqui.)[20]

Vamos acompanhar o percurso de Schneider pelas mais diversas mitologias (indianas, árabes, chinesas, africanas, esquimós) e ver até aonde nos leva uma concepção do mundo como investidura sacrificial do som. Na origem do universo, o deus se apresenta, se cria ou cria outro deus ou cria o mundo, a partir do som. Um jacaré batendo na barriga com a própria cauda, como num tambor, num mito egípcio. O deus profere o mundo através do sopro ou do trovão, da chuva ou do vento, do sino ou da flauta, ou da oralidade em todas as suas possibilidades (sussurro, balbucio, espirro, grito, gemido, soluço, vômito). "A fonte de onde emana o mundo é sempre uma fonte acústica." A voz criadora surge como um som que vem do nada, que aflora do vazio: "O abismo primordial, a garganta aberta, a caverna cantante [...] a fenda na rocha dos Upanichades ou o Tao dos antigos chineses, de onde o mundo emana 'como uma árvore', são as imagens do espaço vazio ou do não-ser, donde se eleva o sopro apenas perceptível do criador. Esse som saído do Vazio é o produto de um pensamento que faz vibrar o Nada e, ao se propagar, cria o espaço. É um monólogo em que o corpo sonoro constitui a primeira manifestação perceptível do Invisível". O abismo primordial é pois "um fundo de ressonância, e o som que dele emana deve ser considerado como a primeira força criadora, personificada na maior parte das mitologias por deuses-cantores".[21]

No hinduísmo, que é, como já disse, uma religião intrinsecamente musical, toda constituída em torno do poder da voz e da relevância da respiração (onde o próprio nome do deus, Brama, significa originariamente força mágica, palavra sagrada, hino, e onde todas as ocorrências míticas e eventos divinos são declaradamente recitações cantadas com caráter sacrificial, mantra), atribui-se à proferição da sílaba sagrada *OUM* (ou *AUM*) o poder de ressoar a gênese do mundo. O sopro sagrado de Atman (que consiste no próprio deus) "é simbolizado por um pássaro cuja cauda corresponde ao som da consoante *m*, enquanto a vogal *a* constitui a asa direita, e o *u* a asa esquerda". A música ocupa um lugar entre as trevas e a luminosidade da aurora, entre o silêncio e a fala, o lugar do sonho, "entre a obscuridade da vida inconsciente e a clareza das representações intelectuais".

Frequentemente o deus que profere o mundo através do som é um deus hermafrodita, que contém em si o princípio ativo e o passivo, o solar e o lunar, a impulsão instantânea e o repouso. O perfil ondulatório do som é erigido ou reconhecido como o próprio "princípio concertante das forças da natureza".

Num contexto ritual e mítico como esse, a música é um espelho de ressonância cósmica, que compreende todo o universo sob a dimensão — demasiado humana — da voz. O canto nutre os deuses que cantam e que dão vida ao mundo (os deuses, por sua vez, são seres mortos que vivem da proferição do canto dos homens). Mas o homem que canta profundamente, e realiza interiormente o sacrifício, acede ao mundo divino na medida em que se investe da energia plena do ser, ganhando como homem-cantor a imortalidade dos deuses-cantores. Esta passagem é impressionante:

> Então ele sente sua força se elevar ao longo da coluna vertebral. Seu sopro sonoro sobe por seus canais interiores, dilata seus pulmões e faz vibrar seus ossos. Assim transformado em ressoador cósmico, o homem se (in)veste como árvore que fala. Essa força sonora tomará assento na sua pele ou no seu esqueleto, se o sacrifício tiver sido total. Então ele não será mais que um instrumento entre as mãos de um deus, e seus ossos, ainda impregnados de sua força sonora materializada, constituirão amuletos preciosos entre as mãos de seus filhos. Sua parte imortal (o som fundamental de sua alma) se encaminhará para a Via-Láctea. Mas logo que ela tenha conseguido passar o ponto perigoso situado a oriente, entre Órion, Gêmeos e Touro, onde os astrólogos situam a laringe do mundo, ela se incorporará ao coração dos mortos e participará de seu canto na caverna de luz que lança o ovo solar e o fixa sobre o chifre do touro primaveril. A laringe do mundo é a caverna de luz, a garganta aberta dos deuses que, a cada primavera, renova a ação do abismo primordial abrindo suas portas ao sol que sobe como uma árvore, um ovo resplandecente ou um crânio cantante. E é esse crânio que enuncia novamente o mundo através de uma música cujos raios ressoam primeiro como a sílaba OM [...] Ora, para emitir esse sombrio canto dos começos, destinado a se clarear cada vez mais, foi preciso que os lábios do cadáver vivo se arredondassem para formar o círculo O, símbolo da saída da caverna de ressonância de onde sai o sol a cada primavera para renovar a substância sonora de tudo o que existe.[22]

No ritual sacrificial, o corpo é um aparelho de som poderosíssimo (pense-se num lama tibetano cantando ao mesmo tempo a nota fundamental e seus harmônicos: uma voz que profere acordes explícitos, harmonias, uma voz que penetra na dimensão subjacente da ressonância). A força da proferição do verbo musical, no contexto iniciático, é imortal, irredutível, som que impregna a pedra e que se impregna de sua solidez.

Está indicado aí, nesse quadro mítico, que as músicas modais são músicas que procuram o *som puro* sabendo que ele está sempre vivamente permeado de ruído. Os deuses são ruidosos. A natureza sonora do mundo, que não perde nunca o pé do pulso, se faz dessa mescla em que mora o núcleo do sacrifício, isto é, da ritualidade do som.

Como se verá no capítulo dedicado ao modal, essa música é voltada para a pulsação rítmica; nela, as alturas melódicas estão quase sempre a serviço do ritmo, criando pulsações complexas e uma experiência do tempo vivido como descontinuidade contínua, como repetição permanente do diferente. (Por isso mesmo elas apresentam esse caráter recorrente, que nos parece estático, mas é bem mais extático, hipnótico, experiência de um tempo circular do qual é difícil sair, depois que se entra nele, porque é sem fim.) A música modal participa de uma espécie de respiração do universo, ou então da produção de um tempo coletivo, social, que é um tempo virtual, uma espécie de suspensão do tempo, retornando sobre si mesmo. São basicamente músicas do pulso, do ritmo, da produção de uma outra ordem de duração, subordinada a prioridades rituais. Pois bem: essas músicas não poderiam deixar de ter a presença muito forte das percussões (tambores, guizos, gongos, pandeiros), que são os testemunhos mais próximos, entre todas as famílias de instrumentos, do mundo do ruído. E é também um mundo de timbres: instrumentos que são vozes e vozes que são instrumentos (vozes-tambores, vozes-cítaras, vozes-flautas, vozes-guizos, vozes-gozo). Falsetes, jodls (aquele ataque de garganta que caracteriza o canto tirolês e que está em certas músicas africanas), vozeios, vocalises, sussurros, sotaques, timbres.[23]

Em muitas tradições, especialmente entre árabes e indianos, os sons são cantados como notas (que se localizam num ponto preciso da altura melódica), mas também "glissados", deslizados em torno dessas referências "fixas" através de nuances melismáticas*, quartos de tom ou menos, variações minimais de altura e timbre que criam, em torno de cada som discreto e articulado, uma espécie de dança irreverente que reverencia o contínuo ruidoso. O canto obedece às medidas e às distinções escalares, aos intervalos regulares e descontínuos, mas tece em cada ponto uma espécie de rumoroso comentário sobre o *contínuo* em que se inscreve cada som (em torno de cada som gravita um campo de força que, além de diretamente rítmico — o que a música desenvolve fartamente —, é timbrístico e micromelódico).

O ruído cerca o som como uma aura. O som desponta alegre e dolorosamente em meio ao ruído. O social se inscreve sacrificialmente (como uma tatuagem sonora) no corpo, e essa inscrição ruidosa, que nega o ruído, funda e mantém o som. Som e ruído estão presentes na música modal em zigue-zague.[24]

2. RECALQUE E RETORNO DO RUÍDO

As histórias da música ocidental e moderna costumam tomar como sua referência primeira, seu ponto de partida reconhecível, o canto gregoriano (já que não se tem senão sinais indiretos da música cultivada na Grécia, já que as próprias origens do cantochão são mal conhecidas e que as outras culturas permanecem como referências exóticas). O canto gregoriano, que inaugura uma tradição que conhecemos bem, aquela que vai dar na música barroca e clássico-romântica dos séculos XVII, XVIII e XIX, é uma música que primou por evitar sistematicamente os instrumentos acompanhantes, não só os percussivos, como também o colorido vocal dos múltiplos timbres. É uma música para ser cantada, em princípio, por vozes masculinas em uníssono, a capela, na caixa de ressonância da igreja, sem acompanhamento instrumental. A história da adoção e da rejeição da música pela Igreja, durante toda a Idade Média, é cheia de idas e voltas. Por um lado, há momentos de rigorismo em que a própria música é concebida, *toda*, como ruído diabólico a ser evitado (quando se percebe, até com razão, que é impossível purgá-la de componentes ruidosos: a música abre sempre o flanco da falha, da assimetria, do excesso, da incompletude e do desejo). Em outros momentos são os barulhos animados das músicas populares, suas percussões, cantos e danças, que nunca se calaram na história humana, que entram em alguma medida nas igrejas e chegam a se misturar com os cantos litúrgicos em sugestivas polifonias (veja-se por exemplo o caso dos motetos, cantos a várias vozes misturando elementos sacros e profanos). Essa história participa da luta entre o carnaval (que entroniza no calendário cristão aqueles ritos pagãos que liberam o ruído e a corporalidade) e a quaresma (com seu som silencioso e ascético).

Em todo caso, e apesar da complexidade da história concreta, a nossa tradição musical tem seu marco inicial, sintomaticamente, naquela "zerada" pelo canto litúrgico católico, no plano das manifestações rítmicas pulsantes e das diferenciações timbrísticas. Teremos ocasião de ensaiar interpretações sobre esse fato histórico, que terá relações possíveis, além do antissensualismo clerical, com uma decorrência da música das esferas pitagórico-platônicas.

Interessa assinalar duas coisas. Primeiro que, ao abolir instrumentos rítmico-percussivos, pondo toda a sua rítmica puramente frásica a serviço da pronunciação melodizada do texto litúrgico, o canto gregoriano acaba por desviar a música modal do domínio do pulso para o predomínio das alturas (o cantochão consiste num circunstanciado passeio pelas escalas melódicas, percorridas em seus degraus). Com isso, inaugurou de certo modo o ciclo da música ocidental moderna, preparando o campo da música tonal, que irá explorar amplamente, já com envergadura instrumental e com outras complexidades discursivas, as possibilidades de desenvolvimento de uma organização do campo das alturas em que a melodia vem para o primeiro plano (e onde a instância rítmica não terá mais a autonomia e a centralidade que tinha antes, servindo agora de suporte para as melodias harmonizadas).

Em segundo lugar, a música que evita o pulso e o colorido dos timbres é uma música que evita o ruído, que quer filtrar todo o ruído, como se fosse possível projetar uma ordem sonora completamente livre da ameaça da violência mortífera que está na origem do som (já dissemos que há, em Santo Agostinho, a consciência do caráter problemático desse desígnio). A liturgia medieval se esforça por recalcar os demônios da música que moram, antes de mais nada, nos ritmos dançantes e nos timbres múltiplos, concebidos aqui como ruído, além daquele *intervalo** melódico-harmônico evitado a todo custo, e sobre o qual falaremos mais adiante: o *trítono**. Recalcar os demônios da música equivale de certa forma, no plano sonoro, a cobrir (ou rasurar) o sexo das estátuas.

A música tonal* moderna, especialmente a consagrada como "clássica", é uma música que evita também o ruído, que está nela recalcado ou sublimado. A música sinfônica ou camerística evita a percussão (limitando-a à pontuação localizada de pratos ou tímpanos, que são, por sinal, esses últimos, percussão afinada, ruído tendendo à altura definida).[25]

A inviolabilidade da partitura escrita, o horror ao erro, o uso exclusivo de instrumentos melódicos afinados, o silêncio exigido à plateia, tudo faz ouvir a música erudita tradicional como representação do drama sonoro das alturas melódico-harmônicas no interior de uma câmara de silêncio de onde o ruído estaria idealmente excluído (o teatro de concerto burguês veio a ser essa câmara de representação). A representação depende da possibilidade de encenar um universo de sentido dentro de uma moldura visível, uma caixa de verossimilhança que tem que ser, no caso da música, separada da plateia pagante e margeada de silêncio. A entrada (franca) do ruído nesse concerto criaria um contínuo entre a cena sonora e o mundo externo, que ameaçaria a representação e faria periclitar o cosmo socialmente localizado em que ela se pratica (o mundo burguês), onde se encena, através do movimento recorrente de tensão e repouso, articulado pelas cadências tonais, *a admissão de conflito com a condição de ser harmonicamente resolvido.*[26]

O percurso que estou fazendo aponta, evidentemente, para um lugar previsível: a volta em massa do ruído na música do século XX. Como pensá-la, e como pensar os impasses que se apresentaram à música contemporânea no quadro dessa história mais ampla? Parece-me que só é possível resgatar a ideia de um sentido (enquanto *orientação*) desse processo se pensarmos em ciclos (de tempo, de culturas, de parâmetros estruturais) maiores do que aqueles que nos têm sido oferecidos pela *história da música* (que geralmente pega o bonde andando a certa altura da música medieval europeia e não questiona os fundamentos desse corte, que é segregativo e tende cada vez mais rapidamente a ser ultrapassado pelos acontecimentos simultâneos das músicas contemporâneas). Os últimos desdobramentos da música pedem que as músicas modais voltem a ser pensadas no quadro do contemporâneo. Acho também que essa perspectiva antropológica poderá facilitar uma visão sociológica mais adequada da situação da música industrializada.

A partir do início do século XX opera-se uma grande reviravolta nesse campo sonoro filtrado de ruídos, porque barulhos de todo tipo passam a ser concebidos como integrantes efetivos da linguagem musical. A primeira coisa a dizer sobre isso é que os ruídos detonam uma liberação generalizada de materiais sonoros. Dá-se uma explosão de *ruídos* na música de Stravinski, Schoenberg, Satie, Varèse (para citar alguns nomes decisivos). É de se pensar na relação entre o desencadeamento desses eventos na música e o contexto da Primeira Guerra Mundial (da qual, diz Walter Benjamin, os soldados voltaram pela primeira vez, para perplexidade das famílias, mudos, sem histórias para contar: o potencial acumulado das armas de guerra, sua capacidade mortífera e ruidosa, muito amplificada, estoura a dimensão individual do espaço imaginário, e o silencia).[27] A ecologia sonora do mundo moderno estará alterada, e *ruído* e *silêncio* entrarão com inevitável violência no templo leigo do som, a redoma da representação tonal em que se constituía o concerto. (O fim da Segunda Guerra Mundial aprofundará esse quadro: a bomba atômica anuncia uma forma definitiva de maximização do ruído e do silêncio — depois dela a história humana ganha um caráter póstero, ou, se quisermos, pós-moderno.)

Mas, voltando ao contexto moderno, a invasão do ruído tem dois níveis diferenciados de manifestação: a própria textura interna à linguagem musical e a eclosão espetacular de ruidismos externos, como índices do habitat urbano-industrial, a metrópole chocante.

No primeiro caso, o ruído atua exatamente como interferência sobre o código e as mensagens tonais (que vinham se tensionando na segunda metade do século XIX, mas que decolam agora para um efeito cascata de alterações harmônicas, com "dissonância" generalizada, alterações rítmicas, desmantelamento da métrica do compasso, alterações timbrísticas e de texturas, uso de agregações de ruídos, barulhos concretos e consequente esgarçamento, rarefação e dispersão das linhas melódicas).

Stravinski, na *Sagração da primavera* (1913), introduziu agregados de acordes, quase-clusters que funcionam como ruído, impulsões ruidosas, percussão operando numa métrica irregular que volta a questionar a linha perdida na tradição do Ocidente: a base produtiva do pulso. (A matéria sonora liberada por Stravinski pode ser pensada hoje como *processo primário* daquilo que se tornará depois a base do rock, da qual ele faz uma espécie de prefiguração descontínua e assimétrica.) A *Sagração* é heavy-metal de luxo, e vem a ser o primeiro episódio exemplar de que ruído detona ruído (rompendo a margem de silêncio que separa, no concerto, o som afinado, e harmonicamente resolvido, dos ruídos crescentes do mundo). A *Sagração*, estrutura sonora provocando polêmica e pancadaria na plateia, ruído gerando ruído, desloca o lugar do *silêncio*, que sai da moldura e vai para o fundo, onde se recusa a responder à pergunta sobre a natureza do código musical (depois da dispersão do código tonal). A introdução do ruído atua ambivalentemente como acréscimo de carga informativa das mensagens e acelerador entrópico dos códigos (o que realimenta entropicamente as mensagens). Está inaugurado o mundo moderno, com tudo aquilo que ele já contém de crise de proliferação pós-moderna.[28]

Schoenberg, por sua vez, no *Pierrot lunaire* (1912), usa o canto no limite da fala, como *Sprechgesang*, "cantofalado", o que significa trazer para o domínio melódico toda a gama de ruidismos dos timbres da voz e das entoações.[29] Mário de Andrade, num manuscrito da década de 1920, nunca publicado por ele, percebeu com enorme acuidade o espantoso deslocamento do campo de produção da música que estava embutido nessa nova interferência do *ruído*, via *timbres*, sobre a economia do som. "Si na verdade a música nunca foi tão musical como agora, depois que abandonou a vacuidade cômoda do som abstrato e impôs como elemento primário de sua manifestação o timbre, é incontestável também que certas combinações de harmonias, certas concepções de escalas melódicas, a participação frequente do ruído isolado ou em combinação com os timbres sonoros, faz com que, ao lado da música de agora, apareçam frequentissimamente manifestações que rompem todas as experiências, evolução e conceito estético que vieram se desenvolvendo e apurando por vinte e cinco séculos musicais."[30]

Essa verdadeira mutação captada por Mário (embora não forme o campo em que se desenvolveu seu pensamento) lançaria, segundo ele mesmo, a música para um novo limiar de cruzamento contraditório entre o mais moderno e o mais primitivo: "Com efeito, na admirável criação de Schoenberg, a voz não é nem fala nem canto, é... é a 'sprechgesang'. Dessa experiência resultou [...] num poder de experiências de todo gênero, vocais, instrumentais, harmônicas, rítmicas, sinfônicas, conjugação de sons e de ruídos, etc. etc. de que resultou a criação duma por assim dizer nova arte a que, por falta de outro termo, chamei de quase-música. Arte esta que pela sua primitividade ainda não é música, exatamente como certas manifestações de clãs africanas, ameríndios (sic) e da Oceania. É arte ao mesmo tempo que pelo seu refinamento, sendo uma derivação e última consequência das experiências e evolução progressiva musical de pelo menos vinte e cinco séculos, desde a Grécia até Debussy, já não é mais intrinsecamente música. Resumindo: essa arte nova, essa quase-música do presente, se pelo seu primitivismo ainda não é música, pelo seu refinamento já não é música mais".

Esse texto é daqueles que hoje fazem ainda mais sentido do que quando foram escritos: o encurvamento do caminho da música tonal, que se ultrapassa em direção a uma música pós-tonal e antitonal (como serão o dodecafonismo e o serialismo), ao mesmo tempo que evoca de maneira diferida as músicas modais primitivas, é o próprio nó e o núcleo das simultaneidades contemporâneas. A *quase-música* é essa área limiar que está aquém e além da *música* (tonal) e que oscila entre modos opostos de se organizar, entre o discurso do tipo progressivo e o puro ritornello, uma música que não se decide ainda entre o pós-tonal (de uma linguagem feita de polifonias descontínuas de ruídos sem retorno) e o eterno retorno modal (que também nos parece inacessível). Essa dicotomia será encenada ao longo do século pela contraposição entre o serialismo* (que dominou de certo modo a cena da primeira metade) e o minimalismo* (que marca a segunda, voltando a focalizar a questão da música, com certo apoio nas músicas modais, mais na pulsação do que na organização das alturas). A coluna ausente que suporta esses dois processos opostos é John Cage.

Retomando, pode-se dizer que a música dodecafônica e serial, que se dirige para uma organização pós-tonal e antitonal dos sons e que é um desdobramento localizado do canto falado expressionista e atonal do *Pierrot lunaire*, faz parte também, por menos que possa parecer, dessa reversão geral que abate a *música das alturas* (a música concentrada na organização de melodias e harmonias), devolvendo-a a uma música dos timbres e dos ruídos (dentro da qual o minimalismo despontará depois propondo uma música que se organiza em torno de *pulsos*, de *repetições* alteradas por ciclos de fases e defasagens). Nessa passagem ou nessa inflexão paradoxal, em que uma música contra toda forma de repetição "desemboca" numa música repetitiva, temos o triângulo das Bermudas da música contemporânea, o lugar onde se perde o fio de muitas meadas e onde muitos projetos de inspiração vanguardista acalentados na primeira metade do século saltam dos trilhos ou descarrilam diretamente. (Muitos compositores e teóricos sentem aí o fim da música, da cultura, da sociedade capitalista, da vida sobre o planeta, ou, em uma palavra, o fim do mundo em gradações apocalípticas diversas.) E, de fato, parece acabar um mundo: o longo ciclo ocidental em que se percorreu toda a escala harmônica perseguindo as várias versões da *música das esferas*. Resta ainda saber quais são as implicações proféticas desse fato.

O sistema dodecafônico de Schoenberg, como proposta de organização melódico-harmônica de uma música pós-tonal, sem centro, sem o mecanismo de tensão e repouso que marca o tonalismo, e que foge a toda polarização, radicalizada depois no serialismo, é não só a música do *não-pulso* como também o limiar da *não-altura*. Ela já é música do *ruído* e do *silêncio* (duas categorias que, como estou tentando mostrar, vão ganhando cada vez maior relevância teórica e prática). O seu destino histórico (ao contrário do que supunha: criar diretamente o novo idioma musical contemporâneo) é talvez brilhar intensamente nas formas hiperconcentradas e fugazes da música de Webern, e dissipar-se no turbilhão galáctico-eletrônico das músicas sintetizadas que ele prenuncia, junto com as ionizações timbrísticas e ruidísticas de Varèse.

Além de ser o elemento que renova a linguagem musical (e a põe em xeque), o ruído torna-se um índice do habitat moderno, com o qual nos habituamos. A vida urbano-industrial, da qual as metrópoles são centros irradiadores, é marcada pela estridência e pelo choque. As máquinas fazem barulho, quando não são diretamente máquinas-de-fazer-barulho (repetidoras e amplificadoras de som). O alastramento do mundo mecânico e artificial cria paisagens sonoras das quais o ruído se torna elemento integrante incontornável, impregnando as texturas musicais. São exemplos conhecidos o balé *Parade*, de Satie, em que ele utiliza máquina de escrever como instrumento de percussão e teclado, sirene e tiro de revólver; os bruitismos ("ruidismos" ou "barulhismos") do futurista Russolo — os futuristas estavam interessados nas máquinas em geral como produtoras de música, ou "quase-música". Honneger imita a locomotiva, no *Pacific 1921* (que tem um correspondente mais idílico no *Trenzinho do caipira* de Villa-Lobos).

Um outro dado fundamental faz recrudescer a margem do ruído do ambiente: proliferam os meios de produção e reprodução sonora, meios fonomecânicos (o gramofone), elétricos (a vitrola e o rádio), eletrônicos (os sintetizadores). O meio sonoro não é mais simplesmente acústico, mas eletroacústico. O desenvolvimento técnico do pós-guerra fez com que se desenvolvessem dois tipos de música que tomam como ponto de partida não a extração do som afinado, discriminado ritualmente do mundo dos ruídos, mas a produção de ruídos com base em máquinas sonoras. É o caso da *música concreta* e da *música eletrônica*, que disputaram polemicamente a primazia do processo de ruidificação estética do mundo. A primeira (cujo mentor é o compositor Pierre Schaeffer) tinha a sua estratégia na gravação de ruídos reais (tomados como material bruto), alterados e mixados, isto é, compostos por montagem. A segunda, que conta entre seus praticantes com os nomes de Henri Pousseur e Stockhausen (cujo *Canto dos adolescentes* é sem dúvida uma obra definitiva, um marco na contemporaneidade), toma como base ruídos produzidos por sintetizador, ruídos inteiramente artificiais (embora na obra citada Stockhausen manipulasse também o som de voz gravada). De lá para cá, os sintetizadores se refinaram e se massificaram (alinhando-se praticamente entre os eletrodomésticos e marcando forte presença nas músicas de massa, nas quais excitam uma permanente corrida ao timbre). Suas derivações mais recentes, os samplers, são aparelhos que podem converter qualquer som gravado em matriz de múltiplas transformações operáveis pelo teclado (seja a voz de qualquer pessoa, o pio de um pássaro, uma tampa de panela, um bombardino, ou ondas estelares captadas em radiotelescópio e transformadas em ondas sonoras). O sampler registra, analisa, transforma e reproduz ondas sonoras de todo tipo, e superou de vez a já velha polêmica inicial entre a música concreta e a eletrônica (pois num estado tal de produção de simulacros dilui-se a oposição entre o gravado e o sintetizado, o som real e o inventado). As máquinas de produção e reprodução sonora, além de terem seus terminais disseminados em rede por todo o tecido social (com sonorizadores fixos e ambulantes nos espaços mais públicos e nos mais privados), implantaram um modo de tratamento do som totalmente relativístico, em que nenhum dos seus componentes ou propriedades inscreve-se em nenhuma ordem de hierarquia ritual. O objeto sonoro é o ruído que se reproduz em toda parte, além de passar por um processo sem precedentes de rastreamento e manipulação laboratorial das suas mais ínfimas texturas (gravado, decomposto, distorcido, filtrado, invertido, construído, mixado).[31]

A eletrificação dos instrumentos foi dar também, no coração e à margem dessa história, num dos sons cruciais do nosso tempo, o da *guitarra elétrica*, a harpa farpada, com a qual Jimi Hendrix distorceu, filtrou, inverteu e reinventou o mundo sonoro, dando a mais lancinante atualidade à força sacrificial do som. Pulso e desagregação, vida e morte — simultaneidades contemporâneas. (Enquanto isso, a estratégia política do som deixou de se dar pela clivagem ideológica entre a música oficial, apropriada enquanto música elevada e harmoniosa, e as músicas divergentes, consideradas baixas e ruidosas; a industrialização tornou-se uma processadora de toda forma de ruído repetitivo, disseminado em faixas de consumo diversificadas. Não se trata mais de tocar o *som do privilégio* contra o *ruído dos explorados*, mas de operar industrialmente sobre todo o ruído, dando-lhe um padrão de repetitividade. É nesse campo que as músicas ocorrem, o que não quer dizer que elas se reduzam a ele, e estão aí a complicação e o interesse do assunto.)[32]

O grande deslocamento do campo sonoro foi prefigurado no início do século por Erik Satie, com sua música performática, suas partituras cheias de anotações insólitas e certas ideias que, parecendo extravagantes, estavam na verdade anunciando com grande precisão o processo de mudança das condições de produção musical no mundo emergente do imaginário industrializado como mercadoria. Conta Darius Milhaud que Satie concebeu a certa altura uma peça para ser executada não no palco de concerto, mas por músicos espalhados pelo teatro, durante o intervalo, enquanto o público conversasse. Mas como na prática este permanecesse mudo e imóvel diante da música inesperada e fora de lugar, Satie, enfurecido, gritava: "Mais parlez, donc! Circulez! N'ecoutez pas!".[33] Essa situação aparentemente só anedótica indica mais uma vez a irrupção do ruído no contexto do concerto. Satie estava pensando, segundo o relato de Milhaud, numa música que figurasse como *fundo* de conversa, dispondo daquela espécie de presença quase invisível dos desenhos de papel de parede ou do mobiliário, ocupando uma faixa secundária da atenção. Vale dizer que queria uma música em contraponto com o ruído, que entrasse em relação polifônica e constitutiva com o ruído, prenunciando assim a função de fundo da atenção que a música passa a desempenhar no mundo da sua repetição generalizada. Além disso, realizava o que se pode chamar de uma estereofonia *avant la lettre*, com a música emanando ao mesmo tempo de pontos separados do espaço.

> Reside aqui o parentesco de Satie com o dadaísmo tal como esse movimento é visto por Walter Benjamin: a música fere o ouvinte, adquire um "poder traumatizante" ao mesmo tempo em que não se pode fazer dela "objeto de contemplação". No caso citado, a obra sairia da órbita da contemplação silenciosa, que cultua o objeto, para dispor de funções diferentes num novo horizonte do mundo técnico: assim como o dadaísmo, com suas "manifestações bárbaras", buscava produzir através da pintura (ou da literatura) os próprios efeitos que o público, hoje, solicita do cinema, as manifestações, mais insólitas que bárbaras, de Satie chamariam a música a cumprir um novo papel, que o rádio, o disco e a fita magnética passaram a desempenhar.[34]

Ao fazer emergir esse dado inconsciente (o descentramento do circuito sonoro) na cena aberta do teatro, Satie estava deslocando a economia da sala de concerto tonal, onde músicos no palco produzem som afinado, o público permanece em silêncio e o ruído fica fora da sala (só voltando ritualmente ao final da execução na forma do aplauso, que indica, pela intensidade do seu retorno, o grau do recalcado). Aqui, há o sinal de que todo esse campo sofre um deslocamento que poderá ser visto como um pequeno mas decisivo terremoto: os músicos, o som, o público e o ruído estão em trânsito, deixando um vazio nos seus lugares usuais, vazio que corresponde ao silêncio do código. Silêncio que torna inúteis ou redobradamente irônicas as palavras do compositor: "Parlez, donc!".

John Cage irá converter essa situação e esse silêncio, que é índice em Satie, em elemento articulador de sistema, sistema constituído de silêncio/ruídos encadeados, como veremos mais adiante. Mas antes de falar de John Cage, vale a pena percorrer um texto altamente sintomático e interessante, de Erik Satie. Nas *Notas de um amnésico*, ele escreve:

> Perguntem a qualquer um, e ele também lhe dirá que não sou músico. É pura verdade. Desde o começo de minha carreira, eu tenho sido um fonometografista. [...] É o espírito científico que predomina. Eu meço o som. Com o fonômetro nas mãos, eu peso alegremente tudo de Beethoven, tudo de Verdi, etc. A primeira vez que usei um fonoscópio, examinei um mi bemol de média intensidade. Eu asseguro a vocês, com toda a sinceridade, que estou ainda para ver algo tão repulsivo. Chamei minha empregada para observá-lo. Na minha balança fonométrica, um fá sustenido comum atinge o peso de 93 quilos (emitido por um tenor gordo). Vocês já ouviram alguma coisa como a ciência de limpar o som? Isso é imundo, sabiam? Essa arte é conhecida como fonometria e requer um olho muito acurado. Para minhas frias peças, usei um gravador caleidoscópico. Elas me tomaram sete minutos — chamei minha empregada para escutá-las. Creio que a fonologia é superior à música. Ela é mais variável, e as possibilidades monetárias são de longe maiores. Com a ajuda desse equipamento, estou apto a escrever tão bem quanto qualquer músico. O futuro, por essa razão, pertence à filofonia (estudo da composição dos sons mais diversos possíveis).

A ironia do texto está mais uma vez em que as coisas despropositadas que ele diz dão uma descrição precisa de processos que estão acontecendo materialmente ou que estão na iminência de acontecer. O "fonoscópio" a que Satie se refere não existia na sua época, era um objeto puramente delirante que irá ganhando uma realidade cada vez mais flagrante à medida que progridem as técnicas de registro e manipulação do som. Um osciloscópio mostrará mais tarde a forma da onda de um som, permitindo analisá-lo nos vários parâmetros — altura, timbre e intensidade —, que despontam aqui nessa alusão paródica à quantificação de uma qualidade: os 93 quilos (intensidade) do mi bemol (altura) de um tenor gordo (timbre). A "música" vira outra coisa diversa do objeto cultuado e aurático, uma espécie de "nome de fantasia" da *fonometografia*. A "ciência de limpar o som" manipula a desorganização mortífera e impura do ruído ("Isso é imundo, sabiam?"), numa alusão ao substrato concreto e corporal do som, recoberto cinicamente pela aura de objetividade asséptica. "Para minhas frias peças usei um gravador caleidoscópico": este poderia ser ainda um bom nome para o atual sequenciador, computador acoplado a um sintetizador que permite gravar, corrigir e escrever sequências que teclados múltiplos tocarão sozinhos em qualquer ordem, andamento, intensidade ou altura que se deseje ("com a ajuda desse equipamento, estou apto a escrever tão bem quanto qualquer músico"). A fabricação de timbres em sintetizador também poderia ser chamada, sem problemas, de *filofonia*, "estudo da composição dos sons mais diversos possíveis". (Muitas peças pianísticas de Satie, por sua vez, têm um caráter repetitivo, como se fossem compostas por sequenciação maquínica.) E toda essa especulação fantasiosamente certeira contém uma referência ao caráter de mercadoria industrializada que a música assumirá, programando-se para todos os públicos: "Chamei minha empregada para escutá-las. Creio que a fonologia é superior à música. Ela é mais variável, e as possibilidades monetárias são de longe maiores". Para ser uma anedota, trata-se na verdade de um pequeno tratado profético sobre o deslocamento da arte musical no mundo da reprodução sonora em larga escala, e uma antropologia do ruído resumida.

A famosa peça de John Cage *Tacet 4'33"* (1952), com sua constatação do caráter ruidoso do silêncio, faz uma ponte com os lances de Satie. Um pianista em recital vai atacar a peça, mas fica com as mãos em suspenso sobre o teclado durante 4 minutos e 33 segundos; o público começa a se manifestar ruidosamente. Aqui também há um deslizamento da economia sonora do concerto, que sai de sua moldura, como uma máscara que deixa ver um vazio. A música, suspensa pelo intérprete, vira silêncio. O silêncio da plateia vira ruído. O ruído é o som: a música de um mundo em que a categoria da *representação* deixa de ser operante, para dar lugar à infinita repetição. Repetição do quê? Peças como essa não correspondem, evidentemente, à categoria usual de *obra*. Elas operam mais como uma marca, uma dobra sintomática e irrepetível, frisando enigmaticamente o campo da escuta possível, o campo daquele silêncio que pode ser ouvido também nas "mutações fônicas imprevisíveis, oceânicas"[35] das belíssimas *peças para piano preparado** (silêncio pleno de ruídos porque é "abandono ao tempo, ao puro movimento do tempo", tempo que jamais se repete contendo todas as repetições em graus alterados de intensidade). Nessas peças Cage fez com que o piano, de instrumento produtor de alturas, se transformasse num multiplicador de timbres e ruídos: com a interferência de pinos, parafusos, borrachas e outros materiais atuando sobre as cordas do instrumento, ele passa a soar formas alteradas de pandeiros, atabaques, marimbas, caixas de música, guizos. O procedimento antecipa também uma possibilidade dos sintetizadores atuais: "splitar" o teclado e fazer com que cada tecla, ou cada região, produza um timbre diferente. Mas essa parafernália visa à delicadíssima apresentação de quase-sons (quase-ruídos) em oscilação rítmica, num tempo em que despontam pulsações e não-pulsações, como se a música buscasse devolvê-las a um estado de indistinção entre ambas. O ritmo para Cage não está na regularidade das batidas nem na mensurabilidade das durações, mas na flutuação "sobre a crista de uma vaga métrica" ou de uma não-métrica enquanto tal.[36] A música não se organiza em torno de um pulso (como a música modal), nem evita sistematicamente o pulso (como a música serial). Fases e defasagens alternam-se ao sabor e na pulsação do próprio acaso em som, ruído e silêncio. O *ruído branco* é o modelo desse universo (ou multiverso): o *total sonoro* é silencioso (matriz de toda comunicação possível, de toda canalização de qualquer que seja a mensagem, matéria de todas as paisagens sonoras, frequência das frequências, pulso dos pulsos, ruído/zero).[37] Silêncio no código: metalinguagem de toda música quando ela atinge aquele limiar paradoxal de que falamos antes, indo para o ponto de mutação em que, depois de séculos, e através de sua caotização "multiversal", aponta para um campo que está aquém e além da "música". (Mas isso supõe toques sutis, em filigrana, que promovem silenciosamente uma desativação do tempo do ego, do prazer como descarga de energia acumulada, e uma dessacralização radical do som, que, não sendo mais sacrificado nem no altar do mito nem no altar do progresso, se desgarra como verdadeiro objeto não identificado, em sua obviedade.)

3. CODA

Quem se dispuser a escutar o som real do mundo, hoje, e toda a série dos ruídos em série que há nele, vai ouvir uma polifonia de simultaneidades que está perto do ininteligível e do insuportável. Não só pela quantidade de coisas que soam, pelo índice entrópico que parece acompanhar cada som com uma partícula de tédio, como por não se saber mais qual é o registro da escuta, a relação produtiva que a escuta estabelece com a música.

No caso da música de concerto contemporânea, a complexidade vem acompanhada de um traço *esquismogenético*:[38] o sistema está cortado ao meio por uma fissura que parece caminhar no sentido de rompê-lo no ponto de descolamento entre as alturas e o pulso, e a escuta está exposta, geralmente sem sabê-lo, a essa ruptura latente (a música de concerto exporia na verdade de maneira mais evidente uma questão que poderia se transportar hoje para a música em geral). A questão não se resume, pois, em saber se a música hoje é capaz de criar novas organizações sonoras ou se se torna cada vez mais pura repetição, ruído e silêncio (essa é certamente uma boa pergunta de ecologia simbólica, mas um pouco simples demais para indagar do estado das coisas).

A música de concerto vem de uma tradição heroica, em que ela se constitui pela criação de uma linguagem, a música tonal, e pela exploração até os seus limites extremos dessa linguagem, no quadro de um grande arco evolutivo que vai do século XV ao fim do XIX. No século XX, esse arco esgotou as possibilidades dadas pela gramática do sistema tonal e prometeu, durante certo tempo, a sua superação na forma de um outro modo de organização das alturas (depois estendido aos demais parâmetros): o serialismo, o mais radicalmente progressivo entre os caminhos da música contemporânea. Nos últimos tempos essa projeção, que pressupunha a ideia de um progresso permanente da forma através dos saltos de linguagem dados pelas obras, reflui para um estado anti-heroico, acompanhado de um forte mal-estar. É que a projeção evolutiva do código mostrou-se presa de muitos impasses e, no limite, sem "perspectiva" (com isso, é a própria ideia de inserção da música numa grande história do sentido que periclita, junto com o prestígio da ideia de progresso). Muitos compositores silenciaram (Boulez), outros retornaram a um cultivo (que não deixa de soar retroativo) do tonal (Penderecki), outros oscilam num terreno eclético (no âmbito do qual Stockhausen continuou seguindo uma bela trajetória individual), outros partiram para uma música engajada na luta de classes (como Willy Corrêa de Oliveira, no Brasil), ou então voltada para a recuperação de uma utilidade pedagógica ou ambiental (como aparece nas propostas de Koellreutter). Essas múltiplas alternativas soam como sintomas agudos de impasses ou da expectativa de caminhos que não se abriram concretamente. O que contribui para reforçar o lado apocalíptico da situação: desgarrado de uma história do sentido, dada pela tradição ocidental, o som se dissolveria para alguns num conglomerado caótico de interferências ruidosas, um cluster que só teria como horizonte a barbárie da extinção da cultura e uma inimaginável e terrível implosão terminal. Essa hipótese veria a situação da música hoje — a dissolução do campo de definição do som enquanto oposto ao ruído, e a neutralidade zerada do código musical, que se torna incapaz de dizer nada que não seja repetição, ruído e silêncio — como sintoma profético do fim do social no mundo das massas (cuja opinião insondável, que não se define senão erraticamente, seria buraco negro de todo sentido).[39] A incapacidade para introduzir diferenciação seria a síndrome dessa terminalidade. A negatividade da arte como recusa do social (como aquela recusa à consolação que Adorno viu na música de Schoenberg, expondo a angústia contemporânea) iria tomando assim, irreversivelmente, o caráter de uma natureza declinante do social.

Essa situação terminal (ligada a uma antropologia do ruído) teria seu correspondente numa psicossociologia defensiva da escuta (o ouvinte se fecha numa concha de som onde se embala só com o gênero de sua preferência, seja o jazz, o sambão, o rock, a música ligeira ou a experimental, numa redoma refratária a qualquer diferença, a qualquer deslocamento de seu código de adoção, o que significa não-escuta). A escuta indiscriminada de qualquer coisa também é não-escuta. Cumprir-se-ia, assim, em toda escala, no circuito vicioso e fechado da música de mercado, aquele fetichismo da música e a regressão da audição previstos por Adorno.[40] O minimalismo seria o estilo estético desse *eu mínimo* (fechado defensivamente numa câmara de som repetitivo).[41]

Mas, reconhecido o que há de real nesse quadro, ele pode passar por outras avaliações. Porque podemos estar passando por um deslocamento de parâmetros muito maior do que conseguimos imaginar agora, e o blecaute do sentido pode fazer parte dessa migração dos códigos (ou sua estabilização em outro lugar: o mundo tonal, vale dizer, o da cultura ocidental moderna, pode ter sido nada mais que a migração do mundo modal a um outro que só agora começamos a entender). A coincidência do término do mundo tonal (e suas representações) com o estado terminal da cultura e da sociedade no fim do século XX pode ser encarada como um desafio para escutar o lugar para onde o sentido se desloca.

Correndo por fora da tradição da música erudita, músicas populares continuaram a fazer os seus sons, que se misturaram em democráticas mixagens e assumiram lugares singulares na modernidade. A música europeia se juntou com a africana no território das Américas. Esse evento é produtor de uma extraordinária força multiplicadora: ele contribuiu para criar experiências de tempo musical de uma grande complexidade e sutileza. O ímã da música puxa agora de novo para o questionamento e a criação sobre o pulso, o tempo, o ritmo. Essas músicas devem ser relidas ou escutadas em nova situação. Elas fazem parte do processo de codificação das relações entre som, ruído e silêncio como modos de admitir fases e defasagens, de trabalhar sobre o caráter *simultaneamente rítmico e arrítmico do mundo.* Ali, no pulso do pulso, pode estar se formulando uma outra coisa, para a qual é preciso produzir uma escuta correspondente (o que significaria a volta do pulso modal num mundo descentrado e dessacralizado?). É preciso dizer também que, em todo esse processo, a canção (ou certa linha de canções) funciona como um verdadeiro equilibrador ecológico (as canções são a reserva de oxigenação da música e do mundo simbólico).

A música tornou-se sincrônica, simultânea. A sincronicidade vazou os campos de produção em que ela se dividia. É preciso que a reflexão sobre música dê conta dessa simultaneidade e seja capaz de ver situações novas.

A produção de uma escuta em relação dinâmica com esse processo de simultaneidade passa por embaraços fortíssimos. Antes de mais nada, os registros de escuta habitual estão completamente embaralhados. O modo dominante de escutar (em ressonância com o da produção de som industrial para o mercado) é o da *repetição* (ouve-se música repetitivamente em qualquer lugar e a qualquer momento). Um modo recessivo é o da *contemplação* (tonal): escutar música sob uma reserva de atenção, em condições especiais de silêncio (é uma escuta diferenciada, que aparece em situação mais rara, inacessível ou impensável para muitos). Outro modo recessivo é o da participação sacrificial (modal), o envolvimento do ouvinte num ato ritual. Para muitos ouvintes esses modos estão misturados numa indistinção confusa. A capacidade de combiná-los e fazer deles uma composição é uma alternativa para viabilizar a escuta: saber ter uma relação polimodal com a música (é essa escuta que a música que começa a existir pede). A escuta está polarizada pela repetição do mercado, mas outros modos de escuta estão latentes nela como ressonância harmônica. À medida que nos aprofundamos no tempo da dessacralização, toda a história dos símbolos, que vibra num acorde oculto (modal, tonal, serial), fica paradoxalmente mais exposta na sua simultânea contemporaneidade.

Temos uma situação singular. O som é ondulação corporalizada e cósmica, ondulação analógica (ligada até aqui a toda a concepção circular de tempo, que vai do relógio ao disco). O mundo da repetição generalizada decompõe e desconstrói a onda sonora na sua produção e na sua recepção. A dessacralização total do som significa que a onda não tem mais aquele poder mágico de ressoar a si mesma pela própria força, uma vez detonada. O consumidor liga e desliga a onda no momento que quiser. No mundo sacrificial a onda tinha seu tempo próprio, assim como a água produz círculos quando cai nela uma pedra (esse tempo da ressonância soava ao mundo pré-moderno como um poder cósmico a ser reverenciado). Agora, quando a generalização das relações de mercado se totaliza, a onda não tem poder, o cosmo não tem nenhum poder diante do ouvinte aparelhado ou desatento (só este parece ter poder sobre toda e qualquer música).

Suponhamos um lama tibetano gravado em compact disc: sua voz, capaz de fazer ouvir os harmônicos, está quase como um holograma vocal na sala, cavando do fundo e da fenda do universo o som primordial, podendo ser interrompido a qualquer momento e contrapor-se a qualquer outro ruído. A aparelhagem é digital, não analógica. Não há nenhum *sacrifício*: a partir daqui, você pode ligar o som sem sacrificar nada aos deuses do som (eles é que foram sacrificados aos deuses do mercado na forma das últimas novidades em aparelhos de som). A liturgia das ondas, da vibração, seus ciclos de apresentação, de entrada e saída, o tempo necessário ao cumprimento desse ciclo, a música das esferas (o fluxo dos sons segundo a curva das próprias forças e das forças que ele descreve), tudo se cala diante do consumidor atuante (que pode recalcitrar nas formas do colecionador fugaz e permanente da última novidade, do crítico prepotente e toda uma família de pretensos apropriadores das ondas instantâneas que o som inscreve no nada).

E, no entanto, é preciso assumir o estado de repetitividade (nenhum mundo com bilhões de pessoas, como o nosso, existirá sem ela). Nesse mundo, a música *faz fundo*, mas a música de fundo *saltou pra frente*. Brian Eno (autor das músicas ambientais para hospitais, aeroportos, músicas para trilhar ruídos, como aquela primeira, de Satie) diz que a ambiência timbrística, a criação do espaço sonoro, tornou-se um campo privilegiado de composição contemporânea, embora pouco notado. Diz também que na canção de massa muitas vezes o mais interessante é o fundo ruidístico, timbrístico, que está sob a voz cantada, e no qual estão se compondo elementos para novas músicas. (O tempo não é propriamente de obras, mas de processos disseminados, dispersos num turbilhão de eventos.)

A música pulsante e timbrística salta instantaneamente, se dá a conhecer num segundo, em bloco. A música se dá em pílulas, pastilhas, efervescentes, desodorantes, comprimidos, sabonetes. A música "alta" é, entre as outras, uma espécie de *concentrado* (xarope que as diferentes escutas ou reinterpretações vão diluir em concentrações variadas). Tende a se dissolver a divisão entre música erudita e popular, mas continua a haver, de maneira incisiva, distinção entre estrutura profunda e estrutura de superfície (sem que esse último termo seja pejorativo). Como eu tinha sugerido antes, *Sagração da primavera* é estrutura profunda daquela música de ritmos e timbres, de ruído pulsante que o rock vai mostrar como estrutura de superfície (portada pela evidência de suas cadências harmônicas e seu compasso quaternário). Cage é estrutura profunda da música em seu estado absolutamente superficial (flutuação do som, silêncio, ruído em sua intranscendência, evidência não evidente do caráter superficial de toda música). O minimalismo é a passagem do profundo cagiano ao superficial (a evidência do caráter repetitivo dos fluxos em fluxos explicitamente repetitivos). João Gilberto é a superação da oposição entre o profundo e o superficial.[42]

A música passou a tramar outras tramas. Para muitos amantes da música, isso é insuportável. Para outros, esse estado de coisas nega tudo o que ela foi. O meu assunto é manter vivo o campo da escuta, tomando como base o que se tornou evidente, que a música passa a pedir uma escuta propriamente musical, isto é, polifônica. É possível reouvir a sua história dentro de uma base sincrônica. É preciso produzir novos mapas. É possível ouvir tudo de novo e estar soando já diferentemente. Modal, tonal, serial. Tocar a primeira escala.

Introdução à música

Para fazer música, as culturas precisam selecionar alguns sons entre outros: já falamos sobre o caráter ordenador de que se investe essa triagem, na qual alguns sons são sacrificados (vale o termo, também nesse sentido), isto é, jogados para a grande reserva dos ruídos, em favor de outros que despontarão como sons musicais doadores de ordem. Para fazer esse recorte, que equivale à decomposição arbitrária do contínuo do arco-íris e consiste na decomposição do contínuo das alturas melódicas numa infinidade de escalas musicais possíveis, as culturas estarão fundadas na intuição de um fenômeno acústico decisivo, que é a série *harmônica* subjacente a cada som.

Por razões físicas que não cabe explicar aqui, uma corda, vibrando numa certa frequência fundamental, ressoa internamente outras frequências que são seus múltiplos, frequências progressivamente mais rápidas, muito dificilmente audíveis, mas que compõem o corpo timbrístico do som. (Muitas vezes o ensino de música passa completamente ao largo da experiência da escuta da série harmônica e do conhecimento de suas implicações; pensar a música sem ela é algo assim como imaginar que os bebês são trazidos pelas cegonhas.)

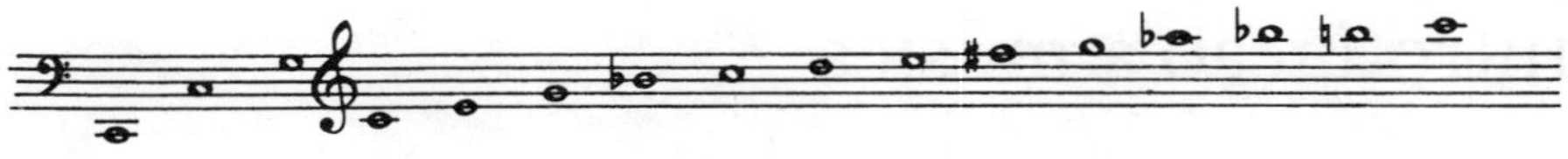

A série harmônica

Estas são as "notas" da série harmônica*, se tomarmos como ponto de partida, ou como som fundamental, a nota dó. (A escrita convencional, assim como o teclado do piano, com sua afinação temperada, só podem nos dar essas notas aproximadamente; vamos registrá-la aí, portanto, sob essa ressalva.)

As alturas ressoadas pelas frequências componentes da "escala" harmônica produzem uma série de *intervalos** (intervalo é a distância que separa dois sons afinados no campo das alturas). Um som musical, de altura definida, tocado por um instrumento, ou cantado por uma voz, já tem, embutido dentro de si, um espectro intervalar. Vale dizer que ele contém já uma configuração harmônica virtual, dada por múltiplos intervalos ressoando ao mesmo tempo. Mais do que uma simples unidade que vai produzir frases melódicas, cada som já é uma formação harmônica implícita, um acorde oculto. Quando um som se encontra com outro, é a série harmônica dos dois que está em jogo.

A sequência dos harmônicos é dada por uma progressão frequencial. O primeiro harmônico de uma fundamental é a "mesma nota" repetida uma *oitava** acima (novamente o dó num registro mais agudo) e resulta do dobro do número de vibrações do som fundamental (que se obtém, numa corda, com a sua divisão ao meio ou com a duplicação do seu grau de tensão por esticamento). (Num violão, por exemplo, a corda mi, se for dividida no seu ponto médio, com o dedo sobre o traste, produzirá um mi mais agudo; se suportar um estiramento que duplique a sua tensão, produzirá também o som oitavado.) Dá-se o nome de oitava a esse intervalo porque, na sequência das notas brancas do teclado (que fazem a escala diatônica), ele é a oitava nota a partir da sua fundamental.

O segundo harmônico é a nota *sol*, que compõe o intervalo de *quinta** (nota que está, no teclado do piano, cinco notas acima do som anterior, o dó) e resulta de uma multiplicação frequencial da ordem de 3/2 em relação ao som anterior, ou da divisão da corda em uma porção correspondente a 2/3 dela.

O terceiro harmônico, que consiste na volta da nota *dó*, faz com o *sol* (segundo harmônico) um intervalo de *quarta**, resultando de uma multiplicação de

4/3 da frequência do som anterior (ou de uma divisão em 3/4 da corda). Os dois harmônicos seguintes, o *mi* e o *sol* (que retorna oitavando sobre o primeiro), introduzem os intervalos de *terça maior** e *terça menor* e resultam, dentro da mesma progressão, das relações numéricas de 4/5 e 5/6, respectivamente.

A divisão da corda em seus harmônicos

Isso significa que os *harmônicos**, enquanto formantes de um som, correspondem àquelas vibrações mais rápidas que se incluem, como múltiplos, no mesmo pulso do som fundamental (são frequências de periodicidade desigual que coincidem periodicamente com o ponto de recorrência do pulso fundamental).

Vista assim, a série harmônica é também uma questão de ritmo implícito, pois produzem harmônicos aquelas frequências desiguais que pulsam em fase com um denominador comum (e, encontrando-se juntas num mesmo ponto de recorrência vibratória, o reforçam, o amplificam, tornando-o audível como som de altura definida).

Os gregos estudaram essas propriedades do som através da comparação de comprimentos de cordas, usando para isso um instrumento de pesquisa: o monocórdio (em afinidade com a sua família preferencial de instrumentos, as liras, as harpas, as cítaras). Durante séculos as proporções numéricas entre os intervalos foram estudadas no Ocidente através do comprimento das cordas;

o fenômeno da ressonância é uma descoberta do início do século XVIII. Os chineses estudaram essas mesmas propriedades através das cordas e do comprimento de bambus (em afinidade com suas flautas). Os balineses extraíram os sons e suas proporções da matéria percutida e seus volumes (marimbas, gongos, sinos). Mas, teorizado ou não, o parentesco entre esses intervalos é perceptível pelo nosso sistema audiomental, que reconhece neles propriedades elementares de atração, simplicidade, identidade.

Pitágoras foi quem primeiro formulou, na tradição do Ocidente, o caráter numérico e harmônico dessas formações sonoras: "o sentimento instintivo das primeiras consonâncias coincide com as relações entre os primeiros números aplicados ao comprimento (ou à tensão) de cordas vibrantes".[43] Se temos um som melódico emitido pela vibração de uma corda inteira, o primeiro harmônico (a oitava) resultará da vibração de 1/2, o segundo de 2/3, o terceiro de 3/4, o quarto de 4/5, o quinto de 5/6. Essa progressão em complexidade corresponderá, por sua vez, à maior ou menor facilidade que temos de reconhecer e produzir um intervalo.

A descoberta dessa ordem numérica inerente ao som teve largas consequências para a edificação da metafísica ocidental, pois a analogia entre a sensação do som e a sua numerologia implícita contribuiu fortemente para a formulação de um universo constituído de esferas analógicas, de escalas de correspondência em todas as ordens, extensivas por exemplo às relações entre som, número e astros (o que fará da astrologia e da música, junto com a aritmética e a geometria, as disciplinas básicas de uma cosmologia de larga duração e influência, pois, já citadas em Platão, atravessarão juntas a Idade Média na forma de *quadrivium*, vigorando até o Renascimento). Deriva daí a ideia, também de larga influência, de uma música das esferas, ou seja, a ideia de que as relações entre os astros seriam correspondentes à escala musical, e de que o cosmo tocaria música inteligível, mesmo que fora da faixa sensível da escuta.

Podemos perceber e intuir a proporcionalidade inerente às ondas sonoras através da escuta e da (re)descoberta das relações intervalares. Mas as relações proporcionais às alturas poderiam ser traduzidas também não só em números, mas naquilo que elas são implicitamente: ritmos. Já que o *tom* (isto é, um som de altura definida) é, como já vimos, um pulso muito rápido que só percebemos como altura melódica, os intervalos podem ser ouvidos como ritmos se as frequências que os compõem puderem ser traduzidas em frequências proporcionais muito mais lentas. O sampler permite justamente realizar essa experiência de conversão do *tom em pulso**, em que um intervalo melódico-harmônico é figurado com o ritmo. Com isso, temos uma reveladora tradução da harmonia tonal em harmonia rítmica, o que oferece surpreendentemente uma espécie de contraponto instantâneo entre Europa e África: relações que a música europeia desenvolveu no campo das alturas, a música africana desenvolveu no campo das durações. As relações entre tom e pulso, e a transposição de um nível a outro, compõem um dos campos que se abrem para a linguagem musical contemporânea como redescoberta de seus próprios fundamentos (essas relações estão latentes, por exemplo, nas obras de Steve Reich e Philip Glass).

O pulso que produz o intervalo de uma oitava é uma duplicação da fundamental. Se o som fundamental pulsa numa frequência desse tipo:

a oitava pulsa dobrado:

e a cada dois ciclos se encontra em fase com o ciclo do som fundamental. Traduzido em notas musicais:

(Temos aí a matriz de todo ritmo binário, que está para as durações como a oitava está para as alturas.)

A quinta (dó-sol) é uma relação de três para dois:

(Temos aí a matriz de todo ritmo ternário, que está para as durações como as quintas para as alturas.)

As quartas e o padrão 3/4:

Poderíamos ver esse efeito numa tabela geral:

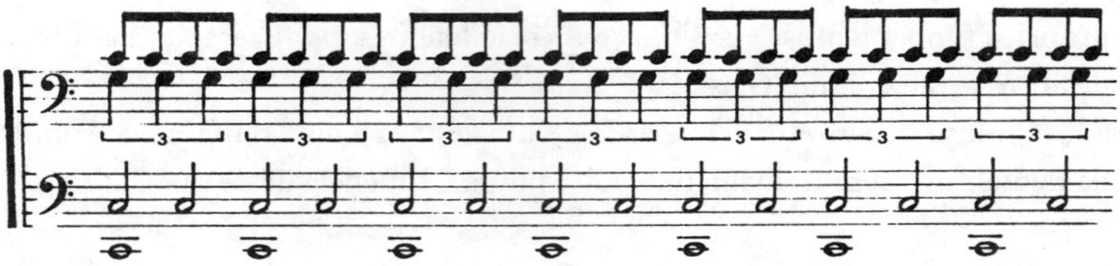

Se prestarmos atenção a esses intervalos básicos, teremos uma noção de certos princípios elementares que regem as harmonias.

A *oitava* é um intervalo sem maior valor dinâmico-afetivo. Em princípio, é um espacializador neutro dos sons. As mais diversas culturas reconhecem duas notas oitavadas através do mesmo nome (embora diferentes, são o retorno do mesmo numa outra frequência). Esse intervalo oferece uma moldura para as escalas; elas serão (como veremos) formas de subdividir em intervalos menores o espaço dado pela oitava.

A *quinta* (que introduz a relação ternária no campo das frequências) é um elemento dinamizador, engendrador de movimento e de diferença. Uma série de quintas sucessivas engendra novas alturas, ou *notas*: dó-sol--ré-lá-mi-si (e assim por diante). A inversão da quinta produz a *quarta* (dó-sol é uma quinta, sol-dó uma quarta), um intervalo é formado de três tons e meio, o outro de dois tons e meio. Somados, recompõem a oitava, como num tripé: dó-sol-dó. O intercâmbio entre esses intervalos, e as imbricações de movimento e de estabilidade que eles criam, fazem deles o eixo mais simples para o estabelecimento de trocas harmônicas. (Veja-se que uma nota fundamental, suponhamos um dó, é a quinta da sua quarta, o fá, o que dinamiza o tripé das quintas e quartas abrindo-o a um verdadeiro dominó harmônico.)

As *terças* (maior e menor dó-mi, mi-sol) trabalham com o fator 5 (4/5 e 5/6) e incluem, segundo uma certa visão de semântica musical, cores afetivas e sentimentais no campo das alturas (no sistema tonal são o diferenciador de modo maior e menor, e suas cores mais "luminosas" ou "sombrias", "alegres" ou "tristes"). Até aqui temos então, na série dos primeiros harmônicos, aqueles intervalos que a tradição tonal consagra como consonância: juntos, eles fazem o acorde perfeito maior* (dó-mi-sol-dó).[44]

Todos os outros intervalos são numericamente mais complexos, mais difíceis para a percepção e a afinação. As sétimas (dó-si ou dó-si bemol), por exemplo, que serão intervalos importantes como tensionadores, contêm pulsos internos cuja defasagem é mais pronunciada, resistindo mais à redução a uma pulsação básica (como se lutasse contra a redução ao período do som fundamental, que a oitava e a quinta aceitam com muito maior facilidade).

O *trítono** (ou quarta aumentada, intervalo de três tons que temos por exemplo entre o fá e o si ou o dó e o fá sustenido) é baseado numa relação numérica de 32/45. Divide a oitava ao meio, e é igual à sua própria inversão: projeta com isso uma forte instabilidade. Foi evitado na música medieval como o próprio *diabolus in musica*.[45]

A *segunda menor** (dó-dó sustenido) é um intervalo estratégico: baseado na relação de 15/16, está perto dos menores intervalos relevantes para a diferenciação auditiva. Como é produto da defasagem entre dois pulsos muito próximos, quinze e dezesseis ciclos, a arritmia dissonante que ele produz soa como um erro que quer ser corrigido por igualamento, uma distorção que quer ser ajustada, uma diferença que quer ser reduzida, uma tensão que quer ser resolvida. Daí que se consagre para ele a função da *sensível*, isto é, a nota tensa que desliza no espaço de um semitom (a segunda menor) e encontra repouso. Ou então desliza meio tom e cria conflito: ele é deslocador por excelência. A segunda menor põe em cena o glissando, a atração, a sedução.

Com isso já temos elementos para visualizar a música das alturas como uma multiplicidade de acontecimentos, de movimentos relativamente estáveis e instáveis, entremeando suas diferenças como um trabalho de forças. Segundo Costère, no livro *Mort ou transfigurations de l'harmonie*, os sons são polarizados por relações de dois tipos: ressonância harmônica e deslizamento. Um *dó*, por exemplo, é polarizado por si mesmo (em *uníssono*), por sua *oitava* (outro *dó*), pela *quinta* superior (o *sol*) e a inferior (o *fá*, que corresponde ao intervalo de quarta). Essas relações correspondem aos primeiros intervalos dados pela própria série harmônica e são dotadas de grande estabilidade. Mas um dó é polarizado também pelas duas notas que lhe são vizinhas a uma distância de um semitom: o dó sustenido (segunda menor superior) e o si (segunda menor inferior). Essas duas notas travam com ele relações atrativas de outra natureza: por contiguidade, deslizamento, deslocamento do eixo atrativo dado pelas similaridades da escala harmônica.

Com isso já temos entre as notas um sociograma bastante movimentado, e, como se vê, as relações entre elas não são neutras, mas imantadas pelas atrações do eixo de ressonância e do eixo de vizinhanças.[46] O passeio das notas pelo campo das alturas não é neutro: no seu livre movimento, elas são enlaçadas por certas atrações, certos ímãs, certos polarizadores. Criam movimentos improváveis, suspensões, tensões, enquanto são repuxadas pelo tripé das quintas e pelo estiramento glissante dos semitons. Esses ímãs não correspondem a simples regularidades acústicas: são tendências à homeostase que aparecem como fortes demandas do nosso ouvido quando improvisamos ou cantamos em conjunto (com forte tendência ao uníssono).

Quero terminar essa longa introdução panorâmica dizendo que o ritmo também tem seu ímã no pulso. Quando os sons se sucedem, tendem a se organizar, ou tendemos a lê-los, em períodos recorrentes, através de certos retornos similares. O ritmo é a forma do movimento, ou a forma em movimento, que a música dá a perceber geralmente através de um pulso, um certo batimento regular e periódico (muitas vezes apenas implícito), que serve de base a variações de motivos longos e curtos, rebatidos entre os tempos e os contratempos. Esse rebatimento pulsante depende das acentuações, dos pontos tônicos e átonos dançando o tempo, variações sutis de intensidade que definem o seu perfil e o seu fluxo. O ritmo regular, mas também os ritmos mais irregulares, sugerem pois uma pulsação, que volta em fluxos binários, ternários ou outros mais complexos. Essa regularidade é pontuada pelas acentuações:

— ◡ — ◡ — ◡ — ◡ — ◡ — ◡

(binário) ou

— ◡ ◡ — ◡ ◡ — ◡ ◡ — ◡ ◡

(ternário)

Ora, esse pulso só forma para nós uma figura se tivermos um ponto de entrada, de ataque, uma cabeça. As mesmas figuras rítmicas (durações e acentuações) serão diferentes conforme o lugar de onde partem, na nossa interpretação. Por exemplo:

— ◡ ◡ | — ◡ ◡ | — ◡ ◡ | — ◡ ◡

será diferente se lemos com outro recorte:

◡ — ◡ | ◡ — ◡ | ◡ — ◡ | ◡ — ◡

ou assim:

◡ ◡ — | ◡ ◡ — | ◡ ◡ — | ◡ ◡ —

A reversão do tempo, por deslocamento, é um fator criador de complexidades e sutilezas rítmicas.

E como o ritmo supõe uma *cabeça*, isto é, uma leitura de sua recorrência sempre a partir de certas balizas, de um certo modo de segmentação, de certas entradas, a superposição de ritmos ou de pulsos pode criar várias leituras e uma textura complexa.[47]

Suponhamos um pulso regular que sofra a interferência de um outro duas vezes mais rápido.

Numa primeira versão, eles podem se combinar simplesmente assim:

O que resulta em:

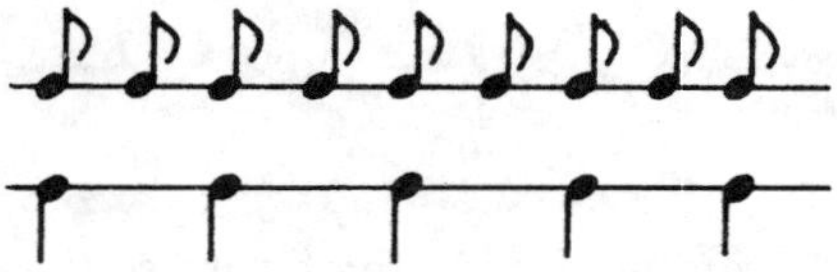

(os dois pulsos estão em fase)

Mas podem estar defasados, assim:

o que resultará em *síncopa*, a alternância entremeada de dois pulsos jogando entre o tempo e o contratempo, e chamando o corpo a ocupar esse intervalo que os diferencia através da dança. Com isso, ele se investe do seu poder de aliar o corporal e o espiritual, e de chegar no limiar entre o tempo e o contratempo, o simétrico e o assimétrico, à fronteira entre a percepção consciente e a inconsciente. Onde faz jus ao que se diz dele: o ritmo não é meramente uma sucessão linear e progressiva de tempos longos e breves, mas a oscilação de diferentes valores de tempo em torno de um centro que se afirma pela repetição regular e que se desloca pela sobreposição assimétrica dos pulsos e pela interferência de irregularidades, um centro que se manifesta e se ausenta como se estivesse fora do tempo — um tempo virtual, um tempo *outro*.[48]

II. MODAL

Composição das escalas

1. O SOM OCEÂNICO E OS DELFINS DE APOLO

Todas as melodias existentes são compostas com um número limitado de notas. Assim como a língua compõe suas muitas palavras e infinitas frases com alguns poucos fonemas, a música também constrói sua grande e interminável frase com um repertório limitado de sons melódicos (com a diferença de que a música passa diretamente da ordem dos sons para a das frases, sem constituir, como a língua, uma ordem de palavras).[1]

Aquele conjunto mínimo de notas com as quais se forma a frase melódica costuma ser chamado de "escala" (ou "modo", ou "gama"). Não importa que a nossa tradição pense a escala como uma sequência de notas que vão do grave para o agudo, e que os gregos pensassem as suas escalas como um conjunto descendente indo do agudo para o grave. A escala* é um estoque simultâneo de intervalos, *unidades distintivas* que serão combinadas para formar *sucessões* melódicas. A escala é uma reserva mínima de notas, enquanto as melodias são combinações que atualizam discursivamente as possibilidades intervalares reunidas na escala como pura virtualidade.

As escalas variam muito de um contexto cultural para outro e mesmo no interior de cada sistema (os árabes e os indianos, por exemplo, têm um sistema escalar intrincado, composto de dezenas de escalas e de centenas de derivados escalares). As escalas são paradigmas construídos artificialmente pelas culturas, e das quais se impregnam fortemente, ganhando acentos étnicos típicos. Ouvindo certos trechos melódicos, dos quais identificamos não conscientemente o modo escalar, reconhecemos frequentemente um *território*, uma *paisagem* sonora, seja ela nordestina, eslava, japonesa, napolitana ou outra.

É de se perguntar como, e a partir do quê, se organizam essas múltiplas escalas, e qual o paradigma natural com o qual elas dialogam e que permite, ao mesmo tempo, a sua articulação e a sua diferenciação. Conforme já adiantei, o paradigma natural subjacente à ordem dos intervalos melódicos é a *série harmônica*. A cauda espectral dos harmônicos, que está implícita e oculta em cada som melódico, marcando a progressão das frequências ressonantes, compromete os sons entre si numa trama dinâmica de atrações e repulsões relativas. É com base no paradigma harmônico que as associações melódicas se investem de diferentes graus de afinidade e atrito, formando polarizações estáveis e antipolarizações. Músicos do mundo todo, nos mais diferentes tempos culturais, puseram-se à escuta dos intervalos, mapeando o campo sonoro e desentranhando modos relacionais de dentro do caos ruidoso e do contínuo oscilante e deslizante das alturas.

Talvez porque em seu estado primário e indiferenciado o campo das alturas seja tão fluido, uma longa tradição ligue simbolicamente a música ao mar, e alguns mitos gregos formulem de maneira eloquente o caráter oceânico do som: Arion, prisioneiro de marinheiros que querem atirá-lo às águas, pede para entoar o seu próprio canto fúnebre, acompanhado da sua lira, e em seguida se lança por conta própria ao oceano, onde os golfinhos, delfins de Apolo, atraídos pela música, o salvam; Dionísio, preso nas mesmas condições, transforma os piratas em golfinhos, condenados para sempre a salvar os náufragos. Essas são, na verdade, duas versões de um mesmo mito, que se pode parafrasear assim: o músico é capaz de dominar as forças informes do inconsciente, fazendo-as atuar a seu favor; a música é um rito de passagem em que o sujeito se lança à morte (escolhendo por um artifício onírico, diria Freud, aquilo que não tem escolha) e renasce dela.[2]

As duas versões do mito unem Apolo e Dionísio como dois modos de um só evento, combinando a forma apolínea (a lira) e a força dionisíaca (o oceano). (Pense-se também, ainda em contexto grego, nas lendárias harpas eólias, tocadas pelo vento.) Os golfinhos apolíneos vêm em socorro do músico, surgindo do abismo oceânico como um princípio de organicidade que permite flutuar. Dionísio, com a sua força, que domina as formas, transforma os marinheiros, que pensam submetê-lo, em golfinhos: dando-os a Apolo.[3]

As notas musicais são os delfins desse oceano sonoro: pontos de apoio e de referência, sinais de inteligência no vasto domínio do indiferenciado. A articulação entre elas toma a forma de *escalas*, repertório de sons inter-relacionados, capazes de gerar frases melódicas dotadas de um certo sentido (enquanto relação de forças advinda de uma dinâmica interna).

2. A ESCALA PENTATÔNICA E A ECONOMIA POLÍTICA

Os intervalos básicos da série harmônica dão as referências para balizar o campo sonoro e delimitar nele um território. A *oitava* (que é o primeiro intervalo da série, e o mais simples numericamente) não oferece, como já disse antes, mais do que um espaço de ação neutro e ainda vazio. A relação entre uma nota e sua oitava é puramente especular, sem desdobramento dialético. Só com oitavas é impossível produzir frases: temos apenas uma pontuação estática do campo das alturas. Já a *quinta*, o segundo intervalo da escala harmônica, que sucede a oitava e a dinamiza, gerando movimento e diferença, é a base para a construção das escalas mais conhecidas e usadas no mundo todo: a *pentatônica** (escala de cinco notas encontrável na China, na Indonésia, na África ou na América) e a *diatônica** (escala de sete notas que, desde os gregos, passando pelo cantochão, é o modelo escalar da tradição musical no Ocidente).

Essas escalas são geradas a partir de uma série de quintas sucessivas e encadeadas*. Se tomarmos a nota fá como ponto de partida, teremos como sua quinta superior a nota dó (fá-sol-lá-si-dó), cuja quinta, por sua vez

1 2 3 4 5

(seguindo o mesmo princípio), é sol, cuja quinta superior será ré, que tem sua quinta em lá.

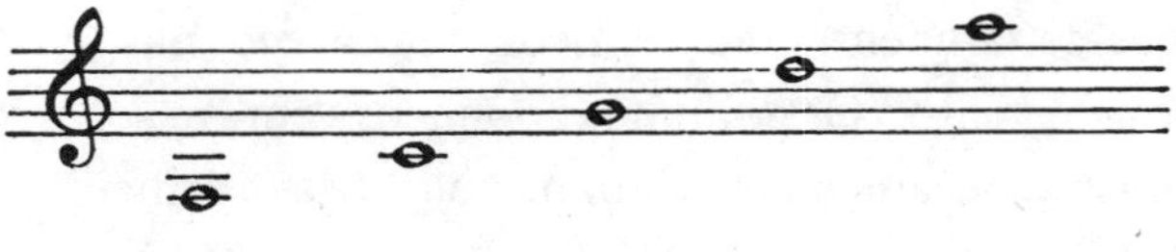

Série de quintas

O princípio de engendramento de múltiplos intervalos através do ciclo de quintas pode também ser representado, de maneira mais próxima da experiência concreta, por uma costura em que se projeta uma quinta ascendente seguida de uma quarta descendente (que é a própria inversão da quinta, mas colocada então como vizinha da nota que serviu como ponto de partida).

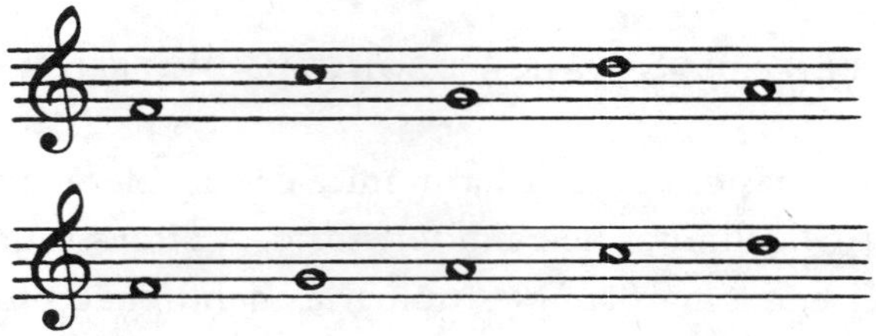

A geração da escala pentatônica

Desse modo já ficamos mais próximos do resultado escalar final, que será sempre um grupo de notas consecutivas, colocadas em relação de vizinhança: fá-sol-lá-dó-ré. Essas cinco notas reunidas no âmbito de uma mesma oitava constituem uma escala de larga aplicabilidade. Transpondo o seu conjunto para um semitom acima, elas coincidem com as teclas pretas do piano (onde se pode experimentar facilmente o funcionamento da escala). Se tocamos uma melodia qualquer, percorrendo os degraus da pentatônica em movimentos ascendentes, descendentes e levemente salteados, reconheceremos um nítido sotaque oriental, porque os padrões sonoros costumam ficar impregnados do seu uso (no caso, identificados com a música tradicional chinesa e japonesa).[4] Mas essa mesma escala aparece também em muitos outros contextos, e sempre com novas caras, conforme se articulam as notas em esquemas melódicos, conforme se timbra a voz ou conforme se estabelecem diferentes tipos de pulsação e instrumentação.

Obtida assim uma escala (uma entre as muitas possíveis, mas talvez a mais universal entre todas, se pensarmos na sua antiguidade e na primazia de que desfruta nas músicas dos mais diferentes pontos do planeta), quero adiantar duas outras características constantes no mundo *modal.*

A primeira é a identificação da escala com uma determinada propriedade semântica, dinâmica, que se pode dizer também dinamogênica (ela corresponde a um movimento ou a um estado de corpo e de espírito). A segunda, que veremos mais adiante, é o caráter circular de que se investem as estruturas rítmicas e melódico-harmônicas da música modal, bem como a experiência de tempo que ela produz. Nas sociedades pré-modernas, um *modo* não é apenas um conjunto de notas, mas *uma estrutura de recorrência sonora ritualizada por um uso.* As notas reunidas na escala são fetichizadas como talismãs dotados de certos poderes psicossomáticos, ou, em outros termos, como manifestação de uma eficácia simbólica (dada pela possibilidade de detonarem diferentes disposições afetivas: sensuais, bélicas, contemplativas, eufóricas ou outras). Esse direcionamento pragmático do *modo* (que se consuma no seu uso sacrificial ou solenizador) já está geralmente codificado pela cultura, onde o seu poder de atuação sobre o corpo e a mente é compreendido por uma rede metafórica maior, fazendo parte de uma escala geral de *correspondências,* em que o modo pode estar relacionado, por exemplo, com um deus, uma estação do ano, uma cor, um animal, um astro.

Um exemplo acabado de interpretação da escala musical como modelo cosmogônico e político é dado pela concepção tradicional chinesa da escala pentatônica. Segundo um tratado cerimonial clássico, a nota kong (fá) representa o *príncipe*; chang (sol) os *ministros*; kio (lá) o *povo*; tché (dó) os *negócios* e yu (ré) os *objetos.*[5] A escala corresponde ao jogo — estável e instável — da ordem social, cujo equilíbrio ela reproduz (metaforicamente) e contribui para manter (metonimicamente). O microcosmo sonoro, imbricado com a ordem social e política, compromete também o equilíbrio entre o céu (correspondente aos "sons claros e distintos", agudos) e a terra (correspondente aos "sons fortes e poderosos", graves), equilíbrio mantido pela coluna simbólica das relações harmônicas. Está visto aí por que as relações escalares nas tradições modais mais remotas não devem mudar, sob pena de infligir graves danos à ordem das coisas. Cada uma das notas (ou cada parte integrante da realidade natural e social) deve contribuir para o bom funcionamento (perpetuamente mutável) de um todo imutável. "Se kong é perturbado, o som é desordenado; é que o príncipe é arrogante. Se chang é perturbado, o som é pesado; é que os ministros se perverteram. Se kio é perturbado, o som é doloroso; é que os negócios estão difíceis. Se yu é perturbado, o som é ansioso; é que as fortunas estão esgotadas. Se os cinco sons estão perturbados, as categorias interferem umas sobre as outras; e é o que se chama insolência. Se assim for, a queda do reino intervirá em menos de um dia."

Na Índia, de maneira semelhante, embora menos enfática do que na tradição chinesa, as *gamas* são comparadas em certos momentos a aldeias regidas por uma nota fundamental (uma chefia) que trama com as outras notas relações de apoio (consonante) e antagonismo (dissonante).

No caso da pentatônica chinesa, a formulação tradicional de uma economia política dos intervalos, como essa que vimos aqui, oferece uma descrição da escala muito próxima da descrição daquela formação pré-capitalista que Marx chamou "despotismo oriental". A interpretação cerimonial da pentatônica mostra nela o espelho de um mundo tenazmente resistente a transformações, mergulhado numa autossuficiência interdependente, onde cada elemento deve permanecer no seu lugar, e onde, à maneira do papel desempenhado pelas notas da gama, "se o indivíduo alterar sua relação com a comunidade, modificará e minará tanto a comunidade quanto sua premissa econômica [...]".[6] A estabilidade inalterável requerida e resguardada a todo custo pelo "despotismo oriental", segundo Marx, está baseada na pequena comunidade, onde não se dá a separação entre cidade e campo e onde a combinação de manufatura e agricultura garante as condições de produção autônoma, "resistindo [...] à desintegração e à evolução econômica mais fortemente do que qualquer outro sistema".[7] A propriedade é aí comunal ou tribal, como esse princípio geral que circula no território da escala, envolvendo todos os seus elementos numa ordem cuja resistência depende da amarração solidária de todos os seus componentes.

Mas essas pequenas unidades comunitárias, uma vez reunidas em unidades maiores, subordinam-se a um centro despótico para o qual se dirige o produto excedente (destinado a serviços religiosos, ao custeio da guerra, à manutenção da comunicação ou a obras de irrigação). Enquanto o excedente econômico se destina a serviços de interesse coletivo, o excedente simbólico se realiza como "trabalho comum para a glória da unidade", nas figuras espelhadas do déspota e da divindade tribal. A ordem sacrificial da música modal envolve todos os seus elementos nesse *tributo ao centro*, investido diretamente na terra (nas tribos selvagens) ou no déspota (nos grupos comunais integrados).[8] A descrição da escala expõe claramente a formação social (seu caráter estático, antievolutivo, ocupando um espaço de autossuficiência referido a um centro fixo; embora permeável à circularidade e ao rodízio das precedências, é ameaçado por qualquer fissura na sua amarração, qualquer alteração deslizante, poderíamos dizer, em linguagem musical, qualquer deslocamento escalar, que provocasse a "escalada" dos semitons e a virtual ruína do sistema). Como o mundo modal não se baseia na ordem da *representação* (estética e política), mas na ordem do *sacrifício*, a descrição socioeconômica e cosmológica da escala não se faz, no caso, como uma simples metáfora da sociedade, mas como um instrumento ritual de manutenção da ordem contra as contradições que a dissolveriam.

O caráter fortemente não evolutivo dessa formação talvez ilustre a resistência do modelo pentatônico na China, refinado quanto a seu uso e interpretação, mesmo depois do desenvolvimento de uma escala diatônica. Assim também, em sistemas musicais complexos, como o de Bali, onde havia a escala de sete notas, esta não era usada tradicionalmente a não ser como modelo para a geração de múltiplas pentatônicas, das quais, ao que parece, se evita sair. Circulando ostensivamente, seja em torno da escala pentatônica, seja em torno de outros sistemas escalares fixos e inalteráveis, o mundo modal é em sua grande parte o mundo dessas formações sociais resistentes à mudança e a todo tipo de evolução, mantendo-se na repetição ritual de suas fórmulas e suas escalas recorrentes, o que o faz furtar-se ao ritmo progressivo da *história*, até que o capitalismo o desintegre, modernamente.[9]

Pode-se dizer, ainda, que as sociedades tradicionais não admitem a música como puro som sem significação, não há entre elas uma poética da sonoridade em si. Mas pode-se dizer que, nelas, a música está sujeita, como sempre, à *flutuação* do significante, que oscila entre não dizer nada e dizer tudo, porque, sem portar significados, aponta para um sentido global (universo sonoro que, se não diz *tudo*, diz, de algum modo, um *todo*).[10] Segundo Deleuze e Guattari no *Anti-Édipo*, nas sociedades tribais esse todo é virtualmente a terra, a unidade indivisa que se inscreve no corpo pelos rituais (de circuncisão, tatuagens e outras inscrições) e que se escuta como música. Nas sociedades despóticas, esse todo é apropriado simbolicamente em alguma medida pelo centro despótico, que passa a ser emanador e receptor dos sons da terra e do grupo social. (Mas a música é feminina, coordenativa, não subordinante, não autoritária, e se entrega não se entregando ao papel que o despotismo lhe designa.)[11]

3. O TEMPO CIRCULAR E A TÔNICA

O mundo modal é marcado pela diversidade das suas escalas, das quais voltarei a falar mais adiante. Se a pentatônica pode ser considerada um arquétipo entre elas, dotado de uma considerável universalidade, o seu uso, já colorido pelas multiplicidades locais e por uma enorme variação paisagística, se mistura com a *multiversalidade*[12] fisionômica das mais diferentes gamas modais. (Essas configurações são, como vimos, codificadas segundo usos rituais, remetendo a um sentido tradicional que deve, antes de mais nada, permanecer igual.)

Junta-se a isso um outro traço geral: as melodias participam da produção de um tempo circular, recorrente, que encaminha para a experiência de um não-tempo ou de um "tempo virtual", que não se reduz à sucessão cronológica nem à rede de causalidades que amarram o tempo social comum. Essa experiência de produção comunal do tempo (estranha à pragmática cotidiana no mundo da propriedade privada capitalista) faz a música parecer monótona, se estamos fora dela, ou intensamente sedutora e envolvente, se entramos na sua sintonia.

É difícil descrever o modo como se produz a circularidade temporal nas músicas modais: isso se faz através do envolvimento coletivo e integrado do canto, do instrumental e da dança, através da superposição de figuras rítmicas assimétricas no interior de um *pulso* fortemente definido, e através da subordinação das notas da escala a uma *tônica fixa**, que permanece como um fundo imóvel, explícito ou implícito, sob a dança das melodias.

A circularidade em torno de um eixo harmônico fixo é um traço próprio do mundo modal, e diferenciador em relação ao mundo da música tonal — percebê-la é a pedra de toque que introduz a uma outra experiência do tempo musical. É preciso antes de mais nada lembrar que, nas músicas modais de modo geral, voltadas prioritariamente para a sensação do pulso, desenhos melódico-escalares e ritmos tendem a constituir-se numa coisa só.

A produção coletiva do tempo (noção que não se separa aí da propriedade comunal da terra) é constituída pela superposição de ritmos irregulares girando em torno de um centro virtual, ou ausente, fora do tempo linear (pois é uma montagem de figuras rítmicas múltiplas e desiguais, subordinadas à ordem do pulso e da recorrência). O tempo das músicas modais consiste em coincidir no pulso, afastar-se da coincidência por defasagens e contratempos e voltar a coincidir no pulso. Esse movimento é muitas vezes tramado numa textura de figurações instrumentais e/ou vocais de tal modo densa que a pulsação entre a fase e a defasagem é quase sincrônica, sentida como uma simultaneidade em que brilham repetições continuamente diferentes e diferenças continuamente repetidas. Ouvimos essa trama na música indiana, nas percussões de Bali, nas músicas árabes, na polifonia dos pigmeus, nas percussões africanas, entre muitos outros exemplos. A superposição de múltiplos elementos vocais e instrumentais, afinados e percussivos, melódicos e rítmicos, numa trama ao mesmo tempo complexa e transparente, constitui um *trem de ondas* da mesma família da própria *série harmônica*, que as músicas "imitam", digamos assim, com seus períodos flagrantemente desiguais mas igualados periodicamente em pontos de recorrência comum.

Além da trama rítmico-melódica*, uma outra coisa contribui para converter a ordem melódica em ordem da pulsação: na música modal não há *temas* individualizados, como haverá claramente na música tonal. As melodias são manifestações da escala, desdobramentos melódicos que põem em cena as virtualidades dinâmicas do *modo**, mais do que *motivos* acabados que chamam a atenção sobre si. Através das melodias a escala *circula*, e essa circulação é uma modalidade de ritmo, enquanto figura de recorrência.

A circularidade da escala gira em torno de uma nota fundamental, que funciona como via de entrada e saída das melodias, ou, em uma palavra, como *tônica*, ponto de referência fundante para as demais notas. No sistema pentatônico, cada uma das cinco notas pode ser, a cada vez, tomada como a tônica: embora os chineses tivessem na nota kong a nota fundamental, as melodias podiam se construir tomando como ponto de referência uma das outras quatro, cada uma por sua vez despontando como princípio de referência (num rodízio de precedência que reconduziria de volta ao ponto de partida e ao centro). O princípio do rodízio do centro, no caso da escala pentatônica (entendida como protoescala do mundo modal), é intimamente unido à própria ordem sonora, pois a circularidade está inserida na sua própria estrutura: nela, cada nota pode ser indiferentemente o princípio, o fim ou o meio de um motivo melódico, todas podem estar num ponto qualquer do caminho (como nota de passagem), ou então soar já como nota final, que encerra e conclui o motivo.

Na sua elementaridade lacunar, a escala de cinco notas é uma escala homogênea e estável, em que cada som guarda sua ambivalência perfeita entre o movimento e o repouso, a mutação permanente e a imutabilidade (experimente no piano construir melodias pentatônicas, observando como, constituído um motivo, cada nota da sucessão pode valer igualmente como passagem, ponte para outra, ou como conclusão). Não é à toa que, em culturas tradicionais, resistir à mudança e à evolução social equivale a resistir às alterações da escala, para além da qual se intui um campo de problemas e contradições onde se desenharia o horizonte da crise permanente (e a "queda do reino"). Na ordem oscilante dos sons, os chineses intuíram a fragilidade da vida em suas múltiplas dimensões de equivalência analógica e constituíram uma sabedoria correspondente a essa intuição que permanecesse para além da formação social que a gerou: a adesão àquele ponto onde o movimento se torna terra firme aos pés de quem sabe as leis que o regem.

A circularidade do complexo escala/pulso, na música modal, é fundada assim sobre um ponto de apoio estável que é a *tônica*. Nas músicas modais, pentatônicas ou outras, é muito frequente o uso de um bordão*: uma nota fixa que fica soando no grave, como uma tônica que atravessa a música, repetindo-se sem se mover do lugar, enquanto sobre ela as outras dançam seus movimentos circulares. A música indiana faz questão de marcar o bordão (essa lembrança contínua do chão sobre o qual se dança, o solo firme sob os voos melódicos) usando instrumentos cuja função é exclusivamente a de ressoar um som contínuo, numa estaticidade movente, em pulsações de timbre e intensidade (o *tampura*, ou *tambura*, é o mais característico desses instrumentos de corda, que sustentam a primeira nota da escala e eventualmente a sua quinta ou a sua quarta).

A tônica fixa é um princípio muito geral em toda a música pré-tonal: explícita ou implícita, declarada ou não, pode-se aprender a ouvi-la, pois ela está lá, como a terra, a unidade indivisa, a montanha que não se move, o eixo harmônico contínuo, soando através (ou noutra dimensão) do tempo. É a tonalidade que moverá esse eixo, tirando-o do lugar e fazendo do movimento progressivo, da sucessão encadeada de tensões e repousos, o seu movimento.

4. A ESCALA DIATÔNICA E O PROBLEMA DO TRÍTONO

Já vimos que as escalas pentatônica e diatônica são geradas igualmente pelo ciclo de quintas. Em algumas tradições o ciclo é interrompido na altura da quinta nota, onde se considera que está formado um conjunto escalar suficiente. Em outras, prossegue-se até a sétima nota, e dessa vez a escala heptatônica é considerada como o limite que não se deve ultrapassar. Donde dó-ré-mi-fá-sol-lá-si (estou dispondo as notas segundo a nomenclatura e a ordem adotadas pela música tonal moderna).

A geração da escala diatônica

De fato, existem razões estruturais fortes para que esses dois pontos sejam marcos na constituição das escalas. É que, se o engendramento por quintas prossegue para além da pentatônica (mais além do lá quando partimos do fá), surgem problemas novos, que a escala de cinco notas não colocava e que farão da diatônica (a escala de sete notas) uma estrutura bem mais intrincada. Em primeiro lugar, o acréscimo de uma nova nota, no caso do mi (a quinta superior do lá), vai produzir um encavalamento de meio tom com o fá (apresentando o mi e o fá um grau de proximidade que se distingue das demais notas vizinhas, separadas por *um tom*). Em segundo lugar o si, a sétima do ciclo de quinta a partir do fá (e quinta superior do mi), vai apresentar também um encavalamento de meio tom com o dó, formando uma escala de sete notas que apresenta um novo tipo de desigualdade interna: cinco intervalos de *um tom** (dó/ré, ré/mi, fá/sol, sol/lá e lá/si) e dois intervalos de *semitom** (mi/fá e si/dó, visíveis no teclado do piano pela ausência das teclas pretas entre essas notas). A escala diatônica preenche os buracos da pentatônica, mas com intervalos necessariamente menores e desiguais, os dois *semitons*.

As melodias resultantes dessa escala apresentarão matizes e nuances intervalares que a pentatônica não contém, e que se devem a essa distribuição de diferenças internas, à sucessão desigual de tons e semitons (o que dá à escala a sua riqueza, mas também um excedente de problemas a resolver, na forma da administração da desigualdade). O espaço da escala, que é o da oitava, já aparece bem mais densamente ocupado de notas, e essa densidade "populacional" implica por sua vez um jogo de forças (estrutural) mais tenso, cortado por possibilidades maiores de polarização (estabilizadora) e antipolarização (instabilizadora). Parece claro, assim, que certos sistemas musicais que conhecem a ordem heptatônica a evitam, permanecendo no quadro da pentatônica como se não quisessem se lançar à aventura temerária da evolução, com o acirramento de contradições que ela comporta (ou seja, percebe-se o limite estrutural que será ultrapassado quando se vai da pentatônica à heptatônica).

A escala diatônica é uma escala cujo rendimento depende da sua desigualdade constitutiva, do fato de que seus intervalos incluem dois insidiosos semitons cromáticos, com seus deslizamentos, e as propriedades sedutoras que os caracterizam (e sobre as quais já falei antes).

Vou adiantar também um outro elemento de graves consequências para o desenvolvimento ulterior da música europeia: a presença de um *trítono**. O trítono é um intervalo de três tons, como aquele que temos entre as notas fá/si, e funciona como uma espécie de antítese da oitava. Enquanto a *oitava* é um intervalo inteiramente estável, baseado na relação 1/2, sendo igual à sua própria inversão (pois dó/dó é igual a dó/dó), o trítono divide a oitava ao meio, é também igual à sua própria inversão (fá/si é um intervalo do mesmo tamanho de si/fá) e instável, baseado na relação 32/45 (pulsos melódicos em relação complexa, que só coincidem depois de ciclos longos). Com os atritos que estão subjacentes à sobreposição desses dois pulsos e o grau maior de "ruído" que eles introduzem na escala, a diatônica mostra-se, assim, uma escala de constituição mais problemática, mais complexa, ao mesmo tempo que mais rica de relações intervalares.

Sobre o trítono, pode-se dizer ainda que ele se opõe à oitava como o *símbolo* se opõe (etimologicamente) ao *diabo* (isto é, ao *diabolus*). A palavra "símbolo" diz, na sua raiz grega, "o que joga unindo", como a *tessera* romana (peça que consiste em duas partes que se justapõem perfeitamente, recompondo uma unidade). Assim, o triângulo formado pelas notas (dó-sol-dó), onde a oitava (dó-dó) se divide harmonicamente em uma quinta (dó-sol) e uma quarta (sol-dó), integrando as relações intervalares 1/2, 2/3 e 3/4 (2/3 x 3/4 = 1/2), evidencia as propriedades unificadoras do símbolo. Mas a oitava dividida pelo trítono em duas partes iguais (dó-fá sustenido-dó, ou fá-si-fá) projeta as propriedades esquizantes do *diabolus* (o que joga através, o que joga cortando, o que joga para dividir).[13] O fato de que a escala diatônica abrigue dentro de si necessariamente a "falha" do trítono, a dissonância incontornável, se tornará na Idade Média um problema não só musical, mas moral e metafísico: o *diabolus in musica* intervém na criação divina, penetrando na escala diatônica no último momento da sua constituição (a sétima nota do ciclo de quintas), devendo ser evitado e contornado por uma série de expedientes composicionais (como veremos mais adiante). Por esse mesmo motivo (isto é, o "defeito" que introduz na ordem escalar) a nota si, embora existisse na escala, não tinha nome durante toda a Idade Média: ela consiste propriamente no inominável, e, assim como é contornada e desconversada na prática compositiva, é nomeada através dos complexos torneios de *solmização*, sistema de nomeação e de transposição de intervalos que se acopla à evitação sistemática do trítono.[14]

As histórias da música não costumam se demorar na interpretação desse *recalque*, que tem a maior importância para o entendimento da economia simbólica (sonora e cosmológica) da música modal europeia, que prepara o campo da tonalidade: o canto gregoriano e seus desenvolvimentos polifônicos entre os séculos IX-XV. Esse assunto será objeto de consideração mais adiante. Por ora, importa assinalar que a escala *diatônica*, que permitirá grandes desenvolvimentos à música melódica, e posteriormente polifônica e harmônica, pelas possibilidades contrastivas e conflitivas que ela comporta, oferece, em certo passo da sua história, a *imago mundi* da perfeição defeituosa, de uma ordem onde transam harmonia e perversão potencial, campo dramático sobre o qual a tonalidade se constituirá, mais tarde, fazendo desse conflito, e de sua resolução, o seu elemento mobilizador.

5. SOCIOLOGIA DAS ALTURAS

Edmond Costère sugere um modo de visualizar a estrutura escalar que pode ser extremamente útil. Trata-se de um *sociograma* das notas, um gráfico que procura registrar a rede de afinidades atrativas que as interliga.[15]

O critério adotado, e já indicado anteriormente, é o seguinte: cada nota, além de polarizar a si mesma e à sua oitava, tem uma tendência atrativa recíproca para a sua *quinta** e a sua *quarta** (que corresponde à quinta inferior), primeiros intervalos da escala harmônica, e para os semitons superior e inferior (atrações deslizantes da ordem da *sensível**). No caso das quintas a afinidade é paradigmática, e corresponderia a relações de filiação. No caso dos semitons, a relação é sintagmática, metonímica, e corresponderia a relações de aliança.

A nota fá, por exemplo, faz conjunto atrativo com dó e si bemol (quintas superior e inferior) e com fá sustenido e mi (semitons superior e inferior). O mi, por sua vez, e pelo mesmo critério, relaciona-se atrativamente com o si e o lá, o fá e o mi bemol.

Fazendo um diagrama das suas afinidades atrativas internas, a escala pentatônica mostra-se assim:

fá ⟷ *dó* ⟷ *sol* ⟷ *ré* ⟷ *lá*

Todas as notas se interligam através das quintas (e suas inversões em quartas) — sem semitons. É uma escala plana, onde os elementos apresentam uma grande homogeneidade formal, sem que uma das notas se destaque das outras em potencial atrativo.

Como já disse antes, se passearmos melodicamente ao longo da escala, perceberemos que qualquer nota pode funcionar indiferentemente como tônica, ponto de partida ou de chegada, índice atrativo se distribuindo por todos os graus em condições muito próximas.

Já a escala diatônica tem uma dimensão diferente:

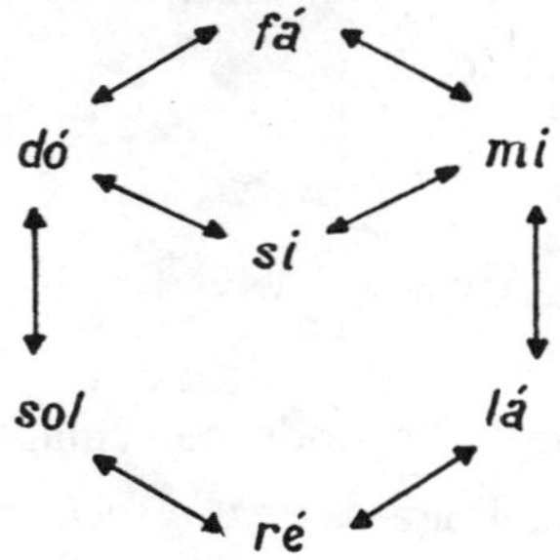

A par da variação de intervalos que oferece com seus tons e semitons, a escala diatônica contém uma diversificação de enlaces atrativos, sendo que as notas dó e mi apresentam, com as suas três ligações, um potencial de polarização maior do que o das outras.

Se a pentatônica é a escala cuja história está especialmente vinculada ao Oriente (embora apareça também em outras partes), a heptatônica* é a escala ocidental por excelência. Ela constitui o sistema escalar grego, os modos gregorianos, e atravessa como gama dominante todo o sistema tonal. Ela vigora com firmeza como "vocabulário" musical no Ocidente, desde os gregos até as portas da música eletrônica. Curiosamente (ou sintomaticamente), o sistema grego tomava como ponto de partida o modo de mi em sua forma descendente (mi-ré-dó-si-lá-sol-fá-mi), e o sistema tonal consagrou o modo de dó, em sua forma ascendente, como a escala padrão. Num caso e noutro as tônicas são mi e dó, aquelas notas que aparecem no sociograma como dotadas do maior poder atrativo.[16]

O que caracteriza o sistema *modal*, no entanto, é a multiplicação de escalas e configurações escalares, que aparecem como *províncias* sonoras, territórios singulares, cujo colorido e cuja dinâmica interna estarão associados a diferentes disposições afetivas e a diferentes usos rituais e solenizadores.

No caso do uso modal, pré-moderno, da escala diatônica, seja grego ou gregoriano, submetia-se a escala a um rodízio de tônicas. Variando a nota que se tomava como referência fundamental para o desenvolvimento da melodia, variava-se a dinâmica modal, alterando o contexto estratégico da distribuição dos tons e semitons, e, com isso, o ambiente afetivo a que o modo estava ligado. Entre os gregos, por exemplo, cada modo, evidenciando o seu caráter de verdadeiro território sonoro, era associado, pela sua denominação, a uma região ou povo. O modo *dórico* (formado pelos intervalos que vão de mi a mi), relacionado ao caráter viril dos lacedemonianos, era ligado tradicionalmente à solenidade (sonora e ética); o *frígio* (de ré a ré), de afinidades orientais, era ligado por sua vez ao dionisismo.[17]

No cantochão, o primeiro entre os quatro modos "autênticos", o *protus* (chamado indevidamente *dórico*), desenvolvia-se no âmbito de ré a ré (ré-mi-fá-sol-lá-si-dó-ré).[18] Nesse caso, os dois *semitons* da escala estão entre o segundo e o terceiro graus (mi-fá), e entre o sexto e o sétimo graus (si-dó). Já o segundo modo "autêntico", o *deuterus* (ou *frígio*), se desenvolvia no âmbito de mi a mi, com seus semitons situados entre o segundo e o terceiro (mi-fá), e o quinto e o sexto graus (si-dó). Os dois outros modos autênticos são o *tritus* (ou *lídio*) e o *tetrardus* (ou *mixolídio*), respectivamente os modos de fá e sol. De cada um deles deriva um modo "plagal", começando uma quarta abaixo.

A exemplo do que acontece com o rodízio dos intervalos da escala diatônica no canto gregoriano, o sistema modal consiste numa exploração dos efeitos dados pelas diferentes distribuições de intervalos, conforme estejam constituídas as escalas, e dependendo da nota que seja tomada, nos mais diferentes contextos, como tônica. (Muitas são as escalas possíveis, muitas são as tônicas possíveis, mas, a cada vez, uma tônica dá o tom e imprime, da sua posição relativa, uma preponderância conclusiva sobre as demais.) O resultado é uma saborosa e muitas vezes esquisita *variação de caráter** melódico-harmônico. Os gregos chamavam *éthos* o caráter de cada modo, vendo nele uma qualidade mimética e uma potencialidade ética: a capacidade de infundir ânimo e potencializar virtudes do corpo e do espírito.

(Infelizmente a música grega só nos chegou indiretamente, por informações teóricas e fragmentos insuficientes, sem que se possa reconstituir concretamente o mundo musical — vocal, instrumental, compositivo — em que se produziu.)

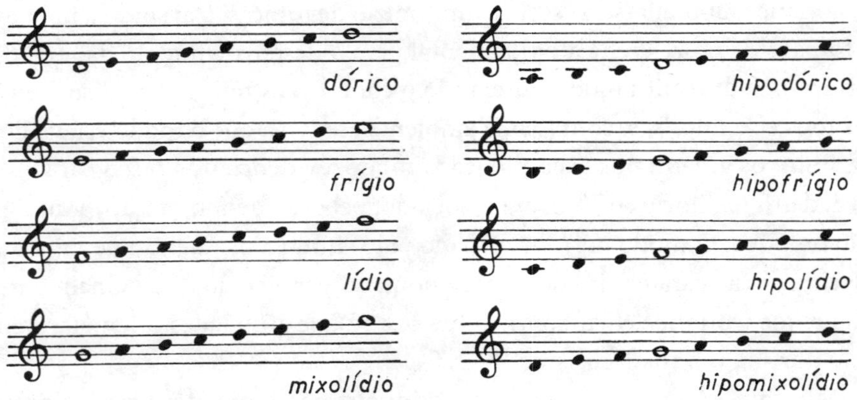

Os modos gregorianos

Mais adiante, na "Harmonia das esferas", parte seguinte deste capítulo, voltarei aos gregos e ao canto gregoriano.

Aqui, quanto à sociologia das alturas, quero dar mais um (curioso) exemplo, que envolve a música moderna, onde se exercita a possibilidade da construção de modos artificiais, teóricos, utilizados mesmo quando não praticados por nenhuma cultura modal, por nenhuma etnia. O compositor francês Olivier Messiaen compôs através da construção de um sistema de modos inteiramente fabricado (na medida em que advém menos de fundamentos harmônicos do que puramente combinatórios, tendo o resultado sonoro como decorrência do esgotamento das possibilidades combinatórias).[19] É o caso da escala de tons inteiros usada por Debussy: trata-se de uma escala hexacordal, que divide a *oitava* em seis tons iguais (dó-ré-mi-fá sustenido-sol sustenido-lá sustenido, ou então fá-sol-lá-si-dó sustenido-ré sustenido). Ao contrário da diatônica, é uma escala que não comporta nenhuma diferenciação interna: tudo nela se equivale, não há possibilidade de hierarquia. Ao mesmo tempo é uma escala atonal, no sentido de que não possui *nenhuma* daquelas afinidades atrativas que Costère utiliza no seu "sociograma": nenhuma quinta, nenhum semitom, enquanto proliferam trítonos.

É uma escala onde não pode se dar nenhum tipo de resolução ou repouso, mas onde também não se tem como articular a tensão (não há solução, porque não se chega a poder formular a evolução de um problema). Ela exemplifica bem a capacidade que tem o contexto intervalar de projetar uma dinâmica, um jogo de forças que advém de sua configuração interna, criando um tempo/espaço próprio e uma forma

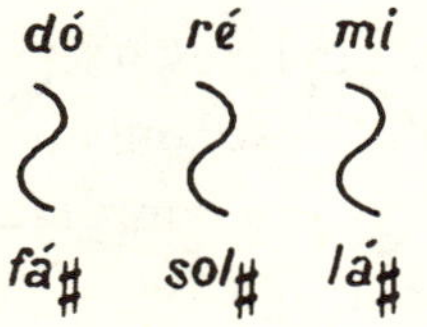

Sociograma de escala de tons inteiros (com os trítonos assinalados)

particular de semântica implícita. O sentido do modo, nesse caso, é a imagem ambígua do deserto utópico, *versão moderna de um modalismo dessacralizado* onde, na falta de fundamento mítico que ritualize a recorrência, e de perspectiva que projete desenvolvimento, cria-se um tempo onde não há nem futuro nem eterno retorno a uma fundamental (pois não há uma fundamental). O tempo sem perspectiva resolutiva e sem centro fixo, gerado por essa escala de tons inteiros usada por Debussy, está na entrada da música contemporânea como uma verdadeira alegoria.

Territórios modais

1. ÁRABES E INDIANOS

Alguns sistemas musicais viajaram fundo no *paisagismo*, isto é, na multiplicação de territórios que a variação dos intervalos da escala permite construir. Nesses sistemas modais complexos, o repertório de gamas utilizadas é de uma enorme sutileza, pois trabalha-se com nuances intervalares mínimas, estranhas ao ouvido diatônico e "bem temperado" da música tonal europeia, para a qual formamos o nosso ouvido.

Muitos dos que escutam, por exemplo, músicas de tradição árabe e iraniana esperando ouvir temas melódicos com acompanhamento de acordes, desdobrando o seu minueto cadencial de tensões e repousos, como na música ocidental, e deparando-se com conjuntos rítmico-timbrísticos e melodias baseadas em escalas assimétricas e nuances minimais de altura, pensam que ali existe tudo menos "música" (esses ouvidos só entendem na música árabe um verdadeiro "vespeiro" de microtons).

É que as músicas islâmicas não têm como modelo uma escala diatônica constante (composta de cinco tons e dois semitons) submetida ao rodízio da tônica (como acontece por exemplo no canto gregoriano). As suas escalas são submetidas a uma grande variedade de subdivisões internas. Durante muito tempo, a estrutura escalar árabe ofereceu problemas aos musicólogos europeus, que não conseguiam descrevê-la, nem sequer concluir sobre o número de intervalos de que ela se compunha. Diferentes pesquisas afirmavam que o sistema comportava dezesseis, dezoito, dezenove, 24 intervalos, sem falar na dificuldade de determinar o *tamanho* desses intervalos, que se mostravam desnorteantes unidades desiguais (em oposição aos semitons uniformes que compõem a escala ocidental moderna). Pesquisas posteriores, baseadas em gravações de canto e oscilogramas (registro de frequência), chegaram mais recentemente a tabular esse sistema escalar (identificando 24 intervalos *desiguais* no interior da oitava).[20] O único intervalo fixo que os árabes adotam é a quarta (que tem assim precedência estrutural sobre a quinta — a dominante no nosso sistema). Determinado esse lugar fixo no interior da oitava, no ponto justo onde a corda se divide em 3/4, todos os outros intervalos são variáveis e móveis, permitindo a construção de múltiplas combinações escalares. A variada palheta dos intervalos mínimos que permitem o desenvolvimento dessa combinatória é constituída muitas vezes de nuances intervalares menores do que o semitom (a menor unidade de distinção melódica no teclado de um piano), sem que sejam no entanto, necessariamente, quartos de tom, isto é, metades exatas de semitom. É que a construção da escala, em seu colorido microtonalismo, não obedece a necessidades externamente aritméticas de racionalização de campo sonoro, mas a necessidades acústicas, ligadas a critérios de *potência* expressiva.

Segundo a distribuição dessas nuances intervalares, as quatro notas da *quarta* (que compõem o primeiro segmento da escala árabe) podiam ser distribuídas internamente de sete maneiras diferentes. A quinta complementar que falta para que se chegue à oitava pode ser distribuída, por sua vez, segundo a mesma finura de gradações, em doze maneiras (às quais se acrescentaram posteriormente mais sete). Combinadas as sete maneiras da quarta com as dezenove da quinta, temos aí 133 ciclos escalares, permitindo uma enorme variação de configurações melódicas e seus ambientes expressivos. Enquanto uma escala podia, pelas suas propriedades harmônicas implícitas, nas quais se reconhecia uma feição semântica, ser chamada "o amigo", outra poderia ser chamada "o amado", ou "o outono", "a nova primavera", "o que abre o coração", "o que anima o círculo", "a brisa", "a gazela", "o verde", "o que se parece com a lua", "a alegria", "o branco", etc. Assim, uma codificação minuciosa das múltiplas matrizes de sentido agrega-se às escalas. O gênero diatônico ocidental, por exemplo, considerado um pouco grosseiro entre os árabes, engendra a coragem e corresponde ao temperamento das populações da montanha. "O *maqam* (ou modo) Is fahan, concordando com o signo de Gêmeos, dilata a alma; é preciso cantá-lo na presença de uma pessoa amada. Mas há também horas determinadas para sua execução. Na aurora, canta-se em Husaymi (Escorpião), ao amanhecer em Rast (Áries), ao meio-dia em Zangulah (Virgem)."[21] (O mundo islâmico é visceralmente modal e volta e meia lança ao mundo seu clamor antimoderno, territorial, avesso à dissolução ocidental dos códigos tradicionais: veja-se o caso do Irã.)

A tradição indiana também cria uma complexa multiplicidade escalar baseada na riqueza das nuances com que se subdivide a oitava (tomando como referência de subdivisão, ou *dominante*, ora a quinta, a quarta justa ou a quarta aumentada). A combinatória intervalar produz 72 escalas completas.

Como o fundamento da música indiana é a improvisação, que se dá a partir de um demorado sistema de afinações, não só do instrumento, mas da música com o universo, buscando sua entrada no movimento cíclico, não há temas fixos e prontos, nem partitura. Em vez disso, tem-se um elemento mediador entre a escala e a música improvisada, que se chama "raga". Raga é um composto melódico, derivado de uma escala e dotado, através de uma codificação exaustiva, de uma *cor* afetiva ligada a toda uma série de correspondências analógicas. A tradição cita cerca de oitocentos; porém, na prática, relativamente poucos — uns 63 — ainda estão em uso.

Ao começar a tocar, os músicos procuram o ponto de afinação, a partir daquela família de ragas associadas ao período do dia e à estação do ano em que se está.

O uso das escalas passa assim por um elaborado percurso ritual que tem no seu sistema escalar o equivalente de uma mandala temporal.

A produção da música tradicional indiana liga-se a uma experiência do tempo produzido como pulso e desdobrado através de princípios ou escalas de recorrência cósmica que a música procura captar, afinando-se por elas. A sensação do tempo é dada pela afinação corporal e espiritual com uma série de ciclos micro e macrocósmicos integrados, codificados em cadeias analógicas. Os acentos organizam o tempo, mas não o articulam. O metro "é ordem, mas não medida. Pois o tempo, para o indiano, não é um conceito de quantidade, mas um fator de qualidade, relativo à disposição psíquica do homem e isento de medição racional por relógio ou metrônomo".[22] O tempo é a afinação dos pulsos, experiência da sobreposição infinita das fases e defasagens, descoberto no coração do instante, no fluxo do improviso, através dos meios criados por uma cultura que crê, simplesmente, que a realidade do universo não é nada mais (nem menos) do que música.

A ritualidade desse fluxo que se entrega à recorrência dos ciclos, vale dizer, à multifacetada e diversificada volta dos pulsos, tem seu centro firmemente assentado sobre a tônica fixa e explícita (a Terra comparece aí como referência inamovível).

A música assim constituída é capaz de exercer um enorme poder, segundo os seus teóricos, e não há por que desacreditá-los, pois ela é a condensação de um princípio universal que se infunde concretamente sobre o músico e o ouvinte (daí o seu caráter ao mesmo tempo ritual e terapêutico). Para quem estranha as afirmações, tão típicas do mundo modal, de que a música que resulta daí é capaz de exaltar, levar ao transe ou ao êxtase, à meditação ou à dança, sem falar nas gradações sutis desses estados, vale lembrar que elas obedeciam a um princípio de afinação diferente daquele que nós conhecemos e praticamos, o que implica outra relação com o poder (psicossomático) do som.

O poder ligado ao tipo de afinação praticado na música modal corresponde à afirmação de Rousseau, no *Ensaio sobre a origem das línguas*, segundo a qual Maomé não teria qualquer credibilidade profética se falasse francês em vez de árabe.[23] A eficácia persuasiva do rito depende aí do significante, a música da língua, tanto ou mais do que dos seus conteúdos. Ouvidas através dos instrumentos e da afinação "temperada" do Ocidente, dentro do ambiente do concerto, as músicas modais perdem evidentemente o seu famoso efeito.

Os instrumentos modais eram afinados, de modo geral, segundo as propriedades da série harmônica (a intuição do fenômeno da ressonância seria a base e a referência para o jogo das relações intervalares, tanto na música instrumental como no canto). Isso significa que o intervalo de quinta, por exemplo, tende a ser afinado no ponto justo daquela relação frequencial de 3/2 que o caracteriza, e que está um pouco acima da quinta que obtemos no teclado de um piano moderno. Mas essa diferença mínima teria efeitos subliminares consideráveis, pois coloca os pulsos em perfeita fase, arredondando o efeito de consonância do intervalo (onde o princípio de ordem interna passa a vibrar com mais intensidade e brilho). Uma terça maior, por sua vez, soa no piano um pouco mais alta do que uma terça "natural", que incidisse sobre a relação frequencial de 5/4. Todos os intervalos, com exceção da oitava, sofreriam diferenciações desse tipo. O sistema de afinação "natural", que respeita aquelas nuances que garantem a máxima definição do intervalo, só é compatível, no entanto, com o sistema modal, onde as notas de uma escala se reportam a cada vez a uma tônica fixa. A música tonal moderna (a música clássica do Ocidente, que estudaremos no próximo capítulo), com sua necessidade de integrar o *total sonoro* (o conjunto de todos os intervalos utilizados) a um princípio de ordem, em que a tônica transita, por modulações, através do campo das alturas, acabou por homogeneizar e eliminar aquelas nuances microtonais que caracterizavam a afinação modal. Essas diferenças mínimas, mas de grande potência expressiva, desapareceram na chamada afinação "temperada", em que o espaço de uma oitava passa a ser dividido em doze semitons rigorosamente iguais. A nova afinação, que obedecia a critérios matemáticos objetivando uma racionalização do campo das alturas, reduziu a uma fórmula cartesiana igualadora o campo sonoro onde o modalismo desenvolvia o espectro de suas províncias rituais. O "temperamento" foi provocado pelo próprio desenvolvimento da música tonal e implantou-se no princípio do século XVIII. No *Cravo bem temperado*, cujo primeiro volume data de 1722, a afinação usada por Bach, entre as dezenas de sistemas disponíveis no seu tempo, não era ainda o temperamento igualado propriamente dito, mas uma solução de compromisso que permitia transitar entre os tons preservando certas qualidades particulares de cada um. Essas novas afinações (como a Werckmeist Mattheson ou Silbermann) eram mais doces e suaves que a afinação imediatamente anterior usada por Buxtehude, dura e dissonante em muitas tonalidades e passagens cromáticas. A progressiva adoção do temperamento igualado, e sua posterior generalização, não passou sem muita estranheza. Os ouvidos demoraram a se acostumar, no decorrer do século XVIII, com aquela bizarra forma de afinar que, no entanto, se tornaria a retícula obrigatória do ouvido moderno (e que acabamos por tomar como natural).[24] Alain Daniélou, musicólogo engajado na defesa da música modal, que ele considera a "verdadeira" linguagem do som, em oposição à música tonal, sustenta, possivelmente com razão, que a escuta de uma sonata qualquer ao piano demanda grande esforço não consciente do ouvinte para corrigir interiormente as distorções da gama "temperada", implicando um grau de fadiga subliminar que a música indiana, por exemplo, desconheceria.[25]

Instaurado o novo quadro sonoro, a antiga crença no poder dos modos passou a ser considerada mera superstição pela Europa ilustrada e racionalista (esquecendo-se, no entanto, o fato de que a afinação moderna consumava o fim de todos aqueles fatores que davam ao som modal o seu poder de convicção). Esse som recuava no Ocidente para o domínio da lenda, e o seu golpe final, a implantação de uma afinação por semitons iguais, que assegurou o domínio completo da musica *tonal*, é comparável a um verdadeiro golpe de Estado (como chamou Carpeaux).[26]

2. PIGMEUS E BALINESES

Não sairemos do mundo modal sem chegar mais perto das imbricações entre ritmos e melodias, observando que, mesmo ali onde essas dimensões estão profundamente integradas, a música oscila pendularmente num movimento complementar que vai ora das durações para as alturas, ora das alturas para as durações.

O gamelão de Bali* (ilha situada a leste de Java e famosa pelo requinte de sua tradição musical) é uma orquestra baseada em conjuntos de metalofones: instrumentos de percussão afinados, com os quais se constroem intrincadas tramas de ritmos e melodias (gongos, pratos, sinos, xilofones, etc.). Toda a riqueza dessa música advém do próprio processo de extração de melodias do mundo das percussões, da conversão de timbres percutidos, vale dizer, de ritmos, em alturas ordenadas. Os balineses tiram das pedras o leite e o mel das melodias, e o caráter percussivo que está na origem de seu som impregna toda a sua terminologia musical, que, pouco teórica e muito prática, é quase toda onomatopaica. As notas das suas escalas (que, como já adiantei, se baseiam num modelo diatônico do qual se extraem pentatônicas) são nomeadas, curiosamente, ding, dong, deng, dung, dang (correspondendo ao nosso fá, sol, lá, dó, ré): as alturas melódicas recebem, assim, denominação de caráter timbrístico e percussivo, que funcionam como perfeitas onomatopeias do gamelão.

De maneira complementar, as polifonias dos pigmeus do Gabão* (canto a uma, duas, três, quatro, até oito vozes) realizam uma espécie de modelo rítmico da voz das alturas, intervalos rebatidos que trabalham como tambores, vozes que são também percussões de timbres. Os pigmeus tecem irradiantes polifonias vocais, às vezes sem qualquer acompanhamento instrumental, às vezes com instrumentos percussivos.

A música dos balineses e dos pigmeus são joias do mundo modal. O mundo rítmico botando o pé no mundo melódico, o mundo melódico botando o pé no mundo rítmico. Percussões tomando a forma de alturas, as vozes tomando o caráter das percussões.

Ambas se baseiam em texturas polifônicas: várias linhas de motivos rítmico-melódicos (instrumentais no caso dos balineses, vocais entre os pigmeus) se superpõem numa trama complexa. Cada músico sustenta um motivo de caráter repetitivo, e, como esses motivos são desiguais, o resultado é uma pulsação com pontos múltiplos de fase e defasagem, de acentuações de caráter cíclico em permanente deslocamento, de sucessiva repetição continuamente diferente. Instaura-se um tempo que não pode ser lido como uma simples sequência linear de acentos fortes e fracos, de ataques e terminações, porque os múltiplos motivos que entram simultaneamente em cena formam um tecido sincrônico e movente de acentos tônicos e átonos, de entradas e saídas, permitindo tomar cada elemento ora como figura em primeiro plano, ora como fundo. Essas músicas oferecem o modelo da produção, quase utópica, de um *descentramento centrado*, reversível (em que se entrevê uma instantânea passagem entre o tempo da consciência e um não-tempo inconsciente, oscilando através da orquestra social). Dentro da requintada arte rítmica que essa música põe em jogo, estaria também envolvida a arte de não evoluir, de não acumular, de não criar cisão, através de uma intermitência repetitiva que encadeia os motivos sem conduzi-los compulsoriamente para um crescendo. Os balineses já foram interpretados como uma sociedade que evita a acumulação (de conflito), por meio de toda uma ecologia cultural da intermitência dos clímaxes, que não opera por tensão-e-resolução, começo e fim, mas pela recorrência múltipla dos pulsos (ela não teria seu modelo de felicidade na mecânica orgástica — *crescendo* resolutivo —, mas no gozo que permanece através do vaivém dos ritmos).[27] A trama de motivos sequenciados e superpostos é pura coordenação acentual, em vez de subordinação progressiva.

Nos exercícios vocais dos pigmeus, verdadeira arte da fuga modal, não evolutiva, baseada no princípio repetitivo, uma voz entra cantando uma sequência que se apoia ritmicamente ora no tempo, ora no contratempo (exibindo assim uma espécie de assimetria simétrica, um pulso ao mesmo tempo regular em seus retornos e desigual nos seus contornos). Sobre essa voz entra uma segunda que varia sobre o motivo rítmico da primeira, com entradas melódicas diferentes, e assim também uma terceira, uma quarta, uma quinta. O resultado, a partir de certo ponto, não será mais o de linhas melódicas distintas e sobrepostas, mas o de uma pulsação complexa de acordes em permanente fluxo anguloso, porque quebrado pelo recorte dos contratempos.

Os pigmeus realizam, em textura polifônica, o princípio da música modal que leva, em última instância, à superação da melodia pelo pulso: aqui não temos mais temas, nem movimentos de melodia; em vez disso, uma harmonia de ritmos que resulta de uma intensa e impressionante saturação melódica. As vozes se sobrepõem segundo o sentido original do contraponto: ponto contra ponto, nota contra nota. (Diferentemente da improvisação jazzística, em que cada músico busca a diferença, procurando ocupar espaços entre os elementos dados de um tema, todos os cantores, na polifonia dos pigmeus, ocupam os mesmos lugares do pulso coletivo, dentro do qual expõem uma gama múltipla de variações mínimas.) A polifonia das alturas e durações, unida à granulação dos timbres rebatidos da voz, leva a uma estranha vertigem de tristezalegria. E, no entanto, é lugar-comum nas histórias da música centradas na tonalidade afirmar que a polifonia é uma criação da música europeia a partir do século IX, relegando as músicas ditas "primitivas" ao domínio "inferior" da pura monodia. A polifonia dos pigmeus está entre as mais belas e complexas das músicas existentes.

3. MODALISMO E MINIMALISMO

Músicas como a dos balineses e dos pigmeus (assim como as polifonias da Sardenha e todo um mundo de músicas africanas e orientais) são absoluta e paradoxalmente contemporâneas. A crise atual da música de concerto nos devolve esse fato com a maior clareza, em vários sentidos. Encontram-se nelas realizações vocais, rítmicas, polifônicas, timbrísticas similares àquelas que a linguagem da música contemporânea buscou realizar, nem sempre com a mesma força. (Um som vocal livre da cristalização empostada da voz tonal; a matéria timbrística inerente à estrutura sonora, investida daquela "corporificação da inteligência no som", com que sonhava Varèse; ritmos descentrados, mesmo que recorrentes, formados de texturas assimétricas; composição por montagem de células motívicas aglutinadas ou sobrepostas não linearmente.)[28] O impasse da ideia de uma *progressão permanente* da linguagem musical como organização das alturas melódico-harmônicas encurva subitamente a história musical, fazendo com que a música pós-tonal se encontre (naquele limiar da "quase-música" de que falamos antes) em estado de deslocada e estimulante sincronia com as músicas pré-tonais.

Esse ponto de encontro se dá numa concepção de tempo não linear que retorna ao princípio do pulso.

De um modo sutil e decisivo, o processo de aproximação entre a música moderna do Ocidente e a tradição modal do Oriente já começa com Debussy, que conheceu músicas chinesas, javanesas, indianas, vietnamitas na Feira Mundial de Paris, por ocasião do Centenário da Revolução Francesa. Observando as polifonias rítmicas dessas músicas, e comparando-as com as polifonias melódicas da tradição europeia, o compositor comenta agudamente, em carta a um amigo, que "o contraponto rítmico que tive oportunidade de ouvir, se comparado ao de Palestrina, este parecerá uma ingênua brincadeira infantil".[29]

Bem recentemente, o minimalismo se encontra com o modalismo, na obra de Steve Reich. Depois de pesquisar de várias maneiras processos de exposição gradual de elementos em fase e em defasagem, Steve Reich encontrou na música africana e balinesa um princípio similar de repetição defasada, reiteração exaustiva de elementos em trânsito entre a coincidência e a descoincidência, que ele vinha aplicando nas suas composições iniciais.

Com esse encontro sua obra ganhou, como ele reconhece, certo suingue, maior corpo timbrístico e textura polifônica, em comparação com peças mais conceituais, como *Violin phase* (1967), *Pendulum music* (1968) e *Clapping music* (1972).

Segundo Steve Reich, o interesse pela música eletrônica, marcante nos anos 1960, dissolveu-se nos anos 1970 em nome de "um interesse pela música mundial", despontando a "música não ocidental" (vale dizer, a tradição modal) como "a mais importante fonte de inspiração para os compositores ocidentais à procura de ideias novas".[30]

Esse encontro, entre uma linha da música contemporânea em mutação e certas músicas modais, aponta para a verdadeira dança dos tempos que faz o estado de simultaneidade da música atual, e seu caráter sincrônico (que será assunto do último capítulo). Temos aí diferentes qualidades de tempo, que apontam, como é da natureza das ordens temporais, para diferentes prioridades em relação ao mundo dos objetos: o tempo cadenciado das músicas tonais, em seu balanço entre tensões e repousos, o tempo descentrado e não periódico das músicas pós-tonais (de tipo serial, eletrônico, aleatório), o descentramento centrado das músicas modais (em seu eterno retorno), o tempo de repetições gradualmente diferidas do minimalismo.

O rock é a superfície de um tempo que se tornou polirrítmico. Progresso, regressão, retorno, migração, liquidação, vários mitos do tempo dançam simultaneamente no imaginário e no gestuário contemporâneos, numa sobreposição acelerada de fases e defasagens.

Harmonia das esferas

1. A VITROLA DE PLATÃO

Se os chineses tinham uma cosmologia musical baseada na escala pentatônica, os gregos tiveram a sua, em alguns aspectos similar, mas baseada na escala de sete tons. Essa cosmologia remonta ao pitagorismo: a descoberta de uma ordem numérica inerente ao som faz da analogia entre as duas séries, do som e do número, um princípio universal extensivo a outras ordens, como a dos astros celestes. A pesquisa das proporções intervalares provoca e alimenta o demônio das correspondências e a suposição do caráter intrinsecamente analógico do mundo, pensado através da convergência de considerações aritméticas, geométricas, musicais e astronômicas. A ordenação progressiva que se percebe na seriação interna ao som, em que certas qualidades melódicas se revelam regidas por quantidades numéricas, integra uma cadeia maior de similitudes que liga a terra e o céu e onde, num eco micro e macrocósmico, os astros tocam música.

Essa concepção teve larga influência, até pelo menos o Renascimento, sendo mantida e reinterpretada sob os mais diversos graus de simbolização e de literalidade, indo da ciência à ética e à metafísica. Os planetas aparecem dispostos no universo como escala (que é um dos sentidos dados na Grécia ao termo "harmonia" — ordenação, equilíbrio e acordo que se depreende dos sons musicais, no modo como conciliam e põem em consonância a diversidade dos contrários). Os astros em questão são os sete planetas da astrologia antiga (Lua, Sol, Vênus, Mercúrio, Marte, Júpiter e Saturno), traçando no céu, em diferentes velocidades, o seu caminho reverso ao das estrelas fixas (as do zodíaco). O caráter heptatônico do modelo planetário tradicional coincide com a estrutura escalar heptatônica, e se constituem ambos em modos de apresentação da essência numerológica do mundo, que tem no número 7 um símbolo privilegiado. O intervalo de oitava, com sua relação de base 1/2, torna-se para os pitagóricos um símbolo harmônico, em que se combinam a unidade como limite e o número 2 como expressão do ilimitado, a abertura para a não-unidade, equilibrados e conciliados através da consonância musical. A oitava contém no seu interior a quinta e a quarta, totalizando um conjunto de relações numéricas (1/2, 2/3 e 3/4) que corresponde à *tetraktys*, uma das formas numéricas da perfeição, a série 1 - 2 - 3 - 4, cuja soma é 10. O número 7, que se compõe do 1 e do 2 contidos no 3 e somados ao 4, é também uma das manifestações do princípio essencial que se concentra no número, e será interpretado tradicionalmente como uma harmonização do divino — 3 — e do humano — 4 —, correspondendo musicalmente à divisão diatônica do espaço interior à oitava.[31]

A mais completa e sistemática visão do cosmo musical, e da harmonia das esferas, encontra-se no final de *A república*, de Platão (onde o discurso sobre o equilíbrio da cidade não deixa de convergir, em alegoria, para a harmonia celeste concebida como harmonia musical). Trata-se do mito de Er, o Armênio, a quem é dado voltar da morte e contar o que viu. Seu relato epifânico desemboca numa descrição da máquina do mundo que pode ser perfeitamente reconhecida por nós, hoje, como uma grande vitrola cósmica: os oito círculos estelares (o zodíaco contendo os sete planetas) giram em rotação suave pendidos de um fuso, em várias velocidades (segundo os diferentes ritmos planetários). Sobre cada círculo gira uma Sereia emitindo um som diferente, "e de todas elas, que eram oito, resultava um acorde de uma única escala", dando a ouvir, podemos dizer, a gama de sons em seu estado idealmente sincrônico. Mas o fuso roda nos joelhos da Necessidade, e suas três filhas, as Parcas (Láquesis, o passado; Cloto, o presente; Átropos, o futuro), que cantam ao som das Sereias, tocam e giram, cada uma a seu modo, os círculos ("Cloto, tocando com a mão direita no fuso, ajudava a fazer girar o círculo exterior, de tempos em tempos; Átropos, com a mão esquerda, procedia do mesmo modo com os círculos interiores, e Láquesis tocava sucessivamente nuns e noutros com cada uma das mãos").[32]

A cosmologia platônica é um aparelho de som onde a música total contida no disco astrológico, em sua recorrência infinita, é movida pelas intervenções (estereofônicas) do tempo, reproduzida em ritmos diversos e em dois canais (como se o presente tocasse num canal, ou numa caixa de som, o futuro noutra e o passado, que tem no mundo platônico uma precedência sobre as outras dimensões do tempo, tocasse nas duas). A harmonia sofre as pontuações temporais, suas intermitências rítmicas, seus pontos de ataque e repouso, de entrada e saída, sem deixar de soar na sua estática circularidade.[33]

O modelo musical do mundo, concebido como um toca-discos ideal, atravessou a história do Ocidente como referência inapagável (permanecendo como modelo explícito da teoria musical medieval e renascentista, e dissolvendo-se depois, sem eliminar-se, na música "alta" da tradição europeia, que embora tenha abandonado a astrologia e tomado a música como objeto de uma redução matemática, mais do que como modelo de uma numerologia cósmica, não deixou de ser uma *música das alturas*, sublimada e filtrada de ruído). Não parece totalmente absurdo, por outro lado, que, ao tornar-se factível, o modelo tenha se materializado concretamente na máquina sonora, a vitrola, feita agora o protótipo do mundo da repetição, onde vinga o simulacro em série contra a Ideia platônica.

Voltando às fontes, pode-se dizer que o modelo da *harmonia das esferas* aspira para a música uma permanência sem acidentes nem desvios (ou transformações), e supõe que a escala (ideal) seja praticada sob estrita observância, sem deslizamento da norma. Nesse ponto, ao supor uma ordem (social e musical) dada, que não deve senão reproduzir-se como tal, e ao afirmar o lugar estratégico da música na manutenção dessa ordem que busca permanecer imune a toda crise e toda transformação, o texto platônico lembra o do sábio chinês: "nunca se abalam os gêneros musicais sem abalar as mais altas leis da cidade [...]. Logo, o posto de guarda deve-se erigi-lo nesse lugar: na música. (É através dela) que a inobservância das leis facilmente se infiltra, passando despercebida [...] Nada mais faz do que se introduzir aos poucos, deslizando mansamente pelo meio dos costumes e usanças. Daí deriva, já maior, para as convenções sociais; das convenções passa às leis e às constituições com toda a insolência [...] até que, por último, subverte todas as coisas na ordem pública e na particular".[34]

Concebida como o próprio elemento regulador do equilíbrio cósmico que se realiza no equilíbrio social, a música é ambivalentemente um poder agregador, centrípeto, de grande utilidade pedagógica na formação do cidadão adequado à harmonia da *pólis* e, ao mesmo tempo, um poder dissolvente, desagregador, centrífugo, capaz de pôr a perder a ordem social. Por isso mesmo, ela é um elemento decisivo no plano político-pedagógico, e a metafísica de que está investida corresponde a uma ética: a harmonia escalar contém um caráter cujo alcance mimético é irradiador; trata-se de triar as escalas de maneira a fazer com que aquelas que estão imbuídas de um caráter "elevado" e cívico prevaleçam sobre aquelas outras que, consideradas dissolventes e pouco viris, não contribuem positivamente para a formação do cidadão. Nessa passagem da metafísica à moral (com a qual se combinavam em Platão os ensinamentos de Pitágoras com os de Damon, que formulara as bases de uma pedagogia musical), vemos reencenada, em termos políticos, a luta sacrificial entre o som e o ruído, na medida em que alguns modos ou instrumentos são considerados harmônicos, isto é, musicais, enquanto outros são vistos como barulhentos e cacofônicos (ruído social, ruído de segundo grau).

Já se vê que há, nesse ponto, uma questão problemática, embora não formulada explicitamente: qual é a escala musical que corresponde, efetivamente, à harmonia das esferas, e qual é a que, imitando-a mais fielmente, dissemina fluidos éticos? A resposta é discutível, porque está tensionada entre uma multiplicidade de modos e de variações (discutidos em *A república*), em que vacila na prática o modelo cosmológico. Acontece que a aspiração à imutabilidade estável é muito mais problemática no interior do sistema heptatônico (onde já entramos pelas nuances e complexidades da escala de sete notas) do que no sistema pentatônico (com sua escala recorrente de cinco notas). Essa comparação escalar pode ser vista como análoga à relação, no plano das formações socioeconômicas, entre o "sistema oriental" e o "sistema antigo" (onde se configura a contradição entre cidade e campo, cidadão e escravo, propriedade comum e propriedade privada).[35]

Dentro desse quadro não há uma escala modelar e única, mas escalas em jogo, disputando a primazia. Mesmo que o modo dórico, de caráter apolíneo, seja apontado por Platão e Aristóteles como o mais altivo e elevado, ele tem que ser contraposto ao mixolídio, ao lídio tenso, ao jônico (em Platão) e ao frígio (em Aristóteles). O sistema musical é dividido e fraturado, e o modelo da harmonia das esferas será sempre uma referência ideal sem correspondência concreta exata, resistindo como teoria musical contra as mudanças (mesmo quando, ao fim da Idade Média, a prática musical polifônica, que descaracteriza os modos em direção à tonalidade, o contesta frontalmente com as suas inovações).

É justamente por causa do caráter altamente problemático da correspondência entre o ideal da harmonia das esferas e a realidade concreta da música e da sociedade que se discute longamente, em *A república*, o papel pedagógico-político da prática musical, buscando-se estabelecer o crivo que separa a música adequada à ordem pública (ligada a um ideal de contenção e afirmação centrípeta do social) da música dissolvente, que minaria centrifugamente os fundamentos da vida social, levando-a à ruína.[36] Numa sociedade (como a "antiga") onde o objeto da produção não é a geração do máximo de riqueza, mas a manutenção da estrutura através da produção de cidadãos, isto é, de proprietários responsáveis,[37] o éthos musical é pensado, juntamente com a ginástica, como a base da educação.

À época de Platão a cosmologia de fundo pitagórico, em sua concepção cerradamente analógica do mundo, sofre abalos que se refletem também na discussão da norma musical. Em *A república*, o estabelecimento e a defesa da norma se faz contra dois males que têm para nós um sentido fortemente sintomático: a inovação e o transe dionisíaco.

> Para efeito de coesão da *pólis*, Platão afirma a superioridade dos instrumentos mono-harmônicos (a lira e a cítara, instrumentos de Apolo) sobre os instrumentos de muitas harmonias e cordas (a harpa, o bombyx — flauta elaborada e virtuosística — e o aulos popular, instrumento dionisíaco). Gilbert Rouget observa que essas escolhas se dão no quadro de uma condenação das inovações musicais (e já vimos o caráter catastrófico atribuído ao deslizamento da norma) e da resistência ao transe. Assim, também, condenam-se as harmonias lídia mista, lídia tensa, jônia e outras, tidas por propiciadoras da indolência e efeminadas. Em contraposição, recomendam-se as harmonias capazes de levar à temperança, ao heroísmo altivo, à soberana aceitação de adversidade. Muito sintomaticamente também, numa poética apolínea e antidionisíaca como esta,

indica-se a dominância da poesia sobre a música: "o ritmo e a harmonia seguem a letra, e não esta àqueles".[38]

As inovações que se introduziram com a harpa e o bombyx são condenadas por motivos óbvios: misturando e complexificando as escalas, comprometem a imutabilidade da harmonia das esferas e o circuito mimético em que o éthos, que a espelha, molda o caráter dos cidadãos. Elas prejudicam o funcionamento estável da vitrola e alteram, digamos assim, as proporções imanentes ao disco. O transe dionisíaco, que é representado pelo aulos (a flauta popular), é condenado, ao que tudo indica, como música rítmica a serviço de uma sacralidade dionisíaca (música vista implicitamente como dissolvente, identificada com a voz dos não-cidadãos, das "minoridades" — mulheres, escravos e grupos camponeses alijados do controle do Estado —, sendo atribuídos aos escravos os ritmos considerados não harmônicos).[39] Ao lado disso, a música coloca-se a serviço da palavra: o significante musical puro, que não articula significações, força dionisíaca latente, é regulado por um código de uso que faz com que ele se subordine ao significado apolíneo.

A ruptura entre uma música cívica e outra dionisíaca, atestada tanto em *A república* como pela *Política* de Aristóteles, será definitiva para o desenvolvimento cindido da música na tradição ocidental: ela prenuncia, e já promove, a separação entre a *música das alturas* (considerada equilibrada, harmoniosa, versão sublimada da energia sonora purgada de ruído e oferecida ao discurso, à linguagem, à razão) e a *música rítmica* (música do pulso, ruidosa e turbulenta, oferecida ao transe). O aprofundamento da separação entre a música apolínea e a dionisíaca a favor da primeira provocará, com o tempo, a estabilização de uma hierarquia em que, assim como a música se subordina à palavra, o ritmo se subordina à harmonia (já que o ritmo equilibrado é aquele que obedece a proporções harmônicas em detrimento dos excessos rítmicos, melódicos e instrumentais da festa popular). Pode-se dizer, considerando a concepção harmônica do ritmo, tal como vigora em Platão, que este, por si só, *não dá logos* (assim como se diria, por outro lado, que o *logos não dá samba*).[40]

De certa forma, antecipa-se aí, na reflexão platônica, o traço separador entre o que será depois a música elevada na tradição europeia, circulando na cadeia que vai do sagrado ao cívico e ao artístico (ligada também a uma ciência do som), e a festa popular pagã, a música dançante, carnavalesca ou não, que correrá à margem da história da música, vista muitas vezes como manifestação inferior (profana, desordeira e vulgar), embora interferindo às vezes sobre a primeira, com a sua vitalidade proteínica.

Curiosamente, a situação das músicas contemporâneas nos leva a reconsiderar essa longa história, no momento em que os seus impasses fazem-na defrontar-se novamente com aquilo que ela recalcou: uma certa tradição rítmica. A cisão musical que está latente na filosofia grega é cisão originária ou, para retomar um termo já usado antes neste livro, *esquismogenética*: corte entre a música como portadora de uma história do sentido (da memória) e a música como recorrência do pulso (esquecimento, dissolução do sentido no refrão onomatopaico, na sílaba rítmica).[41]

Há um fragmento mítico, citado por Aristóteles na *Política*, que figura essa cisão: Palas Atena, a deusa virgem saída diretamente do crânio de Zeus, persona da sabedoria, da razão e da castidade, defensora do Estado e do lar contra seus inimigos externos, protetora da vida civilizada e inventora das rédeas que controlam os cavalos, ao ver sua face refletida num lago, quando tocava o aulos dionisíaco, estranha seu próprio rosto (inflado pelo sopro) e atira o instrumento às águas. O carnaval, negado pela filosofia, mora no esquecimento da evolução musical do Ocidente.[42]

2. O LABORATÓRIO DAS ALTURAS

O canto gregoriano é um herdeiro, neoplatônico, da harmonia das esferas. A teologia sustentou, durante a Idade Média, o pressuposto da superioridade da *música mundana* (que aqui quer dizer, ao contrário do que se pode pensar, música cosmológica, suprassensível) sobre a *música humana* e *instrumental* (música prática, artesanal, concreta, sensível). Os modos gregorianos são tidos, por uma correlação raramente bem explicada, como similares ao movimento dos astros — sabe-se que vários critérios contraditórios e nunca definitivos foram experimentados no sentido de formular a correspondência entre as esferas estelares e as notas musicais. Um traço residual dessa tradição analógica estaria no nome dos dias da semana, cuja ordem obedece a uma progressão intervalar, mais exatamente a um ciclo de quintas descendentes. Se tomarmos (como faz Jacques Chailley) uma das diversas interpretações da primitiva escala de sete sons (a de Boécio, por exemplo), relacionando-os com os planetas na ordem em que aparecem na astrologia tradicional:

ré	dó	si (bemol?)	lá	sol	fá	mi
Lua	Mercúrio	Vênus	Sol	Marte	Júpiter	Saturno

veremos que a sua distribuição pelos sete dias da semana corresponde a um critério musical por saltos de quinta.[43]

ré	sol	dó	fá	si (ou si bemol)	mi	lá
Lundi	Mardi	Mercredi	Jeudi	Vendredi	Samedi	Dimanche
Monday	Tuesday	Wednesday	Thursday	Friday	Saturday	Sunday
Dia da Lua	Dia de Marte	Dia de Mercúrio	Dia de Júpiter	Dia de Vênus	Dia de Saturno	Dia do Sol

Mais explicitamente do que na teoria platônica, a música das esferas a que o cantochão corresponde é uma música que se desenvolve no plano das alturas, negando o ritmo recorrente e as estruturas simétricas da canção popular para fluir extaticamente sobre o seu leito de sílabas sonoras, evoluindo sob o arco dos seus desenhos melódicos. O arco é, justamente, a forma arquitetônica que permite aumentar a distância entre as colunas sob o teto de um templo: a ampliação do tempo sob o arco frásico das melodias dá ao canto gregoriano sua temporalidade particular, sua respiração ao mesmo tempo flutuante e grave, seu caráter tendencialmente extático, em oposição às músicas do transe (o transe é dinâmico, um zero mental que se transforma em movimento de corpo; o êxtase é estático, o corpo não se move).[44]

O canto gregoriano, tal como é concebido pela teoria teológica, é significante musical oferecido ao significado litúrgico, na medida (e só na medida) em que se deixa regular pela imitação da ordem escalar do cosmo, isto é, *modo imutável* despido de todo ruído e ritmo pulsante, som em estado de máxima sublimação. Por isso mesmo, ou ainda assim, a música não deixa de ser o território de uma luta entre a elevação ascética e a sedução pelo ouvido: a oferenda ao imaterial e o sacrifício do corpo lutam com a vingança sinuosa do corpóreo e seu retorno irresistível por meio da música. Na música ressoa a perfeição da criação divina, mas também a falha, a marca do desejo, o pecado original ("todo canto, todo pranto, todo santo, todo manto está cheio de inferno e céu").[45] Santo Agostinho testemunha clarissimamente esse movimento, na passagem das *Confissões* dedicada a "O prazer do ouvido":

> Os prazeres do ouvido prendem-me e subjugam-me com mais tenacidade. Mas Vós desligastes-me deles, libertando-me. Confesso que ainda agora encontro algum descanso nos cânticos que as vossas palavras vivificam, quando são entoadas com suavidade e arte. Não digo que fique preso por eles. Mas custa-me deixá-los quando quero [...]. Às vezes parece-me que lhes tributo mais honra do que a conveniente. Quando ouço cantar essas vossas palavras com mais piedade e ardor, sinto que o meu espírito também vibra com devoção mais religiosa e ardente do que se fossem cantadas doutro modo. Sinto que todos os afetos da minha alma encontram, na voz e no canto, segundo a diversidade de cada um, as suas próprias modulações, vibrando em razão dum parentesco oculto, para mim desconhecido, que entre eles existe. Mas o deleite da minha carne, ao qual se não deve dar licença de enervar a alma, engana-me muitas vezes. Os sentidos, não querendo colocar-se humildemente atrás da razão, negam-se a acompanhá-la. Só porque, graças à razão, mereceram ser admitidos, já se esforçam por precedê-la e arrastá-la! Deste modo peco sem consentimento, mas advirto depois.[46]

O engano e a rebeldia dos sentidos, instigados pela legitimidade abusiva que a música insiste em lhes dar, fazem com que o santo filósofo, numa tentativa de compensação, peque também "por demasiada severidade", desejando anular a música, "desterrar dos meus ouvidos e da própria igreja todas as melodias dos suaves cânticos que ordinariamente costumam acompanhar o saltério de Davi. Nessas ocasiões parece-me que o mais seguro é seguir o costume de Atanásio, bispo de Alexandria. Recordo-me de muitas vezes me terem dito que aquele prelado obrigava o leitor a recitar os salmos com tão diminuta inflexão de voz que mais parecia um leitor que um cantor".[47]

Mas, apesar de tudo, não é o silenciamento da música que prevalece, e sim uma irremediável ambivalência.

> [...] quando me lembro das lágrimas derramadas ao ouvir os cânticos da vossa Igreja nos primórdios da minha conversão à fé, e ao sentir-me agora atraído, não pela música, mas pelas letras dessas melodias, cantadas em voz límpida e modulação apropriada, reconheço, de novo, a grande utilidade desse costume. Assim

flutuo entre o perigo do prazer e os salutares efeitos que a experiência nos mostra. Portanto, sem proferir uma sentença irrevogável, inclino-me a aprovar o costume de cantar na igreja, para que, pelos deleites do ouvido, o espírito, demasiado fraco, se eleve até aos afetos de piedade. *Quando, às vezes, a música me sensibiliza mais do que as letras que se cantam, confesso com dor que pequei. Neste caso, por castigo, preferiria não ouvir cantar. Eis em que estado me encontro.* [o grifo é meu][48]

A oscilação entre a negação e a volta do sensual na música, a exigência de uma música que esteja completamente em fase com a harmonia das esferas centrada e imutável, dejetando como elemento suspeito toda e qualquer irregularidade ruidosa (vozeios de timbres, bordaduras e ornamentos, figurações percussivas, cromatismos, instrumentação) e, no limite, toda ondulação sonora, terá seu ponto de inflexão dramática no nó melódico-harmônico do problema: a dissonância sentida, no caso do trítono, como irredutível.

Esse é um dos capítulos mais misteriosos, curiosos e descuidados da história da música. Por que razão o trítono aparece, no canto gregoriano, como o avatar da dissonância, a ser calado, quando não configura problema nas outras tradições modais? Por que razão o intervalo, constando da escala e integrando tanto a ordem do ideal quanto a do sensível, deve ser evitado, driblado e contornado como o próprio pecado?

Como já disse, o trítono é um intervalo que se singulariza pelo seu grau de instabilidade — mas nas outras músicas modais essa instabilidade é rebatida e estabilizada pela tônica fixa soando no grave, absorvida pelo movimento das recorrências e consumida na fogueira dos ritmos. O dado melódico-harmônico não é exponenciado como será no canto católico medieval, em que se abandona a instrumentação, a percussão, a recorrência rítmica, e o intervalo aparece agora nu, exposto ao máximo no seu atributo frequencial, isolado quase que laboratorialmente (como se o espaço da igreja e o canto a capela fossem um verdadeiro *laboratório das alturas*). Nessas condições, a dissonância ou a singularidade do trítono grita sozinha contra a música das esferas, que não a tolera.

O canto gregoriano enfrenta o problema da dissonância de maneira nova na história da música (embora tenha seus antecedentes no platonismo). Para a música que perde duplamente o pé da terra, ao abandonar a referência rítmica dos acentos reiterativos e a tônica fixa como base harmônica, a dissonância constitui falha cósmica: não há nada a fazer com o trítono a não ser evitá-lo a todo custo. O trítono emerge como diabo, e sua negação já é a percepção do seu caráter decisivo para o desenvolvimento de uma música das alturas, com tudo o que isso comporta de deslocamento e abalo do mundo tradicional, e de desterritorialização das províncias modais. O recalque do intervalo de três tons supõe, num trailer dialético, a captação do seu papel estrutural e a antecipação pelo avesso do lugar central que ele passará a ocupar no contexto da música tonal. O trítono é denegado, isto é, afirmado pela negação, hipostasiado *in absentia*, pois nele a música periga: recua para o batecum dos ritmos ou deslancha para um desenvolvimento de tensões e resoluções cujo fim não será mais possível prever (aqui, o tempo convergirá para o futuro, desativando todo o lastro do passado primordial armazenado no mito, tal como estava assinalado na vitrola de Platão). Admitir o trítono será girar a vitrola em outra velocidade e deslocar o braço do passado para o braço do futuro.[49]

No *Doutor Fausto* de Thomas Mann (romance ao qual voltarei outras vezes), o diabo, aparecendo ao músico contemporâneo Adrian Leverkhun numa atmosfera de ressonâncias medievais, diz (concordando ironicamente com Santo Agostinho) que a música é a mais cristã das artes, mas de um cristianismo às avessas, na medida em que, estabelecida e desenvolvida pela Igreja, é "renegada e proscrita enquanto domínio do demônio". A música, diz ele ao compositor, "é um problema altamente teológico, exatamente como o pecado e como eu mesmo". Nela a paixão é a "verdadeira paixão", onde "conhecimento e queda são uma coisa só" (paixão que se dá "na ambiguidade e sob a forma de ironia").[50]

A ironia reside, no caso, na própria forma como o diabo discute, diante do músico moderno, as "dificuldades insuperáveis" que se apresentam à música contemporânea, dificuldades que têm no entanto a sua gênese na própria questão do trítono tal como ela se coloca para a música cristã medieval. Traça-se implicitamente nesse diálogo uma intrigante simetria sincrônica entre o momento originário da tonalidade, que remonta aos desenvolvimentos da polifonia medieval, e o outro extremo da sua crise final — o dodecafonismo, que retorna em curto-circuito interrogativo sobre os fundamentos do sistema tonal, da própria música, da cultura — europeia, ocidental, universal. (Lembre-se de que o romance foi escrito ao longo da Segunda Guerra Mundial, jogando a sua sorte em paralelo com o destino da Alemanha sob o nazismo.)

A polifonia que se desenvolve na Idade Média ao longo dos séculos IX a XV, a trama simultaneizada das vozes modais, vai suscitar um problema concreto e bem terreno: a questão da dissonância e sua resolução. A complexidade da polifonia (que se dá no quadro citadino, como um novo domínio do artesanato, trabalho autoral agora escrito e mensurado ritmicamente, onde se desenvolve uma técnica cada vez mais apurada de superposição de linhas melódicas) é um fenômeno correlato do desenvolvimento da cidade (em oposição ao campo) no mundo feudal, a partir do desdobramento laico de uma música prática cada vez mais afastada da teoria platônica da música das esferas (mas, em compensação, cada vez mais próxima da formulação de uma lógica baseada cerradamente na organização sucessiva e simultânea das alturas).[51]

Essa passagem terá como seu agente no campo social a burguesia, e fundará, em toda a sua extensão e tensão dialética, o campo contraditório do progresso. Ela levará ao ponto em que o trítono, sistematicamente negado, emergirá como a dobradiça de um novo sistema baseado na regulagem harmônica das trocas entre tensão e repouso. Pois o balanceamento cadencial entre a dissonância tritônica e sua resolução desenhará a própria abóbada da música tonal. *A resolução do trítono* no acorde equivale igualmente à formulação da perspectiva na pintura (construção da profundidade onde havia superfície, projeção de um espaço evolutivo onde havia estaticidade infinitamente recorrente).[52] Assumir o trítono (fato que se consuma no século XVI, embora preparado pela evolução polifônica dos séculos anteriores) será deslocar o mundo modal, romper com a estaticidade da harmonia das esferas, o centro fixo, a recorrência infinita sobre o mesmo ponto, e criar a dialética permanente da estabilidade e da instabilidade (trabalhando sobre o limite e a matéria).

A *tonalidade*, engendrada lentamente no interior da polifonia medieval (ligada ao mundo feudal no seu contexto citadino, de onde labora a nascente burguesia), será finalmente o *acordo* com o trítono, o código (ou contrato) que regula a sua administração e a sua resolução, o pacto com o diabo, a criação do homem moderno como homem fáustico.

III. TONAL

1. A GRANDE DIACRONIA

A passagem do modal ao tonal acompanha aquela transição secular do mundo feudal ao capitalista e participa, assim, da própria constituição da ideia moderna de história como progresso. A formação gradativa do tonalismo remonta à polifonia medieval e se consolida passo a passo ao longo dos séculos XVI, XVII e XVIII (quando se pode dizer que o sistema está constituído). Na segunda metade do século XVIII e começo do século XIX, à época do estilo clássico que vai de Haydn a Beethoven, o tonalismo vigora em seu ponto de máximo equilíbrio balanceado (no contexto da música "erudita"), passando em seguida por uma espécie de saturação e adensamento, que o levam à desagregação afirmada programaticamente nas primeiras décadas do século XX. Nesse arco histórico, que inclui a afirmação e a negação do sistema, a linguagem musical contracanta, à maneira polifônica, com aquilo que se costuma entender, em seu sentido mais amplo, por *modernidade*.

Já se viu que as músicas modais soam reiterativas, repetitivas, circulares, pela maneira como criam a sua enorme sutileza e complexidade em torno de uma tônica fixa. Muito frequentemente a tônica permanece constante, enquanto a melodia gira em torno da escala e o ritmo produz variações, rebatendo com suas acentuações deslocadas os tempos e os contratempos do pulso. Esse esquema se inverte, como veremos, na música tonal, onde o pulso tende a permanecer constante nas subdivisões do compasso, como um suporte métrico do campo melódico-harmônico, enquanto a tônica, rebatida pela dominante, se desloca, transita e sai do lugar, através das modulações.

Assim, enquanto as músicas modais circulam numa espécie de estaticidade movente, em que a tônica e a escala fixam um território, a música tonal produz a impressão de um movimento progressivo, de um caminhar que vai evoluindo para novas regiões, onde cada tensão (continuamente reposta) se constrói buscando o horizonte de sua resolução. Nesse movimento de tensões e repousos, que se desenrola graças à nova organização do campo das alturas, ela põe em cena uma procura permanente, uma demanda que só se reencontrará com seu próprio fundamento à custa de um percurso muitas vezes longo (e cada vez mais longo ou, no limite, errático, à medida que o tonalismo avança em sua história).

Dito aqui de maneira apenas introdutória, a música tonal se funda sobre um movimento *cadencial**: definida uma área tonal (dada por uma nota *tônica** que se impõe sobre as demais notas da escala, polarizando-as), levanta-se a negação da *dominante**, abrindo a contradição que o discurso tratará de resolver em seu desenvolvimento. Mas a grande novidade que a tonalidade traz ao movimento de tensão e repouso (que, em alguma medida, está presente em toda música) é a trama cerrada que ela lhe empresta, envolvendo nele todos os sons da escala numa rede de *acordes**, isto é, de encadeamentos harmônicos. Tensão e repouso não se encontram somente na frase melódica (horizontal), mas na estrutura harmônica (vertical). Além disso, a tônica é negada dialeticamente por uma dominante que poderá, por *modulação*, constituir-se por sua vez numa nova tônica. Os lugares são intercambiáveis, e o discurso tonal vive dessa economia de trocas em que cada nota pode ocupar diferentes posições e mudar de função ao longo da sequência. Transitar pelas funções através de um encadeamento que tem seu núcleo no movimento oscilante de tensões, que se transformam em repouso, é o fundamento dinâmico, progressivo, teleológico, perspectivístico, da tonalidade.

Olhando panoramicamente, o tonal é o mundo onde se prepara, se constitui, se magnifica, se problematiza e se dissolve a grande *diacronia*: o tempo concebido em seu caráter antes de mais nada evolutivo. É o mundo da dialética, da história, do romance. Olhado internamente, o discurso tonal é também o discurso progressivo, "narrativo", subordinante, baseado na expansão do movimento cadencial, no desdobramento sequencial, no princípio do desenvolvimento.

O trabalho da contradição assume forma discursiva na música à medida que o sistema tonal vai se definindo mais claramente. Tal definição estará dada no início do século XVIII, quando, com a adoção do temperamento igualado, Bach poderá escrever o primeiro volume do *Cravo bem temperado*, no mesmo ano (1722) em que Rameau publica o seu *Tratado de harmonia*. Como veremos, a primeira grande forma tonal será, dadas as suas próprias origens polifônicas, a *fuga* (bachiana)*, depois a *forma sonata** (que tem seu auge em Haydn, Mozart e Beethoven), e mais tarde, no declínio do sistema, a *melodia infinita* wagneriana*.

Pode-se dizer que o tonalismo exibe a crise interna ao sistema de trocas sonoras mostrando as possibilidades de sua resolução. No movimento cadencial, a crise é introduzida e harmonizada: o sistema se constitui admitindo o conflito na medida em que este pode ser solucionado dentro do horizonte do próprio código. O equilíbrio dos intercâmbios entre o poder tensionante e o poder resolutivo da tonalidade é a marca do estilo clássico. Com o tempo e o uso, no entanto, cresce o grau de tensão e diminui o poder de resolução: o ponto crítico será a ruptura do sistema, tal como foi encenada pelos atonalismos contemporâneos, mas, em especial, pelo dodecafonismo* (depois de passar pelas formas extremas do "cromatismo"*, com Liszt, Wagner e Mahler).

A grande história da tonalidade é, assim, a história da modernidade em suas duas acentuações: a constituição de uma linguagem capaz de representar o mundo através da profundidade e do movimento, da perspectiva e da trama dialética, assim como a consciência crítica que questiona os fundamentos dessa mesma linguagem e que põe em xeque a representação que ela constrói e seus expedientes. Esse movimento pode ser acompanhado ao longo da sua brilhante história, que é sem dúvida um dos pontos mais altos daquilo que chamamos Ocidente.

A música tonal não só é progressiva e evolutiva no interior do discurso musical, onde se desenvolve por encadeamentos de tensão/repouso, mas pode ser compreendida, no seu arco histórico, pela progressão (ou a impressionante "frase") que vai do canto gregoriano à música eletrônica, como uma expansão centrífuga do campo das alturas, num verdadeiro big bang da música das esferas.

Um eminente historiador da harmonia, Jacques Chailley, chega a sustentar que a música do Ocidente se desenvolve ao longo da série harmônica, incorporando a cada fase um novo patamar que, incluído como dissonância ou como consonância parcial num período, torna-se consonância no momento seguinte. A ampliação da faixa daqueles intervalos aceitos como consonância iria seguindo historicamente os passos da série harmônica.[1] Assim, não é mera curiosidade constatar que vão sendo sucessivamente admitidos como intervalos conclusivos, a partir do século IX, somando-se ao uníssono monódico do cantochão, a linha oitavada (a oitava, como vimos, é o primeiro intervalo da série harmônica), as quintas paralelas e sua inversão, as quartas (dando sequência à progressão acústica), depois as terças, que compõem com os intervalos dados anteriormente o acorde perfeito maior (na Renascença), as sétimas (assimiladas ao longo dos séculos XVII e XVIII), os intervalos de nona (normalizados entre Wagner e Debussy) e depois os de 11ª aumentada e 12ª aumentada, incorporados pela música contemporânea num movimento que leva finalmente à granulação dos microtons, a cauda ruidística desse grande cometa sonoro (onde se dissipa finalmente a própria oposição entre consonância e dissonância). Mesmo que o esquema possa ser longamente discutido ou refinado nos detalhes, e contestado numa certa linearidade que resulta de sua abstração,[2] impressiona que a tradição ocidental se reconheça (e, no limite, *só* se reconheça) naquela música que, por vias um pouco misteriosas, zerou toda dimensão harmônica (na monodia desacompanhada da liturgia católica) para proceder passo a passo à integração ordenada, ao seu horizonte resolutivo, de cada um dos limiares da progressão harmônica subjacente ao fenômeno sonoro. A energia que move o processo de expansão das alturas, na sua marcha evolutiva, advém da queima periódica de intervalos portadores de um certo grau de tensão, sacados da série harmônica, e que perdem, pelo uso, o seu efeito tensionante, passando então para o repertório das consonâncias, com a entrada consecutiva de seu sucessor.

Vemos aí, nesse perfil macrocultural, a vocação para o desenvolvimento sucessivo, evolutivo, subordinante, movido por uma necessidade dialetizadora inerente à linha majestosamente conflitiva da grande diacronia, necessidade que envolve em seus passos tanto a dinâmica social quanto a estrutura da linguagem.

O imperativo desenvolvimentista, disparado pelas relações capitalistas, foi formulado difusamente pelo imaginário coletivo, depois por alguns escritores, culminando em Goethe, como um imperativo fáustico, onde se associam a vontade de saber e a vontade de poder, o conhecimento e a ação ilimitados, a colonização do futuro movida por "forças obscuras", irracionais, que são desentranhadas ainda de um fundo abscôndito, do inconsciente ou do medievo, na figura de Mefistófeles.[3] A tonalidade, de maneira análoga, ao fazer da resolução do trítono o expediente para uma implacável racionalização do campo sonoro através do domínio progressivo das alturas, desarticulou a variedade das províncias modais, a diversidade das suas escalas, e subordinou-as à unificação do temperamento igualado e da escala, dando lugar ao desdobramento de um *discurso* musical, que se desenvolverá através da fuga, da forma sonata, da variação, da melodia infinita, devorando em seu trajeto brilhante os materiais dados pelo espectro harmônico ao som.

Na metade do século XX atingem-se os confins da série harmônica, e não é à toa que, na esteira desse fato, com tudo o que ele tem de indicativo para uma dialética geral da cultura, a própria ideia de progresso ilimitado deixe de exibir, como linha de força ideológica, aquela mesma autossuficiência de que se investia até então. A tonalidade e seu grande arco podem ser vistos, então, não como um cosmo encerrado em sua centralidade, mas como um cometa que se afasta, tendo no seu núcleo a forma clássica (mais precisamente aquele elo barroco-clássico, que vai de Bach a Beethoven), a cauda romântica e sua dispersão atonal-serial-eletrônica. O princípio evolutivo aplicado às alturas enfrenta dificuldades cada vez mais acentuadas para produzir diferenciação, já que suas formas mais extremas de organização progressiva estão consumadas (e a série harmônica não oferece mais elementos discerníveis de articulação).[4]

Onde o silêncio dos espaços infinitos vem acompanhado da ruidagem absoluta, impõe-se uma espécie de consciência sincrônica, uma escuta capaz de fazer silêncio, de se colocar no ponto zero dos códigos e, voltando ao princípio gerador da série como um total harmônico, ouvir a multiplicidade dos pulsos.

2. HARMONIA DAS ESFERAS EM PROGRESSO

Com a polifonia* medieval europeia começa um capítulo inédito, no que diz respeito ao tratamento das alturas em música. A superposição de linhas melódicas, tomando por base a forma monódica do cantochão*, engendra uma trama cada vez mais complexa de vozes, cuja condução simultânea pede novas formas de organização. Ao longo de séculos, num lento processo cheio de tateios e experimentações, desenvolve-se uma codificação das alturas que assumirá na passagem do século XVII ao XVIII a forma acabada do sistema tonal. Essa gramática harmônica, regulada pelo continuado intercâmbio entre tensões e repousos, torna-se uma espécie de moeda corrente na nossa tradição musical, capaz de integrar à sua sintaxe desde as mais singelas até as mais complicadas construções. Dispondo de uma universalidade (bem ou mal) comparável à do dinheiro, que compra alfinetes e edifícios, a linguagem tonal serve para compor desde *La Paloma* até uma sinfonia de Mozart ou um melodrama wagneriano, desde as grandes aventuras fáusticas da música progressiva, empenhada na problematização e reinvenção do código, até as mais banais das canções (sem falar naquelas outras, simples e geniais, como por exemplo as de Tom Jobim, que séculos de uso do tonalismo não impedem de surgir).

A constituição do sistema tonal depende, a título prévio, de um longo período polifônico, que vai do século IX ao XVI. Durante esse tempo, desenvolve-se um pensamento musical baseado na multiplicidade das *vozes*, onde várias linhas melódicas ocorrem simultaneamente. O regime polifônico é um pensamento musical que se exercita no trato de defasagens melódicas, em que uma voz pode estar terminando a frase no mesmo momento em que outra voz inicia a sua, enquanto uma terceira está no meio de um motivo. Esse processo de defasagens melódicas ocorre, de maneira simples, no *cânon*, em que várias vozes cantam a mesma melodia entrando sucessivamente em eco. *A fuga**, por sua vez, é uma extensão mais elaborada do mesmo princípio, em que as vozes se imitam através de transformações e variações (chegando às vezes a uma complexidade labiríntica).

A superposição polifônica de vozes melódicas com seus encaixes e desencaixes implica também a regulagem, em cada ponto do percurso, dos acordos e desacordos entre os intervalos, a trama das consonâncias e dissonâncias, o que equivale a dizer o acerto "vertical" das notas simultâneas com vistas à produção de tensões e repousos que definem o seu valor harmônico. É justamente a lenta emergência da questão harmônica, isto é, do mecanismo resolutivo, em meio à trama das defasagens polifônicas, ou, em outras palavras, é a emergência da dimensão "vertical" no seio das múltiplas horizontalidades melódicas que irá engendrar o tonalismo. À medida que o sistema se define subordinando todo o campo sonoro às suas regras, ele levará ao gradativo abandono da polifonia, com seu tecido simultaneísta de melodias, em favor de uma *linha melódica acompanhada** por acordes. A conversão da polifonia em melodia harmonizada, e sustentada por "colunas" sucessivas de acordes, é prenunciada no barroco seiscentista (como se ouve em Monteverdi) e firma-se na tradição clássico-romântica em autores tão distintos como Mozart, Beethoven, Schubert, Chopin, Brahms ou Mahler, nos quais é comum que se escute uma linha melódica solista projetada como figura sobre um "acompanhamento". (O fato de haver linha melódica acompanhada, nesses autores, não deve ser entendido absolutamente como simplismo linear, porque a tradição evolutiva da tonalidade criou justamente um compromisso tenso entre cada detalhe da obra e o todo, envolvendo os elementos horizontais e verticais da linguagem numa trama reflexiva, de múltiplos "acontecimentos", e muitas vezes à beira da polifonia explícita.)

Trata-se enfim de um longo processo, em que uma forma de música monódica sucessiva e "horizontal", a melodia do cantochão desacompanhado (que significa justamente canto "plano"), se converte, através das melodias simultaneizadas da polifonia, numa nova forma de sucessividade simultânea (a melodia tonal com seu acompanhamento harmônico, discurso musical que se articula ao mesmo tempo na dimensão "horizontal" e "vertical" do som). A síntese desse caminho está na música de Bach: situada barrocamente entre os dois mundos — a polifonia que nela se consuma e finda, e a homofonia, que apontará para os desenvolvimentos futuros do discurso tonal —, a música bachiana parece conter em si a música toda, a condensação do passado e do futuro. A linha progressiva da tonalidade será levada adiante por seus filhos músicos, que, passando ao rococó e ao clássico, consideravam-no, por uma dessas ironias históricas, a "velha peruca", o cultor de uma linguagem obsoleta. Mas em Bach estão os desenvolvimentos extremos das defasagens polifônicas ao mesmo tempo que os percursos da melodia emancipada, e uma coisa de tal modo entranhada na outra que o pensamento harmônico se realiza plenamente em sua polifonia, assim como em peças aparentemente simples e unidimensionais pode-se descobrir um cerrado pensamento polifônico (é o caso do primeiro prelúdio do *Cravo bem temperado**, onde a face tão conhecida esconde em filigrana um surpreendente jogo de defasagens a três vozes).

A primeira etapa da compreensão do tonal está, assim, em acompanhar o caminho que vai dos primeiros ensaios polifônicos, no século IX, até Bach, quase dez séculos depois.[5]

A mais antiga forma polifônica praticada na liturgia cristã medieval é o *organum paralelo**: consiste em multiplicar a linha melódica do cantochão através de uma ou mais vozes que acompanham paralelamente a base, privilegiando os intervalos de oitava, quinta e quarta. No século XI pratica-se o *organum livre**, em que a *vox organalis* rebate nota por nota a melodia do cantochão em movimentos não apenas paralelos, mas variados — contrários, oblíquos, diretos. Essas duas modalidades de organum fazem ainda jus ao sentido original da palavra *contraponto*: ponto contra ponto (cada nota da base contracantada por uma única nota da voz superior).

O organum introduz um princípio que dominará por muito tempo: a base fixa que sustenta o edifício polifônico, à maneira de alicerce, é uma melodia já conhecida do canto gregoriano, chamada então *cantus firmus** e entoada pela voz *tenor* (que, ao contrário do hábito moderno, será nessa época a voz mais grave). A permanência desse fundamento eclesiástico ao longo das transformações genéticas da polifonia medieval é um índice da lei clerical, o nome do pai ao qual a música se atém, embora de maneira conflitiva, a partir de certo ponto.

No século XII desenvolve-se um tipo de organum chamado *melismático**, em que cada nota do cantochão é contracantada não por uma outra, mas por uma bordadura de desenhos vocálicos, "eflorescências" proliferantes, onde se vê até mesmo uma possível influência oriental. No *organum melismático*, altera-se substancialmente a função do cantus firmus. Entoado em andamento muito mais lento, com notas longamente sustentadas que servem de apoio (como se fossem uma "cama" solene) para os desenhos da voz aguda, o cantochão perde a sua identidade melódica e o seu caráter linear, transformando-se numa sucessão de fragmentos estáticos. A melodia gregoriana se "sacrifica" (como num rito interno à linguagem) em benefício do crescimento da voz superior e da própria polifonia.

Embora incipiente, o organum inicia o processo evolutivo de uma música das alturas, em que a composição se engendra não a partir de um pulso ou de uma nota constante, como em toda música modal, mas de uma melodia subjacente. Mais explicitamente: temos melodia engendrando melodia, e ambas defasadas, já que, ali onde uma se demora, estacionando longo tempo em cada nota, a outra expande os seus movimentos.

Passa-se do organum ao *moteto* (a grande forma polifônica do período gótico) através da *clausula**: momento de diversificação rítmica em que o cantus firmus alongado se apressa e se decompõe em motivos rítmico-melódicos mais rápidos, com descante (contracanto) na voz superior. Com a sua abreviação momentânea em células mais rápidas, o tenor agilizado ganha uma certa equivalência rítmica com a segunda voz, com a qual trava um pequeno jogo polifônico, que é o embrião do *moteto**. Este constitui a mais importante forma da música "erudita" nos séculos XIII, XIV e parcialmente XV. Impressiona pelo vigor das superposições que promove: sobre o canto litúrgico latino, sempre tomado como base, acrescenta-se uma segunda voz (o *motetus*) e uma terceira (o *triplum*). Curiosamente, essas vozes podem cantar simultaneamente textos diferentes, em línguas diferentes: temos aí não só polifonia vocal, mas politextualidade e polilinguismo. O próprio nome moteto (do francês *mot*, "palavra") significaria, segundo interpretações diversas, "palavrinha" (pelo encurtamento das palavras nas vozes superiores, de melodia mais ágil do que a do canto gregoriano) ou "parte dotada de palavras" (pela sobreposição de textos).[6] Juntando sobre um texto latino outro em francês, mesclando ambiências sacras e profanas, o moteto detona o gosto polifônico e faz da técnica de composição, que já constitui então uma requintada forma de artesanato escritural, um franco processo de mixagem de vozes, textos, línguas, ritmos e índices sociais. Uma canção popular erótica, uma melodia trovadoresca e um canto gregoriano podem estar fundidos numa mesma peça, onde interessa evidentemente menos a inteligibilidade das partes do que a textura, e onde se experimentam abertamente as novas possibilidades da simultaneidade musical. Relaciona-se esse novo estilo polifônico com o desenvolvimento das cidades, "com os estímulos combinados dos habitantes dos burgos — os 'burgueses' — e dos senhores feudais, agora na primazia do poder", vazando as restrições eclesiásticas.[7] Ele indica um desses momentos vitais de interpenetração de linguagens (o erudito e o popular, o sacro e o profano), sem a qual os saltos produtivos não podem ser dados.

No moteto gótico, as vozes, confundidas e defasadas, se entrelaçam num mosaico de fragmentos assimétricos, combinados de maneira dinâmica e angulosa, por adição de elementos, contrastando claramente com a fluência espraiada do canto gregoriano.

Mas ao caráter polimorfo, além de polifônico, do moteto opõe-se à mesma época o *conduto*, forma em que a polifonia mantém a unidade e a inteligibilidade do texto, entoado num contraponto mais contido, obedecendo a uma regularidade métrica e estrófica, sem base no cantochão. O estilo das defasagens declaradas, representado pelo moteto, em que o texto poético praticamente desaparece soterrado pela polifonia, não deixa de ser complementado por um outro, mais próximo da canção, em que o sentido das palavras se preserva e em que se trabalha com defasagens atenuadas, mantendo-se a linearidade do texto e da melodia. (O balanceamento entre um pensamento por defasagens e um pensamento linear é constante e, ao que parece, quase necessário ao equilíbrio das linguagens musicais. Voltarei a este assunto.)

O organum, o moteto e o conduto foram praticados pelos compositores da Escola de Paris, entre eles Leoninus e Perotinus, os primeiros nomeados na "história da música", entre o fim do século XII e meados do século XIII. Aliás, vale notar aqui, como um parêntese, que o primeiro impulso polifônico foi dado principalmente pelos franceses, desde Leoninus a Josquin des Prés, com extensão na chamada polifonia flamenga, que inclui o norte da França e Flandres. A música renascentista, maneirista e, em grande parte, a barroca será sobretudo italiana (vide Palestrina, Gesualdo, Monteverdi e Scarlatti). Depois, os italianos se dedicaram sobretudo à ópera. De Bach a Schoenberg, o fio condutor da música instrumental estará com alemães e austríacos, responsáveis pelos altos cumes e pelos grandes saltos, com intervenções fortes, mas talvez ocasionais, de eslavos, franceses e eventualmente espanhóis. (Os ingleses correm à parte, e têm seu momento mais marcante no Renascimento.)[8]

O século XIV viu o anterior como *Ars antiqua* diante da *Ars nova*, em que temos um acirramento da trama polifônica, sempre conduzida pelo moteto politextual e polilinguístico. O senso da simultaneidade e da defasagem continua a ser intensamente explorado nessa época centralizada pela obra impressionante de Guillaume de Machaut, autor da primeira missa completa composta por um só autor, a *Missa de Notre-Dame** (onde a sequência *Kyrie*, *Gloria*, *Credo*, *Sanctus* e *Agnus Dei* é constituída de condutos e motetos, nesse caso unitextuais, sem elementos profanos). Os saltos técnicos dados pela polifonia nesse período trazem a marca de um traço decisivo em todo o desenvolvimento da música das alturas: a notação das vozes, a mensuração do tempo, ou, em uma palavra, o desenvolvimento da escrita. A escrita é indispensável para o domínio do campo sonoro requisitado pela linguagem polifônica nos termos em que esta se desenvolveu na Europa: como linguagem progressiva, onde as vozes evoluem sem retornar ciclicamente no seu giro modal. Na escrita controla-se o avanço simultâneo das partes, ao mesmo tempo que a compatibilidade rítmica entre elas (que já não obedecem mais nem à rítmica frásica e entoativa do cantochão, nem à rítmica pulsante e coreográfica das danças populares).

As melodias passam a ser concebidas como módulos que podem se submeter a variações contrapontísticas tipicamente *escriturais*, semelhantes àquelas que serão usadas depois no dodecafonismo: um motivo pode ser retomado por inversão (cada intervalo ascendente virando descendente e vice-versa), por movimento retrógrado (soando de trás para a frente, em "caranguejo"), ou pelo retrógrado da inversão. Machaut tem uma peça chamada *Ma fin est mon commencement*, um rondó-cânon a três vozes em que uma voz imita a outra em movimento retrógrado, de maneira a fazer do conjunto uma figura espelhada (embora esse espelhamento seja mais um atributo partitural — um projeto inscrito no inconsciente estrutural da peça — do que um dado que se apresente imediatamente à percepção). Eis aí, aliás, um traço precocemente "moderno" da música polifônica, a indicar que, curiosa e simetricamente, o tonalismo é preparado e depois consumado (no dodecafonismo) por dois estilos de espelhismo intervalar radicalmente polifônicos. (No ciclo da música das alturas o seu fim também é, de certa forma, o seu começo.)[9]

Com essa trama simultânea de melodias que não apenas se superpõem mas se interferem, esboça-se embrionariamente um procedimento que dominará nos séculos seguintes: as vozes se autoengendram, seus desenhos repercutem entre si por variações imitativas, o que dará ao jogo polifônico (do século XV para o XVI) uma gradativa autonomia e independência em relação aos *cantus firmus* (a melodia do cantochão que continua até aqui a ser usada como base). De todo modo, na *Ars nova* o procedimento imitativo das vozes é embrionário, e não sistemático, num conjunto que mantém o caráter de um mosaico anguloso e compósito, que trabalha mais por soma do que por síntese.

O ritmo abandona a simplicidade do seu modelo ternário regular para organizar-se em *isorritmias*: séries relativamente longas de valores durativos desiguais (chamadas *taleae*) que se imprimem ao decorrer da peça, funcionando como padrões recorrentes de organização do tempo. Essas fórmulas rítmicas não apelam mais para uma memória somática ou entoativa, baseada no pulso dançante ou no arco frásico, mas para uma "memória" da escrita. São módulos combinatórios recorrentes e superpostos. Na falta do pulso modal, cujo retorno deixa de ser a referência temporal básica, foi necessária uma estrutura rítmica de caráter diretamente escritural, semelhante à intrincada rede de defasagens do serialismo moderno, muitas vezes mais visíveis, ou legíveis, que audíveis.[10]

Do ponto de vista da organização melódico-harmônica, há um outro fato importantíssimo: submetidos às pressões da polifonia e da simultaneização de múltiplas melodias, os antigos modos gregorianos vão se descaracterizando como domínios cujos limites se confundem e se dissolvem. A desterritorialização dos modos não é compensada ainda, nessa fase, por uma nova organização tonal (que será dada só mais tarde, com a vitória do modo de *ut* ou de dó, que cantará sobre as ruínas dos outros modos eclesiásticos o seu "canto de triunfo" — veremos depois as razões dessa "vitória" que funda o tonalismo).[11] Por isso mesmo a música de Machaut nos soa exuberantemente tosca, com as suas cadências solenes feitas com materiais modais, embora prefigurando resoluções tonais.

A mistura de textos sacros e profanos, a fragmentação e a mutilação dos tenores, isto é, do cantochão, a dispersão das melodias em células rítmicas breves, e sobretudo as alterações dos modos gregorianos, com deslizamentos de semitons, fazem com que o papa João XXII condene em 1324 os excessos da polifonia sacra. Essa condenação tem como alvo os desenvolvimentos da *Ars nova*, e intui, principalmente na dissolução dos modos através de alterações (chamadas de "música ficta" ou "falsa"), a desagregação da antiga ordem em direção a um caminho insuspeitado, que será lenta e progressivamente tonal. Esse deslocamento representa um abalo político-teológico, desnorteando a "harmonia das esferas", que, a essa altura, menos do que símbolo de uma cosmologia musical, retrai-se mais que nunca em ideologia.[12]

Os protestos da Igreja "não conseguiram impedir as transformações da música", diz Bruno Kiefer, "mas contribuíram para o deslocamento ao terreno profano das realizações importantes".[13] Nesse terreno continuávamos a ter também a tradição da canção, que respeita a inteligibilidade e a unidade do texto, na linha não do moteto, mas do conduto. A balada, o lai celta (tão citado no romance de Tristão e Isolda), o virelai trovadoresco, o rondó, o madrigal italiano, o cânon (que combina as defasagens do moteto com a unidade da canção), todas essas formas (praticadas por Machaut, por exemplo) sofreram tratamento polifônico, sem que o texto naufragasse por completo nas águas da polifonia, mantendo viva, em vez disso, a tradição da canção, que corre imemorialmente por fora da história linear da música, com a qual cruza às vezes.

No século XV, transição do gótico à Renascença, o polo histórico da evolução musical está no norte da França, em Flandres, com a chamada "polifonia flamenga". Em compositores como Dufay, Ockeghem, Obrecht ou Josquin des Prés percebe-se um maior domínio discursivo do campo das alturas, na medida em que está mais codificado o jogo entre momentos de tensões e repousos, com uma certa atenuação e preparação das dissonâncias, e uma progressiva assimilação das terças que antecipa o acorde perfeito (base da harmonia tonal). Sem prejuízo dos malabarismos polifônicos garantidos pelo estágio técnico, que permite a Ockeghem escrever por exemplo um cânon a 36 vozes, o conjunto, comparado com a *Ars nova*, soa mais estável e homogêneo. O moteto tende a ser construído sobre um único texto, substituindo a franca bricolagem maximalista do período anterior por uma engenharia contrapontística uniforme. A condução das vozes, emboladas e entrecruzadas no moteto gótico, passa a separá-las em campos de tessitura distintos, fixando aquele padrão coral conhecido e desde então adotado, com soprano, contralto, tenor e baixo. O tenor, em vez de sustentar, com a melodia do canto gregoriano, o lastro clerical, começa a ser inventado pelo arbítrio do autor, e vai migrando do baixo para a voz aguda.

Ao final dessa fase, num compositor como Josquin des Prés* (1450-1521) — de quem Lutero pode dizer sintomaticamente que não obedece mais às notas, mas as notas é que obedecem a ele —, tais tendências estão consumadas. Os motetos trabalham sobre o texto único, sem tenor litúrgico. Tem-se um domínio da regularidade rítmica e da fluência das vozes, com uso mais sistemático das figuras melódicas como elemento construtivo, reproduzindo-se em ecos imitativos, localizados em fragmentos melódicos curtos que se disseminam por toda a obra (as melodias das várias vozes se interpelam, e engendram seu movimento a partir do livre diálogo, não mais subsumido necessariamente à voz subjacente do canto gregoriano). As vozes se integram à forma total, enquanto a música se preocupa em traduzir expressivamente o texto, além de buscar a sua compreensibilidade.

Com isso, a composição musical se *verticaliza*, além de ser uma superposição de linhas melódicas horizontais. Na medida em que não há mais um tenor litúrgico, isto é, uma linha obrigada de base, já completa, sobre a qual se comporão outras, o trabalho passa a ser feito "compasso por compasso, abrangendo ao mesmo tempo todas as vozes. A concepção linear, embora persista, entra num equilíbrio com a concepção vertical".[14] O engendramento de toda a peça a partir de certos motivos, que se reproduzem por variação imitativa, acresce à música um novo componente de racionalidade na sua *démarche* dedutiva: "uma figura ou um fragmento melódico qualquer constituem o material a partir do qual o compositor constrói ou deduz uma seção inteira de um moteto".[15] A autonomia do discurso musical, conferida por essa nova perspectiva de composição, é a pedra fundamental da música moderna.

O século XVI é um período em que a produção musical cresce e se diversifica extraordinariamente, principalmente no campo da música instrumental, introduzindo diversos novos gêneros de instrumento solista e de conjuntos (de metais e cordas). Como não estou fazendo aqui uma história da música que pretenda esgotar nem de longe estilos e autores, mas destacando uma linha evolutiva da linguagem musical em seus momentos decisivos, quero assinalar apenas os passos em direção à tonalidade (e à obra de Bach).

É preciso dizer que na polifonia renascentista já começa a haver lugar para a noção, tão usualmente moderna, de *tema*, uma figura melódica que permanece ao longo de uma seção ou de toda uma peça. Na Renascença, os temas ainda não se recortam em frases nitidamente destacadas, como acontecerá no período clássico, mas se fundem sob o domínio das defasagens polifônicas. "A homogeneidade expressiva das diversas vozes, construídas sobre o mesmo material temático, o fluir constante da música, o entrelaçamento das seções sucessivas, sem pontos de separação nítidos, a multiplicidade dessas mesmas seções construídas sobre temas diferentes" são os traços que definem, segundo Bruno Kiefer, o estágio da polifonia no moteto renascentista.[16]

Uma nova investida eclesiástica contra a expansão promovida pela polifonia proíbe, com o Concílio de Trento (duzentos anos depois do decreto de João XXII), os motetos politextuais, os textos e tenores profanos, a ininteligibilidade das palavras na música religiosa. Palestrina é o realizador desse intento contrarreformista, mesmo que o texto continue, em parte, complicado pela polifonia e seus melismas. Carpeaux define bem os procedimentos que utilizou:

> Seu objetivo foi [...] tornar o texto sacro, na boca dos cantores, compreensível (o que não acontecera na música dos mestres "flamengos"), sem renunciar à polifonia. Para esse fim, reduziu as complicações contrapontísticas; traçou limites certos à independência melódica das muitas vozes, obrigando-as a coincidir em acordes que, pela consonância, focalizam a palavra. Declamando o texto sacro, confere-lhe a pronúncia certa por colunas de acordes que acentuam as sílabas importantes. Com isso, o princípio da polifonia linear, o da independência das vozes, está parcialmente abandonado: a música de Palestrina ainda é horizontal, melódica, mas também já é vertical, harmônica; e por isso é de eufonia nunca antes obtida.[17]

A clareza da polifonia contrarreformista de Palestrina não impede o mesmo Carpeaux de considerar com razão sua música um fenômeno histórico extinto, sem ressonâncias para o ouvido moderno. Mas a busca da inteligibilidade das palavras, associada à intenção, ainda que tímida, de "exprimir musicalmente o sentido emocional dos textos", aponta na direção de importantes transformações. Da Renascença para o barroco, a música não se contenta em ser um código de caráter polifônico, mas quer ser uma verdadeira linguagem dos afetos, um discurso das emoções. Os madrigais e o melodrama barrocos assumirão um estilo expressivo, declamatório, climatizando os recursos melódicos e harmônicos, as consonâncias e dissonâncias, com uma gesticulação entoativa a serviço da ênfase nas palavras. Essa ênfase vai investir o sistema tonal nascente de uma carga semântica, para a qual ele contribuirá com suas cadências e sua capacidade de articular com riqueza de nuances as tensões e os repousos.

Mas o desejo de fazer da música um suporte e um acentuador emocional das palavras tem na polifonia um grande obstáculo, com que se depararam compositores renascentistas e barrocos, quando pretenderam criar, com o melodrama, um gênero dramático-musical correspondente à tragédia grega: como representar a voz de um personagem através de uma música que só se concebe em múltiplas vozes defasadas? Carpeaux: "E pode-se imaginar o papel de Orestes ou o de Electra, personagens de tragédia, cantado por um pequeno coro misto?". Essa possibilidade foi demonstrada (ao que tudo indica involuntariamente) por Orazio Vecchi (1550-1605), "polifonista erudito que contribuiu com a maior eficiência para destruir o ideal da polifonia vocal".[18] Acontece que, na sua peça *Anfiparnasso commedia harmonica*, o compositor colocou os atores no palco fazendo apenas os gestos dos personagens, enquanto eram dublados, nos bastidores, por coros de quatro a cinco vozes. O efeito, "irresistivelmente cômico", parece ter contribuído para abrir "o caminho para o canto homófono, individual", trilha dominante seguida pela música barroca, iniciando o deslocamento para fora da polifonia, depois que essa cumpre o seu percurso secular. (É verdade que Bach ainda estava no horizonte, mas Bach é a consumação da polifonia em sua forma final, que será a forma tonal, e isso dependerá ainda dos acontecimentos do século XVII.)

Na obra imponente do maneirista veneziano Giovanni Gabrieli (1557-1612), as peças vocais (às vezes até a oito vozes) evidenciam um caráter nitidamente mais homofônico que polifônico. A figura melódica dominante transferiu-se de vez para a voz aguda, enquanto o "baixo contínuo", através de notas salteadas e repetidas, prepara o campo de um apoio harmônico "vertical". O caráter dramático dos coros duplos (que dialogam estereofonicamente, como permitia e propiciava a estrutura da Catedral de São Marcos) já é fundado em nítidos efeitos de alternância entre tônica e dominante, o que é a base da cadência tonal. A admissão e resolução do trítono (cada vez mais utilizado no século XVI como nota de passagem), sua investidura estrutural, já se anuncia no horizonte.

É o que acontece na música de Monteverdi* (1567-1643), em que o intercâmbio cadencial é claro e vitorioso, vigorando em meio aos ornamentos, à superabundância barroca de elementos decorativos e ao uso mimético-expressivo das dissonâncias, na forma de um tonalismo rudimentar. A atenuação da polifonia e a adoção de um discurso mais linear, com recortes frásicos definidos, põem justamente em relevo o movimento de tensão e repouso, cujo balanceio constitui agora a moldura por excelência da linguagem musical. A música de Monteverdi monumentaliza declaradamente a cadência recentemente liberada da polifonia, e faz dela o seu foco privilegiado. Ali reconhecemos pela primeira vez esse efeito tão típico, e tão conhecido dos ouvintes da música "clássica", de ornamentar e retardar a última tensão, para que ela recaia triunfalmente, com a pompa de seus trinados, sobre o acorde final.

O pacto está feito. A viagem das alturas levou, dos territórios circulares, "monótonos" e relativamente isolados dos modos, ao campo coeso e dominado da "tonalidade", atravessado pelo vetor discursivo. O trítono, admitido na função de dominante como elemento tensionador, se presta a ser resolvido através dos retornos repousantes à tônica. A escala que prevalece agora sobre a derrocada dos modos eclesiásticos, reinando absoluta, é o modo de dó, cuja eleição se deve, entre outras coisas, à posição privilegiada que nele ocupa o trítono, estrategicamente disposto de maneira a ser mais facilmente resolvido (a assimilação do *diabolus in musica*, cuja resolução move o sistema, será retomada e descrita em detalhes mais adiante, juntamente com os outros aspectos técnicos que a envolvem).

A frase musical contém doravante, a cada passo, pequenas catapultas que a projetam para a frente, na forma de preparações cadenciais que visam uma finalidade resolutiva. No período clássico, especialmente em Haydn e Mozart, o mecanismo tonal estará no pleno gozo da sua estabilidade, que vai da simetria da frase até o equilíbrio balanceado da estrutura, dado pela forma sonata (funcionando como uma delicada e perfeita maquinaria). No período romântico as vias resolutivas tornam-se mais sinuosas, tortuosas, mediatas. Numa obra como a *Sonata em si bemol menor* de Liszt, por exemplo, com sua magnitude cíclica, a máquina parece duvidar, buscando até a exaustão a sua remota finalidade (um utópico repouso dos repousos, sempre problematizado, agora sob a trama progressiva dos elementos). A obra de Wagner se desenvolve nesse campo; a de Mahler é o canto do cisne, esplendor e ruína — do mundo tonal (às portas do atonalismo de Schoenberg).

O grande pórtico da música moderna é a *fuga*, tal como ela se dá em Bach — como a última consagração da polifonia de raízes medievais, mas realizada com acabamento tonal, polifônico e harmônico, horizontal e vertical, simultâneo e sucessivo, analítico e sintético. A fuga descende justamente do moteto vocal e de sua transposição instrumental quinhentista, o *ricercare*. Verdadeiro "jogo de contas de vidro", que trabalha com vozes simultâneas e defasadas, ela veio a ser praticada habitualmente ao lado de uma outra forma instrumental complementar, que respeita a linearidade melódica: a *canzona de sonar* (que se encontra em Frescobaldi). Oriunda da chanson, essa forma é muito menos polifônica que o ricercare, com temas mais vivos e rápidos, e mais próximos de uma afirmação rítmica. A confluência da canzona (linha acompanhada, de caráter tendencialmente mais pulsante) e do ricercare (linhas defasadas e superpostas em movimento de variação) parece ter dado na complementaridade entre prelúdio e fuga, intensamente praticada já no fim do século XVII sob a influência de Buxtehude, e que chega assim a Bach depois de uma curtida alquimia histórica.[19]

Simplificadamente, a fuga* é uma forma em que um tema melódico é apresentado por uma voz e retomado sucessivamente e a cada vez por outras, de modo que se instaura um tecido de semelhanças (ou imitações) defasadas, em que as vozes parecem se perseguir sem nunca coincidir, a não ser no acorde final. É de praxe que o tema, apresentado pela primeira voz, seja retomado pela segunda voz com a diferença intervalar de uma quinta, gerando aí um jogo harmônico que envolve já o movimento cadencial de tônica e dominante (exposto pelas duas vozes como "sujeito" e "resposta"). Esse movimento não existe ainda nos ricercari (mais planos ou mais chãos) de Frescobaldi (1583-1643), mas já é notável nas fugas de Buxtehude (1637-1707), portanto tonais. (Entre as sucessivas reapresentações do tema desenvolvem-se episódios de ligação, chamados "divertimentos"; geralmente ao final, a entrada cerrada do tema em todas as vozes chama-se "stretto".)

As fugas de Bach (1685-1750) apresentarão ainda uma nova complexidade, que implica a estruturação acabada do tonalismo: a *modulação*. Esse procedimento (que será mais bem explicado adiante) consiste no deslocamento temporário da tônica, o centro de referência harmônico do sistema, de uma nota para outra, carregando consigo todas as demais funções. Um trecho musical constituído ou polarizado pelo tom de dó pode deslocar-se por exemplo para sol, ou lá, ou ré (sendo de praxe, no tonalismo clássico, que retorne sempre à tônica inicial). Com isso, a escala tonal de sete notas, obedecendo ao padrão intervalar dado pelo tom de dó (dó-ré-mi-fá-sol-lá-si), salta por transposição para outras regiões harmônicas, permitindo um número incalculavelmente mais rico de possibilidades combinatórias e contrastivas no decurso da fuga.[20]

Mas as modulações só foram possíveis a partir do momento em que se adotou uma afinação uniforme e homogênea que, contrariando as propriedades acústicas dos intervalos "naturais", igualasse todos os semitons. A solução foi a da afinação "temperada", adotada somente no começo do século XVIII (embora se discutisse desde há muito a sua utilização). A necessidade da modulação levou a uma padronização da medida intervalar mínima, o semitom, que unifica o campo das alturas através da escala cromática (doze semitons iguais no espaço de uma oitava, incluindo as sete notas brancas e as cinco notas pretas do teclado). No espaço sonoro racionalizado pela divisão igualitária da oitava em semitons, os intercâmbios harmônicos podem realizar-se em todas as posições pelas quais transitam. O sistema pode encenar a passagem de uma harmonia polarizada por determinada nota para uma harmonia polarizada por outra nota, e extrair um efeito discursivo desse contraste. A redução cartesiana do campo das alturas, levada a efeito pelo temperamento igualado, "determinação matematicamente exata, embora acusticamente inexata, dos intervalos", serve a uma condução de tipo lógico das relações sonoras (melódico-harmônicas), desprezando aquelas nuanças que davam às músicas modais muito do seu poder psicossomático. Ao mesmo tempo, a implantação do "temperamento" pôs ordem num certo caos reinante na música barroca, em que a complexidade crescente dos conjuntos harmônicos colidia cada vez mais com a falta de um critério geral de afinação, produzindo distorções na somatória dos instrumentos, chocando cordas e vozes com teclados, além de emperrar a gramática tonal ao impedir o livre desenvolvimento da modulação.[21]

De posse dos novos meios, Bach escreve uma música que sintetiza o código musical, histórica e estruturalmente, no sentido que já foi antecipado neste mesmo capítulo: polifonia e linha acompanhada, resolução horizontal e vertical dos problemas sonoros, as duas dimensões investidas num mesmo projeto discursivo. Isso só foi possível graças ao acabamento do sistema tonal, aqui praticado com todo o luxo polifônico que remonta às suas origens, isto é, àquele longo processo através do qual o tonalismo foi extraído ou desentranhado dos desdobramentos do modalismo medieval.

Pelo seu próprio caráter duplamente articulado, melódico e harmônico, garantido à música bachiana pelo novo sistema, o discurso tonal pode no entanto realizar todas as suas potencialidades não apenas nas grandes massas corais das cantatas e das paixões, com seu tecido de múltiplas vozes, mas, por exemplo, numa simples sonata para flauta solo (assim como nas sonatas para violino ou nas suítes para violoncelo). É que a melodia solitária, tocada por um único instrumento, não é mais aquele desenho infinitamente circular em torno do caráter de um modo; mesmo quando não acompanhada de acordes, a sucessão melódica é depositária da linguagem da simultaneidade onde o fio da melodia não dá nenhum ponto sem nó harmônico. Se a melodia pentatônica de uma flauta japonesa tem aquele caráter encantador e dolorosamente nostálgico (pode-se dizer isso?) na sua recorrência circular a uma dimensão, a melodia de uma flauta solo bachiana subordina vários planos melódicos e harmônicos, através de suas cadências e modulações. Ela transita pelas regiões sonoras criando territórios, desfazendo-os, opondo-os e levando-os à resolução, através de peripécias de caráter nitidamente discursivo. A "fala" da melodia se dá como um fraseado progressivo, um fio lógico em que se distinguem claramente o "antes" e o "depois" na linearidade do tempo, distinção que a música modal dissolve quase sempre na repetição circular.

O fio linear do fraseado tonal, tal como ele se apresenta em Bach, é já um "fio de Ariadne",[22] percurso através do labirinto dos tons, cheio de alusões à instabilidade construtiva sobre o qual ele trabalha, perdendo-se e encontrando-se (não conheço melhor exemplo disso que o solo central do "Siciliano", segundo movimento do *Concerto nº 2* para cravo — ou piano — e orquestra de cordas, viagem ao mesmo tempo errática e controlada através do território-limite do tonal, explorando o novo campo sonoro como quem explora um céu estrelado).[23]

Assim como o pensamento melódico está investido de harmonia, o pensamento monódico está investido de polifonia, e a polifonia apresenta um grau acabado de resolução harmônica. Isso quase permite dizer que o "momento" de J. S. Bach, a oportunidade dada pelo encontro do seu gênio individual com o estado histórico da linguagem (já maduro, mas não saturado) é o momento da música total (não fosse o fato de que "falta" nele a dimensão construtiva do pulso, recalcada pela cultura ocidental, recalque sem o qual, no entanto, não se teria movido a música na direção evolutiva das alturas).

Relativamente obscuro como compositor na sua época, e quase esquecido em seguida, Bach foi redescoberto por Mendelssohn, por quem foi reapresentado ao público por volta de 1829, e ressoa em toda a música do Ocidente, como se, à maneira da "série harmônica", sua obra já contivesse, de algum modo, todos os dados do desenvolvimento posterior. Suas ressonâncias e afinidades estão (indiretamente) em Beethoven, nos prelúdios de Chopin, no dodecafonismo.

Pode-se também ouvi-lo ao lado das polifonias vocais dos pigmeus do Gabão numa vertiginosa aproximação entre os contrários afins; talvez nunca se tenha chegado tão perto, como nesses dois casos (com todas as suas diferenças), de uma música em que o sucessivo e o simultâneo se constituem numa coisa só. Nos pigmeus, coincidindo com o eterno retorno assimétrico dos pulsos; em Bach, abrindo-se em fuga à perseguição do desígnio fáustico de uma música total e em movimento, de uma harmonia das esferas que estivesse, por uma espécie de contrassenso com o mundo platônico, "em progresso".

"Bach é: para os românticos, o grande evocador de sentimentos religiosos de um passado irremediavelmente perdido; para Brahms e seu crítico-amigo Hanslick: o grande mestre de construções arquitetônicas; para Wagner e para um filósofo como Dilthey: o precursor da tragédia em música; para os modernos: o fabuloso técnico dos gêneros pré-clássicos [...]"[24] Schoenberg considerou-o, pela adoção de um franco procedimento modulante, o primeiro compositor a trabalhar com os doze tons, antecipando, na aurora da tonalidade, aquilo a que ela chegará, após um longo percurso de afirmação e negação de si mesma (os dois volumes do *Cravo bem temperado*, com seus 24 prelúdios e fugas, exploram sistemática e esgotantemente as doze tonalidades maiores e as doze tonalidades menores possibilitadas pelo tonalismo). Para o pensamento serial de Pierre Boulez, Bach é o compositor cuja linguagem, inteiramente engendrada por necessidades internas, rejeita "toda figura inútil" e exclui todo automatismo.[25]

Pode-se dizer que na oposição entre prelúdio e fuga está inscrita uma encruzilhada na música do Ocidente. O prelúdio em Bach é geralmente uma linha acompanhada com um pulso regular e marcado, exibindo uma figura recorrente. A fuga é formada de linhas melódicas defasadas, sem ênfase no pulso. De um lado, melodia acompanhada encostando no pensamento rítmico. De outro, o reinado do contraponto encostando no mundo tonal e no pensamento melódico-harmônico. A tradição musical clássica, a partir justamente da geração dos filhos de Bach, não seguiu propriamente nem um caminho nem outro, mas o da melodia acompanhada caminhando para o desenvolvimento dramático-evolutivo da sonata (de que falarei mais adiante). Com isso, a defasagem explícita da polifonia saiu da cena central e deslocou-se sob forma implícita, embutida na harmonia, para a forma estabilizada do acorde, que, se bem pensado, é um conjunto de sons simultâneos que abriga várias frequências defasadas, audíveis não como ritmo, nem como polifonia, mas como foco tonal de tensão e repouso. Dito esquematicamente, os sons daquele acorde que contém mais defasagens implícitas geram tensão, e daqueles que contenham menos defasagens, ou mais frequências em fase, geram repouso. A história do sistema tonal é a história da administração desse jogo relativístico, à medida que se admitem graus cada vez maiores de defasagens frequenciais ou de tensões harmônicas.

Voltemos a Bach. Nele estão contidas, em estado virtual, numa espécie de ausência estrutural, a linha dominante e a linha recessiva da música ocidental.

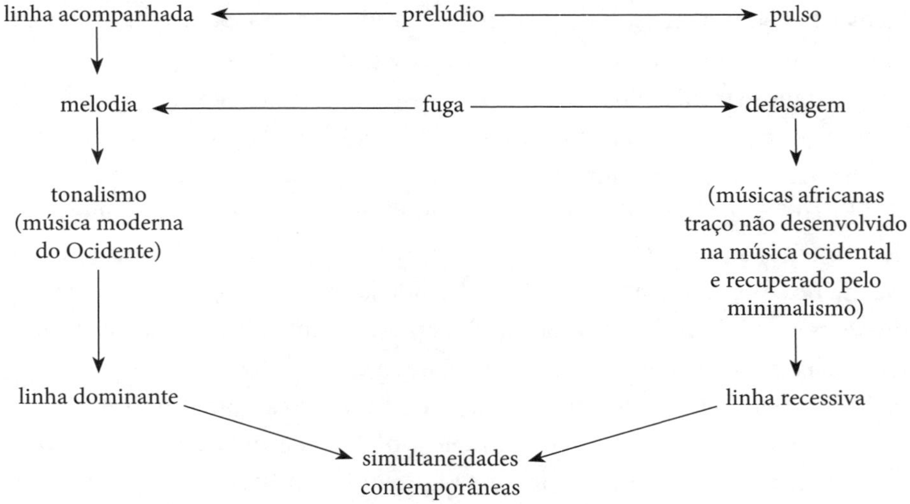

De um lado a melodia com acompanhamento harmônico, e não defasada, determinará o rumo do estilo clássico (Haydn, Mozart, Beethoven) e tudo o que daí decorrer. De outro, as defasagens rítmicas permanecem na sombra, como possibilidade estrutural não desenvolvida e, na verdade, recalcada na música do Ocidente desde a sua gênese. (Mas mesmo essas podem ser encontradas em Bach, quando o prelúdio transpõe a defasagem polifônica para o nível do pulso.) Típicas de certas músicas modais, como as percussões africanas, as defasagens rítmicas serão recuperadas pela música contemporânea mais recente, em especial o minimalismo de Steve Reich. Um lado foi dos filhos de Bach. O outro será dos filhos de Stockhausen.

Talvez esse quadro contribua um pouco para entender como, mesmo tendo o estilo de Bach (o barroco tardio) sido superado historicamente no momento imediatamente seguinte à sua vigência, a sua música continuou como um *aleph* de uma atualidade permanente e inesgotável.

3. O PACTO

Consideremos as consequências da enorme transformação operada pela tonalidade. O seu domínio completo na música ocidental, constituindo o que se chamou a música "clássica", reduziu o antigo sistema de modos eclesiásticos a ruínas. Entre todas as modalidades de jogo dadas pelo rodízio de tônicas modais através das notas da escala diatônica, que punha em diferentes posições de realce os intervalos de tons e de semitons que compõem a escala, conferindo a cada um o seu caráter, ou um certo "sabor" particular, o tonalismo elege o modo de dó* (que reinará absoluto pela exclusão dos demais).

Como sabemos, a escala diatônica*, modelo da organização sonora na tradição ocidental, é composta de sete notas contendo cinco tons (dó-ré, ré-mi, fá-sol, sol-lá e lá-si) e dois semitons (mi-fá e si-dó) visíveis no teclado moderno pela falta das notas pretas. No antigo sistema modal usado pelo cantochão, a tônica, que funcionava como "cabeça" e ponto de chegada das melodias, fazendo as demais notas gravitarem à sua volta, podia variar dentro da escala, deslocando com isso a posição relativa dos tons e dos semitons, o que dava a cada modo uma dinâmica, ou, se quisermos, uma "semântica" própria. No modo de ré*, por exemplo, o primeiro dos modos "autênticos", que se adotou chamar pelo nome grego de *dórico*, os semitons recaem entre o segundo e o terceiro, o sexto e o sétimo graus.

I	II	III	IV	V	VI	VII	I
ré —	mi —	fá —	sol —	lá —	si —	dó —	ré
	semitom				semitom		

No modo de mi, dito *frígio* na Idade Média, os semitons estão entre o primeiro e o segundo, o quinto e o sexto graus.

I	II	III	IV	V	VI	VII	I
mi —	fá —	sol —	lá —	si —	dó —	ré —	mi
semitom				semitom			

No modo de sol*, por sua vez, chamado tradicionalmente *mixolídio*, os semitons recaem entre o terceiro e o quarto, o sexto e o sétimo graus.

I	II	III	IV	V	VI	VII	I
sol —	lá —	si —	dó —	ré —	mi —	fá —	sol
		semitom			semitom		

Essas variações na posição dos semitons davam aos modos as suas nuances particulares, pois elas destacam diferentemente os sons componentes da escala, traçando o padrão característico das suas virtuais melodias. O modalismo medieval viveu da variação intervalar dentro do campo da escala diatônica, e dos ambientes ou territórios semântico-sonoros resultantes desse rodízio.

Impõe-se perguntar, então, que tipo de escolhas teria levado a fixar o modo de *ut** (antigo nome da nota dó), com seus semitons entre o terceiro e o quarto, e o sétimo e o primeiro graus da escala, como a ordem básica da nova música (quando ele era irrelevante e secundário no mundo medieval). Que tipo de discriminações, feitas no cotejo secular entre os modos, à medida que eles foram sendo solicitados pela música polifônica e harmônica no correr dos séculos XIII, XIV e XV, levaram a que ele ganhasse essa primazia completa sobre os demais, a ponto de extingui-los no contexto da música clássica? Que tipo de característica faria desse modo o agente fáustico de uma transformação generalizada da linguagem musical (para retomar aqui o símbolo literário da passagem da estaticidade "feudal" ao imperativo desenvolvimentista sem tréguas)?

Essa pergunta admite no mínimo uma dupla resposta, considerando o aspecto "semântico", o éthos do modo, e o aspecto sintático estrutural, a sua perfeita adequação ao sistema baseado no balanço de tensões e repousos.

Quanto ao aspecto semântico, há um dado curioso: o modo de dó (assim como o de fá) pode ser considerado mais "brilhante" do que os modos de sol, ré, lá ou mi (estes mais austeros e, por isso mesmo, preferidos sob a vigência do canto gregoriano). Acontece que nos modos de dó e fá a posição dos semitons (nos quais se localiza, como já vimos, a função deslizante e "sedutora" das sensíveis, vizinhas ali da tônica e de uma dominante) põe em grande relevo o jogo de polarizações entre a tônica e suas quintas. Ao contrário do fluxo severo dos outros modos, em que as sensíveis não estão colocadas em posições cardinais, mas um pouco "camufladas" nos meandros da escala, facilitando o escoamento uniforme das sílabas cantadas sobre o leito das melodias, esses modos acentuam o pingue-pongue binário entre tônica e dominante.[26] A exposição mais destacada dessas funções daria a esses modos uma espécie de brilhantismo indesejável no quadro da liturgia medieval, indesejável na própria medida em que, segundo Marius Schneider, "o canto gregoriano não é e não pretende ser uma arte brilhante".[27] Trata-se justamente de uma questão de éthos: o brilhantismo dos modos de dó e fá reduz a inteireza das relações intervalares a dois polos, acentuando "os luminosos movimentos ascendentes da dominante" e "deixando na sombra o cortejo fiel e devoto das subdominantes". A devoção e a fidelidade, a oração concebida como sereno louvor, seriam perturbadas por essa emergência excessiva. Por isso mesmo "a riqueza funcional dos modos de sol, ré, lá e mi", que "constitui o campo específico do canto gregoriano", estaria em não oferecer aquelas "luzes vivazes" dadas pela "tendência para as dominantes", freando-a através "do contrapeso dos movimentos de subdominantes".[28] O movimento de quinta ascendente (por exemplo: dó-sol) é dinâmico, ativo, vibrando como um aríete que quer "subir" a série harmônica, afastando-se da sua fundamental. Nesse sentido, ele é um salto que implica um certo esforço antientrópico, dotado ou investido de um eros heroico, enquanto a sua inversão, a quarta, é um retorno complementar e repousante ao fundamento harmônico. A cadência de quarta descendente, chamada "plagal", característica do modalismo medieval, colore o cantochão com o seu caráter austero, não brilhante, não ascensional, não evolutivo, não voluntarista.[29]

Marius Schneider, que lamenta o fim do modal como verdadeiro fim de mundo, é um exemplo privilegiado do ponto de vista antitonal assumido como defesa, apocalíptica e antifáustica, da tradição pré-moderna.[30] Segundo Schneider, a evolução cultural que leva ao desuso os modos gregorianos mais comuns, e "que se anuncia já no século XV", acompanha uma "transformação da vida espiritual" em que o desenvolvimento das ciências naturais e o poder técnico "que afastem o homem de sua missão metafísica, reduzindo-o a um positivismo terrestre e a uma equivocada supervalorização das suas capacidades pessoais", se fariam acompanhar do gosto pelo movimento ascendente da dominante, indicador da "desmesurada confiança na própria potência e no progresso ilimitado", culminando no cromatismo ilimitado que acabará por lançar os apoios tonais à completa deriva. Nesse clima mefistofélico, em que "o subjetivismo invade todos os campos da atividade humana", transformando as moderadas e piedosas linhas melódicas do canto gregoriano em demandas de um esforço quase violento, nasce a música clássica e romântica, em meio ao "sentimento de uma luta quase desesperada com a vontade de Deus". Assim, enquanto "a melodia gregoriana é um caminho para a comunidade", movida pela ideia "da criação de uma boa *estrada*" para atingir o divino, a clássica — incluídos aí os seus grandes monumentos religiosos, como a *Missa em si* de Bach ou a *Missa solemnis* de Beethoven — seria "uma trilha esplêndida mas perturbada e cheia de obstáculos nascidos do egocentrismo, do qual brotam as suas mais inspiradas linhas melódicas".[31]

Visto que o advento do mundo tonal desentranha do modal um éthos que o contesta, interessa ver como este verdadeiro pacto fáustico se consuma no interior do código musical, e de que maneira ele resolve o problema escalar.

O vencedor da surda batalha dos modos que se trava dentro da música polifônica é o modo de dó (também chamado *jônico*, com semitons entre o terceiro e o quarto, o sétimo e o primeiro graus da escala diatônica). Vejamos quais são as propriedades estruturais que lhe dão essa primazia.

A tonalidade redimensiona o espaço da escala diatônica segundo uma hierarquia funcional baseada na triangulação entre o primeiro, o quarto e o quinto graus da escala, cuja convergência sobre a tônica configura uma relação "ultrapolarizante" (esses graus se encadeiam "resolvendo" as tensões colocadas pelas dominantes através de um movimento repousante em direção à tônica, também chamado "cadência"*).[32]

IV		I		V
(sub)dominante	⟶	tônica	⟵	dominante
fá		dó		sol

Os encadeamentos harmônicos instauram movimentos reversíveis de transição entre seus eixos: a *tônica*, que aparece como o centro polarizador do sistema, e as *dominantes*, isto é, o quinto e o quarto graus, que correspondem respectivamente à quinta superior e sua inversão, a quinta inferior da tônica.

Como o sistema não é simplesmente melódico, mas essencialmente harmônico, monta-se sobre cada nota da escala um acorde formado pela superposição de terças. Observe-se então que os acordes "perfeitos" dos três graus fundamentais — dó-mi-sol, fá-lá-dó e sol-si-ré — contêm em conjunto todas as sete notas da escala, permitindo à harmonia articular e dominar toda a série melódica tonal, "subordinando assim todos os sons usados à lógica do encadeamento".[33]

O modo de dó é também o único em que as tríades formadas sobre os graus da tônica e das dominantes são tríades *maiores* (constituídas de terças cuja medida é de dois tons, diferentemente das tríades menores como ré-fá-lá, mi-sol-si, lá-dó-mi, onde ré-fá, mi-sol e lá-dó têm apenas um tom e meio). Isso contribui também para dar um relevo enfático à polaridade tônica/dominante na música tonal, destacando nitidamente o primeiro, o quarto e o quinto graus dos demais.

A escritura tonal, enquanto "moral" da linguagem, consiste em instaurar uma crise para repará-la a seguir, extraindo um máximo de efeito do modo improvável pelo qual satisfaz a expectativa de resolução que a tensão provoca no ouvinte.

Chegamos assim a um outro ponto crucial para o entendimento do pacto que funda a tonalidade, e através do qual se dá maior densidade ao movimento cadencial: é o momento em que se estabiliza o acorde de *sétima de dominante**, constituído das notas sol-si-ré acrescidas de mais uma terça menor, com o fá (sol-si-ré-fá). Esse acorde contém dentro de si o trítono (si-fá) e se torna o grande depositário da tensão tonal, pronta no entanto a ser resolvida sobre a tônica (com o duplo deslizamento do si sobre o dó e do fá sobre o mi). Admitido estruturalmente na escala tonal, o trítono está situado estrategicamente, como *dupla sensível**, no ponto mais adequado à sua resolução, pela vizinhança estreita que mantém com o acorde da tônica, através de semitons.

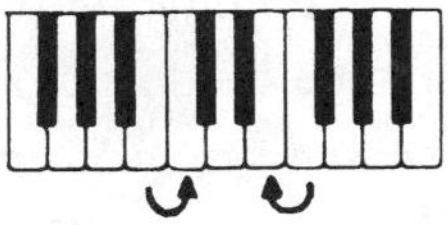

Carregado de tensão e da sedução (semitonal) que o cerca, o *diabolus* vence as resistências acumuladas pela tradição modal cristã, faz-se admitido no século XVI como nota de passagem (com uma função ainda ornamental), até ganhar uma existência própria, estável e definida no século XVII, já caracterizada na obra de Monteverdi. Assimilado à função da dominante, o trítono, foco de "dissonância", vem a ser, "em vez de desarmado [...] dominado e transformado em energia harmônica"; e a tensão dinâmica que ele encerra "desencadeia (e enfatiza) o poderoso movimento de resolução sobre o acorde de tônica".[34]

Restam duas observações para fecharmos esta descrição breve das bases do contrato tonal.

Primeiro, que a tonalidade guarda um resíduo modal na forma da oposição entre os modos *maior* e *menor* (fundado este sobre tríades menores nos primeiros e quartos graus, sem no entanto alterar as bases da gramática tonal e da lógica do encadeamento, que permanece a mesma). O modo menor introduz uma variação ambiental e colorística na música tonal, que costuma ser associada (numa evocação do éthos) a conotações tristes e sombrias. No entanto, um dos efeitos da desterritorialização dos modos, levada a cabo pelo sistema tonal, é a dispersão das conotações no labirinto da subjetividade, sua descodificação e consequente perda do perfil ético. A significação permanentemente buscada e inquirida estará agora sempre em questão, sem repousar em nenhuma espécie de categorização cultural. Os traços do modo menor, e o bloco afetivo das suas conotações, estarão no entanto em estado latente como material relevante a serviço da construção: o primeiro motivo da *Quinta sinfonia* de Beethoven, por exemplo, tão densamente dramático na sua concisão, converte-se curiosamente em música pueril se passado para o modo maior.[35]

Em segundo lugar, a escala tonal não é fixa, mas móvel, através das modulações. Na verdade, ela está pendente sob uma verdadeira cascata de quintas, que faz de cada tônica uma candidata forte a dominante, e de cada dominante uma tônica em potencial. A tônica está sempre a ponto de migrar para outro lugar, carregando consigo as demais funções tonais, transpostas e recompostas a partir de um novo tom (que corresponde a uma nova tônica). Esse caráter migratório e consequentemente relativístico da tonalidade está fundado nas oscilações e ambiguidades do ciclo de quintas, comparável a um jogo de dominós, que pode estar sempre se abrindo. Essa abertura às modulações faz, enfim, que a tonalidade se mova não apenas no campo diatônico (como ocorria com o modalismo gregoriano), mas no campo cromático, formado dos doze semitons em que o temperamento igualado divide a oitava (sendo que qualquer uma dessas notas pode ser tomada como tônica e ponto de partida da escala tonal, em suas doze transposições possíveis, com direito ao modo maior e menor). O campo cromático inerente ao sistema tonal foi tratado sistematicamente por Bach no *Cravo bem temperado*, onde cada um dos dois volumes contém 24 prelúdios e fugas, nos doze tons possíveis, em versão maior e menor. Trata-se de uma verdadeira ocupação do espaço total da tonalidade, e uma primeira admissão desta como sendo um sistema que tem por base não somente a escala diatônica, com suas sete notas, mas a escala cromática, com a qual a primeira se articula através das modulações e transposições. O duplo encaixe entre essas duas escalas constitui o verdadeiro campo de atuação do tonalismo. Isso define bem a tensão interna ao sistema, pois, enquanto cada tom teria na sua escala diatônica um centro de equilíbrio e repouso, dado pela tônica, o fundo cromatizante sobre o qual ele se move, o dos doze semitons iguais, é descentrado e labiríntico, aberto à permanente instabilidade. O sistema tonal, desse modo, codifica descodificando, e territorializa desterritorializando.

Se a tonalidade está sediada no interior do cromatismo, podemos definir sua evolução como desencadeamento progressivo, diacrônico, da tensão que a fundamenta sincronicamente. E se a fuga contém processos modulatórios sem os quais ela é inconcebível, é a forma sonata clássica que irá fazer da modulação, como veremos, o seu recurso maior de dramatização — a sonata pode ser entendida como um verdadeiro drama modulatório. A manifestação desse relativismo é precoce na história da tonalidade. Em Mozart, por exemplo, numa peça como a *Fantasia K. 475*, em dó menor, o deslizamento modulatório torna difícil a própria definição tonal, dificuldade que só se tornará reconhecidamente comum muito tempo depois em Wagner, no fim do século XIX.[36] A crise da tonalidade chegou cedo ao interior do sistema (se não quisermos dizer que ela estava sempre lá), muito antes mesmo que ele tivesse desenvolvido as suas possibilidades. E durante muito tempo ainda a lei da gramática tonal será obedecida pela escritura: levar as tensões, a qualquer custo, para a resolução.

De fato, além das modulações pelas quais se transita de um eixo de referência para outro, as apogiaturas, retardamentos, notas de passagem, bordaduras, dissonâncias apelativas apareceram sempre como interferências cromáticas sobre o espaço diatônico. Mas ao longo do século XIX multiplicam-se as alterações de acorde por deslizamento de semitom, admitem-se diversas modalidades de acordes de sétima, e o acorde de nona de dominante passa a ser tomado como o ponto de referência analítico. Diversificam-se as práticas de resolução do trítono, tornando-a sempre mais improvável. "[...] o jogo de alterações desenvolverá uma harmonia cada vez mais cromática e um sistema de modulações cada vez mais distantes e rápidas. Ao final de dois séculos, o domínio tonal terá tal extensão que uma tonalidade inicial poderá, quase instantaneamente, colocar-se em relação com a tonalidade mais distante dela no ciclo de quintas."[37] Assim, ao mesmo tempo que as relações entre sons se liberam no interior dos acordes, as relações entre tonalidades são flexibilizadas pelo enriquecimento dos recursos modulatórios. O acirramento dos procedimentos de tensão conduz o sistema ao limite do seu equilíbrio, já que o cromatismo, que procede pela modulação contínua, leva as categorias tonais a mergulhar na ambiguidade — os eixos polarizadores vão se diluindo cada vez mais, e dissolvendo-se sob a dinâmica da perpétua instabilidade, aparecendo como a função fugaz de uma transição entre outros eixos.

Assim, em Wagner, Mahler e no primeiro Schoenberg, a modulação contínua levará o sistema à beira de sua dissolução, naufragando nas contradições e instabilidades de uma resolução perpetuamente adiada. Do cromatismo* wagneriano e schoenberguiano ao atonalismo* é um passo, já que estão minados os eixos polares: diluem-se a lógica do encadeamento e as hierarquias atrativas. O atonalismo define-se na obra de Schoenberg por volta de 1909, e espera até 1923 a sua sistematização dodecafônica, através da qual se procura ultrapassar o caos atonal pela definição da *série** — utiliza-se como matriz composicional uma sequência de doze sons cromáticos sem repetição. O dodecafonismo é a mais completa explicitação do pano de fundo cromático sobre o qual se desenvolve o tonalismo, que vem à tona negando todo diatonismo e todo movimento cadencial. Ele expõe à evidência um tonalismo pelo avesso: o *diabolus* cobra seu preço (e pode-se dizer de fato que chegamos com o sistema de doze tons a um estado de *tritonização* generalizada). Não é à toa, pois, que o motivo fáustico retorne neste século encarnando-se expressamente na música, no grande romance de Thomas Mann, *Doutor Fausto*, narrando a trajetória de um compositor fictício (mas alemão), Adrian Leverkhun. Ali, a discussão do dodecafonismo se espelha em abismo nas próprias origens do sistema tonal, e no desgarramento e na dispersão de uma insistente harmonia das esferas migrando erraticamente para um universo desconhecido. Não é por acaso que o balanço trágico-paródico que se faz ali da arte contemporânea, olhada de dentro da catástrofe da Segunda Guerra e da Alemanha sob o nazismo, coincida com uma grande reflexão sobre a história da música ocidental.

4. UM PARÊNTESE FÁUSTICO

Há muitas passagens musicais no *Fausto* de Goethe. Uma delas em particular, no entanto, nos interessa diretamente. Ela toca muito de perto na ambivalência angelical e demoníaca que subjaz à música. Além disso, sugere que a música tonal moderna nasce daquela polifonia em que contracantam a teologia escatológica medieval e a voz dissolvente do diabo. Esses sentidos estão apenas latentes no texto, mas foram especialmente avivados por Dostoiévski numa passagem de seu romance *O adolescente*, destacada por Bakhtin (em seu livro sobre o escritor russo)[38] e por Haroldo de Campos (em *Deus e o diabo no Fausto de Goethe*).[39] Ali, o personagem Trichátov, apaixonado pela música e pelo *Fausto*, expõe o projeto de uma ópera baseada na cena da catedral que antecede a primeira Noite de Valpurgis, onde a jovem e ingênua Gretchen, seduzida e desvirginada pelo Fausto sob os auspícios de Mefistófeles, reza ao som do cântico tonitruante do *Dies irae* (um tema gregoriano com palavras sobre o Juízo Final). Na consciência culpada de Gretchen intromete-se a voz de um “espírito mau”, interpretado no romance de Dostoiévski como o próprio canto do diabo, soando em paralelo com o cantochão litúrgico.

Trava-se o contraponto entre as palavras terríveis do texto latino, nas quais ressoa a moral implacável do medievo, e as palavras sibilinas do demônio, que trabalham ardilosamente pela decomposição dos valores, mesmo que pareçam ecoá-los positivamente em outro “tom”. Esse contraponto é tomado por Bakhtin como demonstração exemplar do próprio método romanesco do escritor russo, que trabalharia com a combinação contrapontística e “singularmente original” de vozes “orientadas para fins diversos”, cruzando-se no espaço da consciência. Segundo a interpretação de Bakhtin, o romance de Dostoiévski pertence à categoria das obras polifônicas e dialógicas, campo de cruzamento de múltiplos textos e vozes interferentes onde não há lugar para o sentido único (Haroldo de Campos recupera essa mesma categoria para a leitura do *Fausto* de Goethe). Afora o polifonismo literário, que estaria figurado perfeitamente nessa cena pela polifonia musical, vale lembrar, em sentido reverso, que a cena literária encena à perfeição uma situação musical, pois o contracanto entre o cantochão e a voz diabólica é um símile perfeito do nascimento da tonalidade (como se a intromissão do trítono no modalismo medieval se juntasse às consequências da primeira ação fáustica, isto é, a sedução de Gretchen, pela qual o Sonhador se faz o Amador, abrindo campo às suas conquistas sem trégua e sem limites). O canto demoníaco e as voltas severas do coro vão se fundindo insensivelmente ao mesmo tempo que eclode em dolorosa dissonância a sua divergência. O personagem de Dostoiévski quer atingir, na sua ópera, a mesma imbricação harmônica que escuta nas entrelinhas do texto de Goethe, onde "o canto do diabo [...] só aparece [...] ao lado dos hinos, com os hinos, quase coincidindo com eles e contudo bem diferente [...]".[40] Essa polifônica fusão de tessituras, espécie de "moteto mental" (por analogia com o moderno "fluxo de consciência") em que as vozes mais díspares se cruzam numa única trama, leva Gretchen ao desespero, ao mesmo tempo que compõe um tecido inextrincável. Ela "cai de joelhos" e canta uma prece, "quase um recitativo, mas ingênuo, sem arte, algo de poderosamente medieval", antes de desmaiar, como se nela se despedisse o mundo modal cristão, antes de soar com a força tempestuosa de um trovão "um coro inspirado, triunfante, esmagador, alguma coisa no gênero de nosso hino dos querubins". É uma nova música, em que se confundem a harmonia das esferas e as gargalhadas do inferno,[41] a conciliação e a negação, abalando todos os alicerces e consagrando-se num *Hosana!*, como se desabasse "o grito (triunfal) do universo inteiro" sobre a desgraça de Gretchen e de seu mundo.

O efeito dessa cena que Dostoiévski desentranhou do *Fausto* de Goethe contém um impacto latente comparável à eclosão (anacrônica) do final da *Nona sinfonia* de Beethoven numa catedral da Alta Idade Média. Bomba de hidrogênio de terror e êxtase, o pacto com o diabo é subitamente consumado, abrindo ao mundo moderno (pode-se imaginar o pânico que um espetáculo desses não provocaria?).

As primeiras versões literárias do *Fausto* datam do fim do século XVI, quando a admissão do trítono está prestes a acontecer na música (nos começos do século XVII).[42] Pode-se traçar mais de um paralelo entre o percurso fáustico e o sistema tonal. Aliado aos poderes mefistofélicos (que permitem desafiar o mundo centrado na cosmologia imóvel, em que o homem presta culto a uma divindade indeslocável), Fausto é, como diz Marshall Berman, o fomentador universal que põe em ação o imperativo do desenvolvimento ilimitado contra todas as reservas e pudores do mundo tradicional (pré-moderno e modal).[43] Empenhando a alma ao diabo e desprendendo-se com isso dos compromissos para com a eternidade, Fausto aplica todas as suas energias na dominação da natureza e na transvaloração da cultura, o que significa desterritorializar a estrutura dominial que regeria todas as dimensões da vida. Esse deslocamento é violento e trágico, e deixa atrás de seu percurso fulminante um rastro de sacrifícios sangrentos e profanos, com a dissolução da ordem do sagrado (o sagrado entendido como aquilo que não pode ser descartado). A sedução de Gretchen (à qual ela sucumbe em desgraça e morte) e o sacrifício de Filémon e Báucis, o casal de velhos dono de uma pequena propriedade junto ao mar, eliminado para dar lugar à expansão do projeto colonizador fáustico, são feridas gritantes, ruídos inomináveis absorvidos agora à lógica implacável do desenvolvimento.

A empreitada fáustica, com a sua ambivalência heroica e trágica, com seu impulso desbravador e seu mais acabado cinismo, é sem dúvida a empreitada burguesa, e mais: como mostrou Marshall Berman, ela é a "aventura da modernidade" oscilando entre a apropriação sem escrúpulo e o rasgo da filantropia, o progressismo burguês e a utopia socialista.[44] O pacto fáustico põe em marcha no mesmo movimento a engrenagem devoradora do progresso e a máquina dialética.

Capitalismo e socialismo são constitutivos da história fáustica, e ambos, em seu antagonismo, se desenvolvem na disputa incessante pela primazia do progresso ilimitado capaz de dominar a natureza e harmonizar *in extremis* a sociedade.

O efeito é de uma nova universalização, possibilitada a partir dos dados da ordem burguesa. Graças a ela, Fausto transporta-se à Grécia antiga e reinterpreta toda a cultura clássica à luz da moderna. Paralelamente, a música ganhará seu fôlego sinfonizante, expandindo seu discurso através da forma sonata. Helena de Troia, ouvindo na voz de Linceu os efeitos (estranhos à tradição clássica) da poesia rimada, pergunta: "Por que a fala desse homem tinha um timbre tão estranho, ao mesmo tempo estranho e caro? Um som parecia harmonizar com o outro; quando uma palavra se associava ao ouvido, vinha uma outra acarinhar a primeira". Ao que Fausto responde: "Se a fala de nosso povo já te agrada, oh, como te fará feliz seu canto, que penetra fundo no ouvido e no espírito!".[45] Esse novo poder de penetração, estranho à música modal, dado à música pela resolução do trítono, poder que já foi comparado à formulação da perspectiva na pintura,[46] é um traço imprimido à ordem sonora pela ordem burguesa.

O final do *Fausto* de Goethe coloca um outro problema: se Fausto trocou seus poderes pela sua alma, a ser entregue ao diabo, o que significa a sua redenção, quando, depois de morto, sua alma é disputada com Mefistófeles por legiões de anjos, que dela se apossam, conduzindo-a através da trajetória ascensional que culmina epifanicamente no indizível do *coro místico* e no encontro com o "eterno feminino"?

As primeiras versões de *Fausto* não o salvavam: a solução pela redenção do herói pode ser considerada uma tendência moderna. Qual a motivação desse fato, obra ou decreto da graça divina que "vira a mesa" (Haroldo de Campos) e trapaceia com o demo no momento decisivo, redimindo o fomentador de progresso e desgraça que constrói destruindo? O final positivo que promove a redenção do herói foi interpretado por Adorno como movimento dialético: a transcendência advém ao Fausto do seu enfrentamento com a ordem do limitado, amor à concretude graças ao qual a materialidade se supera sem negar-se.[47] Haroldo de Campos acrescentou a essa interpretação neo-hegeliana (que põe ênfase na luta do espírito com a ordem da materialidade) uma outra em que prevaleceria o jogo e a carnavalização barroca: a tragédia termina em festa irrisório-irradiante, batalha entre o gay power dos anjos andróginos e o bloco farsesco dos "tenentes do diabo", na qual Mefistófeles, o grande sedutor, se deixa surpreender em sedução reversa, rendendo-se ao amor dos apetitosos anjinhos (quando esses, em manobra libidinal diversionista, lhe tomam das mãos a presa quase ganha).[48] Assim, a *démarche* dialética e a utopia sociofilantrópica (que se insinua ao fim do percurso de Fausto como um motivo capaz de redimi-lo) seriam rebatidas por um traço paródico que Haroldo de Campos nomeou musicalmente como "riso discordante das esferas": harmonia musical temperada pela dissonância tritônica, risco no disco da vitrola de Platão em progresso.

A solução goethiana, em sua ambivalência, pode ser interpretada em paralelo com a música: se o *Fausto* é hegeliano, beethoveniano, tonal, a resolução e a volta à concordância se impõem. Como disse Hegel da música, a volta à conciliação consonante é o "único movimento verdadeiro" depois da tensão dissonante.[49] Mas essa resolução consiste justamente na apropriação angelical dos poderes mefistofélicos do trítono, através da qual a dissonância se coloca a serviço da consonância harmônica, sem deixar de ressoar (parodicamente) nela.[50]

O estágio final, a estrofe do coro místico com que termina a obra, é um estado de suspensão musical, quase transverbal, em que a palavra se tornaria pura música. Mas à maneira dos quartetos finais de Beethoven, insinua-se já sobre a lógica das resoluções tonais a exposição da falha sobre a qual elas trabalham, o ponto onde rateia a máquina resolutiva (e o estado positivo da dialética). Prefigura-se a impossibilidade que o tonalismo encontrará, no seu devir, de reverter toda dissonância à resolução harmônica, e todo conflito à imagem de ordem apaziguada. Nesse lugar crucial de sua obra tardia, que já foi por sua vez equiparada ao Goethe do último *Fausto*,[51] no derradeiro movimento do derradeiro quarteto, Beethoven inscreve a epígrafe poético-musical que se faz acompanhar de um motivo melódico espelhado: "É preciso? É preciso".

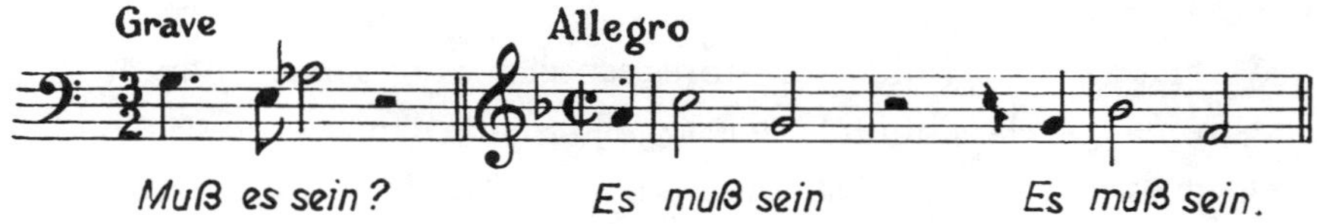

Epígrafe musical no Quarteto *op. 135 de Beethoven*

Ao final do movimento, surge um motivo hínico, como se fosse uma redução do coral da *Nona sinfonia* a um frágil pizzicatto, num ponto de pura e solitária aparição que é quase desaparição, seguido categoricamente do imperativo cadencial que resolve o motivo. É a última estrofe da obra de Beethoven, o seu "coro místico", a luta dramática da necessidade e da vontade em estado de resplandecência. É preciso? É preciso.

Não deixa de ser curioso que tenha cabido aos filhos de Bach promover alguns dos movimentos que levaram à virada no modo de se praticar música, na segunda metade do século XVIII. Essa virada se dá em dois níveis: no plano da composição e no plano da veiculação da obra musical.

Em 1765, Johann Christian Bach fundou em Londres, junto com o violinista Karl Friedrich Abel, uma empresa de concertos públicos que foi imitada em outras capitais da Europa, apontando para um novo e auspicioso ramo de negócios.[52] O surgimento do concerto, com a sua teatralidade específica, onde se expõe a música diante de um público anônimo e pagante, anunciava o fim da música escrita "para a câmara de príncipes e aristocratas". A Igreja, a corte, o palácio, perdiam o papel de centros promotores da vida musical *alta*, que se abria então, pela primeira vez, a um virtual mercado de massa.

Além disso, Johann Christian substituía o cravo pelo piano, no concerto para solista e orquestra, gênero também desenvolvido pelo seu irmão Carl Philipp Emanuel. Conjugava-se assim o teatro de concerto com a figura do público silencioso e anônimo, por um lado, e pagante e ruidoso (no aplauso ou na reprovação) por outro, sobre o qual se projetava a figura enfaticamente individualizada do compositor e do solista (que durante algum tempo se confundiram).

O desenvolvimento da orquestra clássica anuncia embrionariamente aquilo que será o sinfonismo moderno, cuja formação não deixa de ser comparável à transformação da oficina de artesãos (com que se parece a música barroca) na fábrica dividida em setores especializados sob a condução de um chefe, forma que ela assumirá cada vez mais, marcadamente no século XIX.[53]

Com essas mudanças, esboça-se um novo cenário para a produção musical, remanejado segundo o estilo burguês, dentro do qual todo traço aristocrático acabará por assumir um ar de evocação decorativa (mesmo que ostentando uma presença forte na música clássica).

O solista será o novo príncipe da subjetividade destacando-se sobre o anonimato da orquestra (trabalhadores manuais produzindo em série sob a batuta coordenadora e autoritária)[54] e sobre o anonimato da plateia (dominada pela música e dominante pelas novas determinações que o consumo anônimo da mercadoria musical imprimirá sobre a produção).[55] A contemplação desinteressada da obra e seu estatuto de coisa vendável é outro dos pontos de contradição que o concerto contém sob o silêncio e a moldura da *representação*.[56] O concerto encena e sublima a luta de classes, latente nos matizes e desníveis que dividem a plateia e também o palco.[57]

Segundo Jacques Attali, a representação concertística (que ele distingue, como "rede" de produção musical, do sacrifício ritual e da repetição contemporânea) consiste na encenação da crise admitida na medida em que pode ser resolvida pela lógica do discurso musical.

A canalização da discórdia através dos intercâmbios sonoros, que liga tão fortemente a representação musical à ideia de harmonia como equilíbrio dos fluxos de trocas, antecipa, segundo Attali, a economia política do século XIX: "Antes da economia política, a música se torna, para a burguesia, o substituto da religião, a encarnação de uma humanidade ideal, a imagem de um tempo abstrato, não conflitivo, harmonioso, que se desenrola e que se perfaz, de uma história previsível e controlável".[58] Essa ordem, ao mesmo tempo "esperança de racionalidade construída e consolação pela ausência de racionalidade natural", só se mantém à custa de não repetir a dissonância irresolvida, e de não se deixar invadir pelo ruído: "substituir a ritualização perdida da canalização da violência pelo espetáculo da ausência de violência" é condição para "fazer crer numa representação consensual do mundo", que se dá através do movimento resolutivo das diferenças.[59]

(A interpretação sociológica não interessa como instrumento de redução, mas de multiplicação das possibilidades de abordagem do vértice de som e sentido; aqui, ela define com clareza o campo pródigo em que se desenvolverá a música dos filhos de Bach.)

O estilo barroco, quando não é polifônico (fugal), é de um homofonismo monotemático. Ele não trabalha pelo desenvolvimento de um tema no sentido de explorar suas possibilidades, fundi-lo com outro, transformá-lo ou, em uma palavra, dramatizá-lo. Ele não trabalha com a articulação integrada de vários temas e não desdobra a homofonia (isto é, a melodia acompanhada, que dispensara a polifonia) através de um direcionamento evolutivo.

A forma pela qual o estilo clássico elaborou esse processo de transformação dos temas é, reconhecidamente, a *sonata**. Ela veio sendo trabalhada em Pergolesi, Domenico Scarlatti, Johann Christian Bach e Carl Philipp Emanuel, antes de desembocar com todo o brilho no classicismo vienense de Haydn, Mozart e Beethoven, em que se consuma no período de sessenta anos que vai aproximadamente de 1760 a 1820.

O que se chama de forma sonata* é encontrável comumente no primeiro movimento, mais longo e denso, seja de sonatas solistas propriamente ditas, seja de trios, quartetos, concertos e sinfonias do período. Esquematicamente, a sonata clássica foi descrita pelos românticos de uma maneira que ficou cristalizada no ensino musical: trata-se de uma forma que começa por uma exposição de dois temas, seguidos de um desenvolvimento de relações entre os dois, que desemboca por sua vez na sua reexposição. Esse esquema triádico, de uma simetria do tipo A-B-A', teria ainda, como mostram os manuais, uma particularidade indispensável: depois da exposição do primeiro tema, e ainda na parte A, ocorre uma ponte modulatória para a área da dominante, onde se dá o segundo tema, numa nova tonalidade que entra em tensão com a tonalidade inicial, na qual ocorrera o primeiro tema. O desenvolvimento (B), que corre por fora da região da tônica, só reconduz de volta a ela na entrada da reexposição (A'), quando os dois temas são expostos, agora na mesma tonalidade original. Com isso a sonata dá lugar a um drama tonal de cunho modulatório, pois através do seu desenvolvimento ela leva elementos que estão em regiões harmônicas diferentes a se encontrarem, "conciliados", numa região comum.

O olhar mais atento dirá que esse esquema reduz a sonata a uma fórmula fixa, quando na realidade ela vigorou de maneira muito mais plástica e variável, segundo as necessidades de cada obra singular em confronto com o estilo, sem nunca ter funcionado como um padrão normativo. Charles Rosen, que tem um livro esclarecedor sobre o assunto,[60] observa por exemplo que Haydn frequentemente repete a mesma melodia depois da modulação, em nova tonalidade, trabalhando assim com um só tema, no mesmo lugar onde Mozart tende a apresentar um segundo tema contrastado, e onde Beethoven muitas vezes usa um novo tema que é na verdade uma variante do primeiro. O *desenvolvimento* (B), por sua vez, pode ser denso, longo e carregado nos efeitos dramáticos, como em Beethoven, invadindo toda a obra, ou reduzido ao mínimo ou praticamente inexistente, como em muitas sonatas iniciais de Haydn, sem que deixemos de estar diante de uma sonata.

Essas ressalvas levam a pensar a sonata menos como uma forma do que como um estilo, diz Rosen, onde o fundamental é a simetria e a modulação. Independentemente do número de temas usados pelo compositor, a sonata se baseia na utilização discursiva da modulação tonal como criadora de contraste entre regiões harmônicas diferentes e articuladas entre si de maneira simétrica. Reduzido a seu núcleo mais descarnado e essencial, o allegro de sonata clássico se caracteriza, segundo Charles Rosen, por uma exposição e uma recapitulação.[61] A *exposição* se constitui basicamente de dois eventos: a modulação de uma tônica definida claramente no início para uma dominante, e uma cadência que conclui seu movimento sobre essa nova tonalidade; a *recapitulação*, simetricamente, tem como eventos a volta à tônica e uma cadência conclusiva sobre a tonalidade original. É evidente que, além de adotar um critério harmônico, em vez de temático-melódico, como faziam as definições tradicionais (e românticas) da sonata, essa descrição reduz o gênero a um núcleo simétrico-modulatório mínimo, que se confunde quase com a própria concepção de linguagem instrumental no período (para o qual o caminho mais "natural" consistia em partir de uma tonalidade, modular para sua tonalidade vizinha e retornar ao ponto de partida, usufruindo assim das recentes "comodidades" dadas pela organização do sistema tonal). A sonata resultaria, então, da prática dos procedimentos mais usuais do tonalismo consumado, ampliados de modo a integrar toda a dimensão da peça. Evidentemente, esse processo está sujeito às mais diversificadas formas de expansão e densificação, com multiplicação de temas, acirramento modulatório, ampliação do desenvolvimento (entendido como momento de retardamento do retorno à tônica, em que elementos da *exposição* são trabalhados por fragmentação, novas modulações, alterações rítmicas, montagem). Com toda essa margem de variação possível, que faz o esquema das sonatas tão diferenciado na sua realização concreta, é imprescindível que um elemento que tenha sido apresentado na segunda tonalidade seja convertido finalmente (e quase ritualmente) à primeira.

Com isso tudo, podemos perceber o arco da sonata como uma amplificação, elevada ao nível da forma, daquilo que a cadência tonal realiza no nível da frase: repouso-tensão-repouso. Modulando e simetrizando, articulando os menores elementos na perspectiva do grande conjunto, encontrando passagens e mediações que conduzem os motivos entre si e os conduzam ao desígnio geral da obra, a sonata está realizando um traço da própria ideia ocidental de arte na sua versão clássica: a integração exaustiva das partes ao todo, portada aqui pelas novas possibilidades abertas pela tonalidade em música, que permite um encadeamento cerrado e progressivo de materiais diferentes. Com isso, a música instrumental oferecia pela primeira vez a impressão de estar "falando", mesmo sem palavras, e de estar "contando uma história" cujos personagens não seriam senão células sonoras em transformação.[62]

Há uma passagem da *Estética* em que, ao definir a música por oposição às artes plásticas, Hegel dá uma perfeita definição do sistema tonal tal como ele se consuma na sonata. Curiosamente, essa associação entre a música, a tonalidade e a sonata não era intencional na formulação hegeliana, mas ela decorre quase que "naturalmente" de um estilo dialético de pensamento aplicado à música, assim como a forma sonata decorria não de um padrão prévio, mas de um estilo tonal liberado da polifonia e aplicado à exploração da melodia harmonizada. Diz Hegel: "[...] numa obra musical, um tema, à medida que se desenvolve, faz nascer um outro, e assim ambos se sucedem, se encadeiam, se possuem mutuamente, se transformam, desaparecendo e aparecendo alternativamente vencidos e vitoriosos, e é graças a essas complicações e peripécias que um conteúdo chega a explicitar-se com toda a precisão das suas relações, das suas oposições, conflitos, contrariedades e desenlaces".[63]

É justamente a capacidade, extremamente nuançada, sutil e poderosamente convincente de tramar a fantasia melódica com a relação harmônica, de timbrá-la de modo a clarificar e adensar suas passagens, que se encontra realizada, nesse estado "milagroso" que certos momentos históricos permitem, na música de Mozart (1756-91). A exploração tonal vive seu momento de balanceamento, em que a tensão mobilizada pelo maquinismo da linguagem encontra resposta à altura nos procedimentos resolutivos que lhe correspondem. A música é cerimonializada (muitas vezes humoristicamente) através de simetrias frásicas, contrastes ponderados, figurações do equilíbrio, assim como de suspensões e rupturas. É possível articular os elementos através de uma série de procedimentos extremamente dúcteis, e já ter consciência do artifício da convenção, rindo dela, mas principalmente rindo com ela e através dela. É possível sondar os labirintos modulatórios da tonalidade e avaliar quantos abismos eles contêm (como acontece na já citada *Fantasia K. 475*), sem que seja preciso ainda se precipitar e escorregar por eles. É possível dramatizar o mundo a partir de uma espécie de rigor aéreo, cuja precisa leveza pode ser reconhecida em Mozart como angelical e sensual: encontramo-nos no perfeito *gozo da fórmula*.

É sabido que a obra de Beethoven (1770-1827) pertence a esse contexto clássico, mas através de uma verdadeira torção que aponta para fora dele. O seu aprendizado vem de Haydn (1732-1809), ao qual ele deve a influência na consideravelmente longa primeira fase. Na altura de 1804, no entanto, período que coincide com a *Terceira sinfonia* ("Heroica") e com a *Sonata* op. 53 (chamada "Waldstein"), ocorrem as primeiras manifestações da "imensa expansão" a que ele submeterá a forma clássica.[64] Essa expansão estende o princípio do desenvolvimento a toda a sonata: o caráter evolutivo e tensionante desse momento toma conta da obra, imprimindo suas marcas em toda parte.

Adorno assinalou, na *Filosofia da nova música*, que "no início do século XVIII, o desenvolvimento constituía uma pequena parte da sonata. A dinâmica e a exaltação subjetiva cimentavam-se nos temas expostos uma vez e aceitos como existentes". Mas com Beethoven "o desenvolvimento, a reflexão subjetiva do tema, que decide a sorte daquele, converte-se no centro de toda a forma". Ou seja: o tema não está dado, mas já se apresenta desde sempre, e organicamente, como algo suscetível de variação. "O material que serve como ponto de partida está feito de tal maneira que *conservá-lo significa ao mesmo tempo modificá-lo*." A demanda expansionista do desenvolvimento é interpretada por Adorno como uma pressão da subjetividade sobre o tema. Se o tema, que é normalmente um elemento de *identidade* sonora (uma figura melódica em princípio estável, que permanece igual a si mesma), é levado a modificar-se "profundamente a todo momento", é porque a subjetividade autônoma não coincide mais com a convenção. O sujeito, em processo de deslocamento em relação à linguagem constituída pela tradição clássica, não se identifica com o tema acabado, mas com o tema em estado de transformação, que extrai contraditoriamente seu caráter da "não-identidade da identidade".[65] A subjetivação da forma confere a ela a carga dramática de um organismo que cresce a partir das tensões e resoluções, como acontece na *mitose* biológica.[66]

Para que se entenda concretamente o processo de acirramento do desenvolvimento em Beethoven, e para que se possa exemplificá-lo em seguida, é preciso portanto que se pense na natureza das suas melodias e temas. Beethoven não escrevia "belas melodias", como disse bem Willy Corrêa de Oliveira em *Beethoven proprietário de um cérebro*. Seus temas, em geral, não são feitos de voos fantasiosos, mas de verdadeiros blocos extraídos em bruto do código tonal, "proposições tautológicas de paradigmas [...] do sistema [...]: escalas, fragmentos escalares, arpejos, movimentos cadenciais".[67] Eles são muitas vezes os próprios avatares, fortemente dramatizados, da tonalidade, com o destino da qual o compositor se identifica, assim, heroicamente.

O primeiro tema da *Sonata* op. 13 ("Patética") (que segue a introdução) não é senão um fragmento da própria escala de dó menor; o tema do *Concerto nº 3* para piano e orquestra é quase um acorde comentado; o da *Sonata* op. 57 ("Appassionata") baseia-se num arpejo expandido. As quatro notas iniciais da *Quinta sinfonia* são a alusão (altamente condensada e clamando por desenvolvimento) ao movimento cadencial e às conotações dramáticas do modo menor.

São esses recortes exemplares do código, quase elementares, que servirão às expansões que questionam cada motivo, pelo lado melódico, harmônico, rítmico, timbrístico ou de intensidade.

A *Sonata* op. 53 em dó maior ("Waldstein")*, composta no momento em que as tensões latentes vêm à tona, de maneira fulminantemente densa e vivaz, é um exemplo privilegiado de tudo isso.

O tema é a versão pulsante de uma cadência tonal no que ela tem de mais característico: o intercâmbio entre três acordes que se desincumbem das funções de tônica, dominante e subdominante. No entanto, o caráter chapado, angular e sem sombras dessa cadência tem uma particularidade: ela não se define na região de dó maior, na qual se inicia, mas transita diretamente para o sol maior, deixando em dúvida o estabelecimento da tonalidade, que ela parece mais procurar do que afirmar. O acorde de dó maior não *funda* de imediato uma tônica sobre a qual se retorna no fim da frase, como seria comum, mas surge de repente como subdominante de sol maior, para o qual aponta (já comentei antes o caráter permanentemente aberto do jogo de quintas, comparável a um dominó, que faz de uma tônica uma virtual subdominante da sua dominante). A sucessão cadencial prossegue na mesma linha até caracterizar, só mais adiante, no compasso 13, a eleição do tom de dó, mesmo assim marcado por uma ambivalência entre o modo maior e o menor. O início da sonata contém assim uma curiosa tensão entre o caráter francamente afirmativo do gestuário melódico e rítmico e o caráter indagativo do movimento harmônico, que expõe o horizonte tonal em trânsito, em aberto, como se indagasse desde o primeiro instante do lugar aonde vai — se é que vai — repousar. Como se disse antes, a própria sorte do tema está sendo jogada no movimento em que ele se expõe, e a "reflexão subjetiva" através da qual ele se

Beethoven, primeiro tema da Sonata *op. 53* ("*Waldstein*")

constitui "converte-se no centro de toda forma". (Ainda uma vez, e já aqui, a indagação e a afirmação constituem motivos espelhados de um mesmo processo: "É preciso? É preciso".)

Os motivos derivados do tema inicial conduzem a um "segundo" tema à maneira de um coral, em mi maior. Esse tema contrasta francamente com o primeiro, entre outros aspectos, pelo seu arredondamento cheio de mediações internas (opostas às quinas cortantes do outro) e por mover-se claramente dentro de uma tonalidade precisa. Um é cortante mas "indefinido" tonalmente, outro é nuançado mas definido. O *coral* não veio, na verdade, para resolver o primeiro tema, mas para abrir mais flancos às contradições que darão matéria ao desenvolvimento. Não estranha, pois, que este tenha larga expansão e que contamine, mais adiante, toda a reexposição da parte inicial: o seu motor já estava presente desde os primeiros compassos, impelidos por uma energia capaz de atravessar tudo. Depois de uma série de operações transformadoras, que radicalizam o caráter modulante do primeiro motivo, transmitindo esse caráter a elementos derivados do segundo tema, este é convertido na reexposição à tonalidade de dó maior, à qual imprime finalmente o seu poder de definição tonal. Esse acontecimento soa, ao final do movimento, com toda a justiça, como uma dilacerada vitória.

A chamada obra tardia de Beethoven, sua terceira fase, levou ainda mais longe essa consciência ambígua de uma afirmação que se faz, com os materiais mais vigorosamente asseverativos, sobre o campo minado de uma linguagem que se interroga sobre o centro onde se estabilizaria. Nos seus últimos quartetos e sonatas, compostos em plena surdez com as mais insólitas e luminosas das sonoridades, como quem ouvisse melhor do que nunca a harmonia das esferas e sua fratura, torna-se mais aguda a tensão entre a linguagem e o vazio que a circunda ("a vazia violência do tempo" consumido pela perpétua variação e pressionado pelas "forças dinâmicas da expressão subjetiva").[68] A "obra de maturidade" de Beethoven, como a de Goethe, diz Adorno num ensaio clássico[69] (parafraseado por Thomas Mann no *Doutor Fausto*), oscila entre a máscara de convenção que ela parece aceitar como à morte, e as feridas pelas quais se insurge contra esta, e que se inscrevem na sua textura estranha cheia de cortes, desníveis, falésias, falhas abertas.

Ali onde os críticos viram os prejuízos da surdez, é possível ouvir o mais completo domínio de todos os níveis do código. Num eco deslocado da obra bachiana, homofonia e polifonia voltam a se encontrar tensamente, como na grande fuga do *Quarteto* op. 133, ou no último movimento da *Sonata* op. 106 (*Hammerklavier*). "Soluções" timbrísticas, rítmicas, polifônicas as mais surpreendentes ocorrem ali não só como pura perícia retórica, mas por aferição metafísica do limite desta. No segundo movimento, o *Scherzo vivace* do *Quarteto* op. 135, o arco roçando as cordas em figurações rítmicas rápidas e insólitas transcende o instrumento no seu frágil limite: é o tempo roçando no tempo (entranhado de vazio e repetição, mas também de uma vitalidade quase irreal).

Já falei do último movimento e não falo mais.

É preciso?

6. TEXTURAS E PARÓDIA

A música romântica se abre num leque de personalidades musicais, que é também um leque de poéticas pessoais. Há uma certa incomensurabilidade entre as obras de Schubert, Schumann, Chopin, Liszt, Brahms, Wagner. Nelas se desenvolve uma série de traços particulares que não serão tratados aqui.

Mas, ainda quanto aos traços gerais da música tonal que se verificam no século XIX romântico, resta dizer duas coisas.

Uma é óbvia: as articulações do estilo clássico se desfazem numa polissemização da tonalidade, que tende a um grau muito maior de indefinição escorregadia, ao trânsito modulatório para regiões afastadas, porque a trama tonal se torna malha fina e campo de transição permanente. O "claro perfil da forma dramática clássica" se "evade em flutuações sucessivas".[70] O cerimonial lógico da sonata se dissolve em fluxos cumulativos ou em formas cíclicas.

A outra coisa vem ligada à primeira: desenvolve-se uma música de *texturas*, onde emergem ondas, pulsos, motivos melódicos e rítmicos integrados em sequências aditivas, respirantes, entrecortadas ou fluentes, impelidas à deriva, buscando pouso. O fluxo constante e sujeito a oscilações está mais próximo do tempo barroco que do clássico (aplicado à lógica evolutiva da sonata). A música expõe um trajeto energético, um gestuário pulsional que sonda as curvas e pontas do ritmo, e os mais recônditos desvãos melódicos (em desenhos e floreios que parecem às vezes ultrapassar as próprias articulações da escala). O discreto (o significante claramente *articulado*) dá lugar ao contínuo: num belo comentário sobre os *Estudos* op. 25 de Chopin, Schumann observa que o compositor polonês produz sonoridades que parecem "arabescos fantásticos" desenhados pelas refrações de uma harpa toda pessoal ("imagine-se uma harpa eólica que tivesse toda a gama sonora e que a mão de um artista a mesclasse em toda sorte de arabescos fantásticos, de modo a se ouvir sempre, no entanto, um som grave fundamental e uma suave nota alta; ter-se-á assim uma imagem próxima do modo de soar de Chopin").[71]

A subjetividade romântica sonda o objeto sonoro redescobrindo-o como forma de onda, e pesquisando em graus de sutileza e precisão surpreendentes as possibilidades do espectro ondulatório implícitas no som (mas traduzidas, em segundo grau, no prisma da tonalidade em expansão).

Se os alemães (e os austríacos) são os campeões da dialética e da filosofia evolutiva que põe a tonalidade em marcha até que ela chegue a se consumir em suas próprias contradições, talvez se possa dizer que os eslavos dão grandes contribuições ao desenvolvimento das texturas: Chopin, Liszt, Mussorgsky, para citar alguns bons exemplos. Chopin (1810-49), ao lado das suas famosas e muitas vezes geniais melodias acompanhadas, produz, nos *Estudos* op. 25, ou nos *Prelúdios* op. 28, tramas intrincadas de uma extraordinária diversidade, pelo perfil e pela montagem dos desenhos sonoros. No *Prelúdio nº 5***, por exemplo, mão direita e mão esquerda fazem uma espécie de rendilhado de cadências em alta velocidade que resultam, pelos saltos melódicos nas duas mãos, num pontilhismo suscetível de múltiplas leituras (além de que o pulso oscila subjacentemente entre o binário e o ternário, atraído para uma e outra configuração rítmica).

As texturas em Chopin, em Liszt ou nos russos passam também por um outro acontecimento: a volta das escalas modais, pela via das músicas populares nacionais, com seus acentos intervalares característicos e suas consequências sobre a harmonia de extração clássica.

Através do romantismo, os modalismos (e suas províncias, seus traços étnicos, suas conotações e suas singularidades melódico-harmônicas) recalcados pela tonalidade clássica começam a voltar, assimilados agora, no entanto, à harmonia tonal, isto é, ao encadeamento de acordes, que, como sabemos, não existe nas tradições modais. Os modos são adaptados ao discurso tonal, produzindo nele novas inflexões. É o que acontece por exemplo nas *Rapsódias húngaras* de Liszt e nas *Mazurcas* de Chopin. Entre essas, a de número 5 tem um episódio central marcado por uma escala de cunho oriental, a de número 21 tem uma passagem no modo eólio, a de número 27, uma passagem no modo frígio. O modalismo está presente também no *Boris Godunov* e nos *Quadros de uma exposição*, de Mussorgsky (1839-81).[72] (Modernamente, o jazz será uma fonte de cruzamentos entre a harmonia tonal e as variações escalares modais*, ocorrendo também esses cruzamentos em outros gêneros de música popular, dos Beatles a Elomar, de Milton Nascimento a Miles Davis.)

Liszt (1811-86), esse extraordinário (e às vezes rebarbativo) inovador, aponta para a música moderna por dois caminhos: pelo modalismo, que irá dar em Bartók e Stravinski, e pelo cromatismo, que dará, via Wagner, em Schoenberg.[73]

Gustav Mahler (1860-1911) representaria finalmente, no ponto extremo da história da tonalidade, um capítulo à parte. Sua intervenção sobre a linguagem tonal se dá quando esta, tornada ao longo do século XIX uma "segunda natureza", se encontra naturalizada e encampada pelo academismo burguês.[74] Seu tonalismo tenso, harmonicamente flutuante, estranhamente contrapontístico, abriga frequentemente uma miscelânea de referências desniveladas ao "nobre" e ao popular, com fragmentos de canções comerciais, marchas militares, ocasionais "exotismos de pacotilha" e empréstimos da "grande música". Essa colagem, nele, não constitui pout-pourri sinfônico, mas, ao contrário, é uma forma de introduzir "o clima da dissonância absoluta" sob a aparência da consonância tonal (o que o faz antecipar, segundo Adorno, a nova música do século XX).

O tempo na música de Mahler é comparável ao tempo do romance na maneira como combina o "vigor do detalhe ao impulso do conjunto", deixando desdobrar longamente os motivos como organismos que engendram ilimitadamente suas variantes, como personagens que nascem e envelhecem, que emergem e desaparecem no *continuum* temporal, "portando na face a marca do tempo que passa".[75] O sinfonismo desse apaixonado leitor de Dostoiévski, que via no escritor russo o melhor mestre do contraponto, estaria em algum lugar entre Kafka, Proust e um realismo popular, pela maneira como testemunha a atmosfera da Viena pré-expressionista, pela forma como mergulha nos estratos profundos da memória e da infância, pelo que se respira nele de identificação com o oprimido, o marginal, o perseguido e suas causas perdidas.[76]

Pois é Mahler que, na *Oitava sinfonia*, coral-sinfônica como a *Nona* de Beethoven, baseia seus dois movimentos no poema "Veni Creator Spiritus" (texto latino de um hino medieval de autoria de Hrabanus Maurus), por um lado, e nas cenas finais do *Fausto*, de Goethe, por outro. O poema medieval tinha sido traduzido por Goethe e constava de sua obra poética, o que faz o psicanalista Theodor Reik interpretar o fecundo ato falho, que fez com que Mahler escrevesse a música completa sem ter o texto inteiro (surpreendendo-se depois, ao encontrá-lo, pela perfeita coincidência entre palavras e música), como parte de uma profunda identificação goethiana.[77] Mahler se esquecera possivelmente do lugar onde teria lido originalmente o texto, mas na sua pertinência indireta à obra poética de Goethe já estaria a matriz do projeto total da sinfonia e a emoção forte e inexplicável que o poema lhe despertava, com seu apelo exaltado e pungente ao Espírito Criador ("o gênio universal do mundo", nas palavras do poeta alemão).

O nosso percurso autoriza a cogitar ainda de uma outra associação: não estaria Mahler, o leitor de Dostoiévski, realizando obliquamente aquele projeto musical desentranhado do *Fausto*, e que está contido em germe em *O adolescente* — a fusão do cantochão medieval e do "coro místico" (elidindo aqui a figura de Mefistófeles)? A fusão dos extremos, o hino medieval e o "coro inspirado, triunfante, esmagador", ao qual se chega em tortuoso percurso polifônico e que se sublima em "hino de querubins", não conteria também uma "traição da memória" que remonta a essa outra passagem do próprio *Fausto* destacada e recriada por Dostoiévski?[78]

Adorno estranhou e criticou abertamente essa sinfonia, no contexto da música mahleriana, pela sua grandiloquência e pela sua "positividade".[79] Mas os seus excessos grandiosos sem paródia visível parecem apontar, no termo da grande história da música, ainda uma vez e *in extremis*, para aquilo que a tonalidade cumpriu desde a sua origem, e que se torna agora impotente para fazê-lo: dar plenos poderes ao Fausto, e salvá-lo.

7. UM APÊNDICE SOBRE O MITO

Lévi-Strauss sustenta que a música e o mito são simétricos, como se fossem duas imagens espelhadas, correspondentes e complementares.[80] É preciso situar um pouco o quadro teórico em que se dá essa comparação, para que ela se torne inteligível. Mas é necessário situar também o momento histórico preciso em que essa simetria vigora, e posso adiantar que esse momento é, para Lévi-Strauss, o do nascimento do tonalismo e da invenção da fuga. Com a música tonal, o discurso musical incorpora a estrutura da narrativa mítica.

O antropólogo descreve mitos de várias procedências (embora se concentre na mitologia das tribos do Xingu) que apresentam uma estrutura polifônica feita da trama cruzada de "vozes", homóloga à da fuga musical. No momento originário da modernidade, em que o mito agonizante perde terreno para o saber científico e para novas formas de expressão literária, suas estruturas teriam migrado para a música, onde encontraram meio adequado para uma surpreendente e renovada sobrevivência. "Na verdade, foi só quando o pensamento mitológico, não digo se dissipou ou desapareceu, mas passou para o segundo plano no pensamento ocidental da Renascença e do século XVII, que começaram a aparecer as primeiras novelas, em vez de histórias ainda elaboradas segundo o modelo da mitologia. E foi precisamente por essa época que testemunhamos o aparecimento dos grandes estilos musicais, característicos do século XVII e, principalmente, dos séculos XVIII e XIX."[81] A música passa aí por uma verdadeira mutação, ao transformar "completamente a sua forma tradicional para se apossar da função — função intelectual e também emotiva — que o pensamento mitológico abandonou mais ou menos nessa época". Trata-se portanto de uma música específica: aquela que "surgiu na civilização ocidental, nos primeiros quartéis do século XVII, com Frescobaldi, e nos primeiros anos do século XVIII, com Bach, música que atingiu seu máximo desenvolvimento com Mozart, Beethoven e Wagner [...]".[82]

"Foi preciso pois que o mito morresse enquanto tal, para que sua forma se liberasse dele como a alma deixando o corpo e fosse pedir à música o meio de uma reencarnação."[83] Esse meio só foi possível graças ao caráter discursivo e progressivo de que se investia a música tonal, capaz, agora, de sustentar, com recurso ao puro som, estruturas de cunho "narrativo".

A música modal estava fortemente articulada, como vimos, a um universo de correspondências míticas, mas ela mesma é um instrumento sacrificial, que se realiza mais exatamente como rito do que como mito. Se nos lembrarmos do exemplo da pentatônica chinesa, em que a cada nota está atribuída uma analogia cósmico-social, veremos que a música se liga ao mito do equilíbrio entre o céu e a terra, do qual ela é atualização. Sua prática não se separa de contextos cerimoniais, sacrificiais, solenizadores, aos quais ela presta serviço produzindo, com a sua repetitividade circular e assimétrica, o tempo próprio do rito. A mutação que está implicada no surgimento do tonalismo, no entanto, leva a música a perder as suas antigas funções rituais, remetidas agora ao âmbito da contemplação estética, no contexto exclusivo da representação (o teatro de concerto será a câmara de som e silêncio adequada a esse novo estado de ritualidade em suspensão). É nesse momento que a linguagem musical, sem ter propriamente uma função ritual (suspensa no teatro da representação) e sem ser narrada por um mito, se investe internamente de estruturas míticas, "encarna" o mito na estrutura sonora, e o seu mito é o da crise e da reparação da ordem questionada e recomposta.

Pensar as relações entre a música e o mito significa, em Lévi-Strauss, pensar as relações entre som e sentido, dentro de uma economia geral do simbólico. À maneira do *quadrivium* medieval (que unia a aritmética, a geometria, a música e a astrologia como disciplinas básicas para o conhecimento do universo), pode-se dizer que existe um *quadrivium* estrutural em Lévi-Strauss, no qual se combinam a matemática, a língua natural, a música e o mito. "As entidades matemáticas", diz ele, "são estruturas em estado puro e livres de toda encarnação", isentas pois de som e de sentido.[84] As estruturas linguísticas são, ao contrário das matemáticas, duplamente encarnadas, nascendo justamente da interseção de som e sentido, unidos no entanto numa relação instável, porque nunca se recobrem completamente (as línguas se traduzem indefinidamente sem nunca dizerem a palavra final nem a palavra primordial, deixando margem a formas ou expressões limiares, intermediárias, tangenciais, jamais definitivas ou exaustivas). Entre as estruturas linguísticas e as matemáticas estão o mito e a música, operando por contínuas transformações compensatórias o *perpetuum mobile* dos sistemas significativos, que não repousa em lugar nenhum, já que o significante e o significado jamais coincidem completamente. "Menos encarnadas" que a língua natural, mas "mais encarnadas" que a matemática, as estruturas musicais são em princípio constituídas de som (e desprovidas de sentido), e as narrativas míticas são estruturas de sentido (cuja cerrada ordem interna dispensa o som). Essas duas "metades" são pensáveis, de todo modo, segundo Lévi-Strauss, a partir da linguagem verbal, centro de seu modelo e definidas como "subprodutos de uma translação de estrutura", operada a partir dela: "a música, por um lado, e a mitologia, por outro, têm origem na linguagem, mas [...] ambas as formas se desenvolveram separadamente e em diferentes direções: a música destaca os aspectos do som já presentes na linguagem, enquanto a mitologia sublima o aspecto do sentido, o aspecto do significado, que também está profundamente presente na linguagem".[85] O pressuposto logocêntrico em Lévi-Strauss é discutível (se pensarmos na música como originada da linguagem verbal), mas não precisa ser tomado literalmente como uma hipótese genética. Em vez disso, pode ser lido como uma engenhosa geometrização, que põe em jogo de forma reveladora a linguagem (constituída por fonemas, palavras e frases), a música (que passaria diretamente dos "fonemas" às frases) e o mito (que constituiria uma estrutura de sentido formada de palavras e frases, mas onde não importa o som). "Falta" à música e ao mito, respectivamente, um dos níveis estruturais da linguagem. Essa falta, no entanto, está ali como que para assinalar, por *démarches* compensatórias, a falha estrutural da própria linguagem (já que há um ponto de descontinuidade entre natureza e cultura), falha essa que é, no entanto, responsável pela emergência do sentido e do desejo (se incluímos oportunamente aqui um conceito psicanalítico).[86] Na sua especularidade complementar, o mito é uma narrativa em que a imbricação do sucessivo e do simultâneo dá ao sentido uma configuração cristalina e partitural, e a música (tonal) é uma estrutura sonora em que a trama discursiva dos elementos ganha um direcionamento mítico.

Com efeito, se acompanhamos as análises estruturais de mitos feitas por Lévi-Strauss, entendemos melhor o porquê da equivalência simétrica com a música: os mitos não são para ele conteúdos narrativos, simplesmente, mas cristalizações semânticas feitas de paralelismos contrapontísticos, de ressonâncias harmônicas que se oferecem a uma leitura a um tempo linear e simultânea. Os elementos de uma narrativa mítica não são lidos simplesmente como um fio "melódico", sucessivo e linear, mas agrupados em acordes e inscritos em planos contrapontísticos, donde se extraem correspondências e paralelismos. Como na música, o que importa não está apenas na horizontalidade da sucessão, mas na verticalidade do simultâneo.

Não cabe aqui exemplificar detalhadamente o método (remeto o leitor à "Estrutura dos mitos", contida na *Antropologia estrutural*).

Basta dizer que Lévi-Strauss busca manipular o mito, ao lê-lo, como o faria se um "amador perverso" transcrevesse uma partitura de orquestra, "pauta após pauta, sob forma de uma série melódica contínua" que tivesse que ser restaurada na sua forma original.[87] O seu método de leitura do mito consiste, assim, em reconstituir o caráter simultâneo de uma sucessão, ou o caráter harmônico de uma partitura apresentada como melódica. Graças a isso, torna-se evidente, por exemplo, na análise do mito de Édipo, a equivalência ressonante entre o nome do herói (que supostamente significaria "pé inchado"), o nome de seu pai, Laio (que significaria "torto"), e o de seu avô, Lábdaco (que significaria "coxo"). Essa linhagem de afinidades (ligadas ao motivo dificuldade motora) cruzaria com outras correspondências arpejadas que constituem o mito (Cadmo mata o dragão — Édipo imola a esfinge; Édipo mata seu pai Laio — Etéocles mata seu irmão Polinice; Édipo esposa sua mãe Jocasta — Antígona enterra seu irmão Polinice, violando a interdição). Lévi-Strauss tira consequências interpretativas surpreendentes dessa trama de motivos encadeados e superpostos, que acabam apontando para o enigma da origem humana, inscrito em impasses contraditórios cifrados no mito: nascemos da terra ou da união de um homem e de uma mulher? Nascemos de um único ou de dois? O mesmo nasce do mesmo ou do outro?

Para chegar a essa estrutura de sentido, percebida nos arpejos e polifonias da narrativa, é preciso prestar atenção às grandes e às pequenas oposições, às correlações posicionais entre elementos aparentemente díspares e ao desenho geral que elas formam. É uma leitura comparável, segundo Lévi-Strauss, à escuta musical atenta, que pede do ouvinte "uma espécie de reconstrução contínua" do que está sendo ouvido. Esses percursos discursivos que avançam retomando sob novas formas aquilo que já foi apresentado, de modo a evidenciar pela própria sintaxe uma espécie de sentido global, são comuns à música e ao mito.

Chegamos assim ao exemplo da fuga. Há mitos em que contracantam duas espécies ou grupos de personagens (que podem ser qualificados, simplificadoramente, como "bons" e "maus").

> A história inventariada pelo mito é a de um grupo que tenta escapar ou fugir de outro grupo de personagens. Trata-se então de uma perseguição de um grupo pelo outro, chegando às vezes o grupo A a alcançar o grupo B, distanciando-se depois novamente o grupo B — tudo como na fuga. Tem-se o que se chama em francês *"le sujet et la réponse"*. A antítese ou antifonia continua pela história afora, até ambos os grupos estarem quase misturados e confundidos — um equivalente à stretta da fuga; finalmente, a solução ou clímax deste conflito surge pela conjugação dos dois princípios que se tinham oposto durante todo o mito. Pode ser um conflito entre os poderes de cima e os poderes de baixo, o céu e a terra, ou o sol e os poderes subterrâneos, e assim sucessivamente. A solução mítica de conjugação é muito semelhante em estrutura aos acordes que resolvem e põem fim à peça musical, porque também eles oferecem uma conjugação de extremos que se juntam por uma e última vez.[88]

A afinidade entre o mito e a música permite entender a ideia lévi-straussiana de que, em determinado momento, estruturas que se realizavam na esfera do mito tomam de assalto, por assim dizer, a esfera da música, e essas estruturas, como a fuga, resultavam justamente daquele longo processo de simultaneização do sucessivo que foi empreendido durante séculos na linguagem musical.

Nos séculos XVI e XVII, diz Lévi-Strauss, a narrativa mítica, deslocada pelo discurso científico, perde o seu vigor estrutural, investido na trama das suas correspondências, e se divide em literatura e música. O mito cindido teria migrado para o romance, através dos seus conteúdos agora desconstelados, e para a música, onde reviveria ao imprimir a forma cerrada da fuga à polifonia tonal. Assim, no período tonal, "tudo se passa como se a música e a literatura dividissem entre si a herança do mito", ficando uma com os personagens e a ação, e a outra com o tecido relacional através do qual se encadeiam os motivos.[89] Uma com a *superestrutura do sentido* (temas, conteúdos desprendidos da estrutura semântica cerrada que vigorava no mito) e outra com a *infraestrutura motívica* (sujeito e resposta, ecos, inversões, stretti, paralelismos, etc.), configuração geométrica em que o *sentido* se dá como movimento sem referência, vibrando no todo mas sendo indecomponível ou irredutível às partes.

Sob o domínio da tonalidade, música e literatura são artes que se procuram, como se quisessem suprir a falta de um signo total sobre o qual se deslocam num movimento sem fim. A consciência moderna vive no entanto desse dualismo entre o significante e o significado, que ela reproduz em toda parte, ao mesmo tempo que busca superá-lo. O mito torna-se ele mesmo um mito: o da significação total. Entre a reposição da divisão que as afasta e a superação desta, a música e a literatura se concebem como partes complementares ou cindidas de uma linguagem una, perseguida ou evocada pela poesia, pela prosa poética, pela ópera, pela canção.[90]

Lévi-Strauss privilegia sem dúvida a fuga, entre todos os mitos que a música realiza (e vou querer comentar, mais adiante, esse privilégio). É nela que ele mais se detém, mesmo que aponte inequivocamente para o caráter mítico das demais formas tonais: "Há mitos, ou grupos de mitos, que são construídos como uma sonata, uma sinfonia, um rondó ou uma tocata, ou qualquer outra forma que a música, na realidade, não inventou, mas que foi inconscientemente buscar à estrutura do mito". Pode-se ver na sonata o mito dramático, ou dialético, que encena em ponto maior, na macroestrutura da obra, o balanço repouso-tensão-repouso que rege a cada passo a harmonia tonal.

Mas a comparação entre a fuga e a sonata pode ser também reveladora. Em primeiro lugar, pode-se dizer que a fuga é o grande mito musical para Lévi-Strauss porque a sua concepção de mito é ela mesma *fugal*: o pensamento estrutural em Lévi-Strauss é tonal e polifônico.

Que seja tonal está indicado claramente na defesa explícita, feita na *Ouverture* de *O cru e o cozido*, do tonalismo contra o serialismo.[91]

Mas o "tonalismo" do pensamento de Lévi-Strauss não é do tipo dramático ou dialético (como o hegeliano, afinado com a sonata), e sim polifônico.

Porque a fuga é o próprio modelo da razão estrutural: ela trabalha sobre oposições defasadas que procedem por variações imitativas sem desenvolvimento. O sucessivo remete a cada passo ao simultâneo, o diacrônico ao sincrônico. Como dois (ou mais) grupos (de "personagens") que se perseguem e se escapam, que se alcançam e se distanciam, as vozes se confundem e se diferenciam continuamente até se encontrarem, "por uma e última vez", no fim do percurso. As vozes em fuga, opostas e espelhadas, "encarnam" o movimento desencontrado das identidades e das alteridades, que o mito resolve por conjugação extrema. Na narrativa mítica, essas vozes em movimento fugal são semantizadas como forças opostas, sejam elas "o céu e a terra", "o sol e os poderes subterrâneos", ou outra antítese. Mas, feita a abstração dos significados opostos, que, fora da fuga, são meras oposições estáticas, o que temos é movimento caleidoscópico em que os contrários ecoam entre si e se espelham até se revelarem como reverberações defasadas do mesmo. A configuração dessa identidade, isto é, a entrada das vozes em fase dá por finda a fuga, pois ela vive, diga-se mais uma vez, das defasagens. Ela é produzida pelo desencontro estrutural das vozes e resolvida pela coincidência entre elas. (O seu movimento deixa em aberto essa flutuação do desejo, em que as forças oscilam entre afastar-se e encontrar-se, diferenciar-se e reduzir-se.)

No sistema tonal, todo mito busca resolver-se pela conjugação das forças em tensão, todo processo busca um termo final. Já dissemos que a moral tonal é finalista, teleológica. Na fuga, no entanto, essa demanda de finalização, esse investimento erótico resolutivo, e ambiguamente tanático (pois vive de um anseio continuado pela tensão repousada), é alimentado pelo movimento incessante das vozes. A fuga foge da morte, sabendo que corre para ela. Curiosamente, um dos mais belos conjuntos de mitos analisados por Lévi-Strauss ("A fuga dos cinco sentidos", em *O cru e o cozido*), e que seria o modelo privilegiado dessa estrutura, consiste em mitos relativos à "vida breve", que têm seu núcleo nessa dupla questão: é possível prevenir a morte e evitar que os homens morram mais jovens do que eles desejariam? E, inversamente, é possível, quando os homens ficam velhos, devolver-lhes a juventude, e, se já morreram, ressuscitá-los? Para "retardar a morte", ou para "assegurar a ressurreição", os mitos desenvolvem uma complexa rede de códigos sensoriais cujos termos são continuamente invertidos, espelhados, como se pudessem responder, com a sua própria reversibilidade, ao paradoxo do tempo. Assim como, em dado momento, a resposta à dupla pergunta aparece como "não ouvir, não cheirar, não tocar, não ver, não saborear" (para evitar a morte precoce), em outro momento é dada como "ouvir, cheirar, tocar, ver, saborear" (para resgatar a vida).[92] É claro que esses termos não aparecem numa ordem linear, mas numa intrincada cadeia de correlações cruzadas, em múltiplos níveis, que povoam a superfície do tecido narrativo com o colorido de suas imagens concretas. A estrutura das significações é, ela mesma, tratada no mito como contraponto e como pura polifonia.

Pode-se aquilatar a afinidade radical entre a teoria de Lévi-Strauss e a estrutura da fuga quando ele diz que a música e a mitologia são, "se assim se pode dizer, duas irmãs geradas pela linguagem que seguiram caminhos diferentes, escolhendo cada uma a sua direção — como na mitologia, em que um personagem vai para o norte, enquanto o outro se dirige ao sul, e nunca mais se encontram".[93] O antropólogo, que queria ser músico, vislumbrou nessa imagem, segundo confessa, a possibilidade de compor a polifonia das vozes, não com sons, mas com significados, não como músico, mas como orquestrador de mitos. A sua obra é, pois, autoentendida como uma grande fuga, em que a música e o mito contracantam, contemplados pela linguagem. A fuga é a estrutura quase-matemática (a exemplo da *Arte da fuga* bachiana, pura estrutura de alturas sem timbre, sem instrumentação, música *menos o som*) dotada ainda assim da dimensão sensível, da tangibilidade fugaz, da "ciência do concreto" (que ele viu no pensamento selvagem), e em cujos bastidores o sentido mítico se inscreveu, pelo avesso. Ao final dessa alquimia estrutural a música vem a ser, assim entendida, uma combinação singular de som e sentido, na qual o termo quase dispensado seria a própria língua.

A estrutura mítica da *sonata*, por sua vez, contrasta com a da fuga. A sonata é uma forma que advém do abandono da polifonia e das defasagens. Nela, a sucessão não está a serviço da simultaneidade (polifônica), mas a simultaneidade (harmônica) é que está a serviço da sucessão, realizada no esquema habitual em que um primeiro tema dá lugar a um segundo através de uma ponte modulatória, seguidos de um desenvolvimento integrado que conduz à reexposição do primeiro tema, volta à tonalidade inicial e reexposição do segundo tema, com coda (final). A sincronia aqui se expressa necessariamente na diacronia, no destino dos motivos, nas suas transformações evolutivas, na grande frase.

Pode-se dizer que esse mito é o da luta amorosa (o que está indicado no costume de apontar os dois temas em jogo ora como antagonistas, ora como complementares, da ordem do masculino e do feminino). Luta que trabalha com a instalação de uma tensão a partir de um campo harmônico dado, desenvolvida através do desdobramento dos motivos e das modulações, e reparada através do "reconhecimento" dos motivos iniciais que retornam ao seu lugar de partida. Pode-se também pensar essa luta, ou esse amor, em suas afirmações e negações, como um processo interno ao espírito, sua biografia sinfonizada, paralela ao romance mas também à filosofia. Isso é possível porque a música trabalha, como dizia Hegel, na objetivação sonora em que a subjetividade se reconhece e se supera, com a concordância, a oposição e a mediação dos sons (vejam-se aí os passos da dialética), "o que torna possíveis a progressão destes e a passagem recíproca de uns aos outros".[94]

Uma outra coisa importante: a sonata, como o tonalismo, trabalha ao mesmo tempo com a afirmação e com o questionamento de um polo harmônico. O aprofundamento dessa contradição envolve a instabilização do sistema, com a transição permanente e a relativização do centro tonal. Nisso também a tonalidade em desenvolvimento na sonata é ocidental: pensamento evolutivo e negador, progride questionando os seus próprios fundamentos. A tonalização é profunda, diz Hegel, porque ela vai sem receio ao encontro das oposições essenciais.[95] Esse será também o fundamento do pensamento adorniano, que verá no atonalismo de Schoenberg a via mais consequente de continuidade da tradição tonal. Ocorre que para Hegel, contemporâneo de Beethoven, a contradição (histórica) expressa na dissonância precisa retornar à conciliação da consonância, e nisso consiste o seu "único movimento verdadeiro". Para Adorno, contemporâneo de Schoenberg, o único movimento verdadeiro da contradição está justamente em recusar-se à conciliação, como forma de negar as relações sociais coisificadas.

A obra de Wagner corresponde ao desejo de fazer a música retornar ao mito, constituir-se em mito, através da melodia infinita pontuada por motivos condutores (que imitam, no modo como investem a trama sonora de índices narrativos, a trama mítica descrita por Lévi-Strauss).[96] O melodrama wagneriano trabalha musical e textualmente com estruturas míticas; ele é o próprio mito revisitado pela tonalidade hipersaturada e às portas da sua desagregação.

Lévi-Strauss diz que Bach é um músico do código, Beethoven da mensagem, e Wagner do mito. Os músicos do código "explicitam e comentam em suas mensagens as regras de um discurso musical"; os músicos da mensagem "narram", e os do mito "codificam suas mensagens a partir de elementos que são já da ordem da narrativa".[97]

Em Bach temos a expressão sincrônica do sistema, no momento em que se fecha o circuito entre a harmonia e a polifonia. Em Beethoven, a mobilização das energias potenciais do sistema que avança questionando o princípio do progresso, numa negação que guarda intacto o seu fundamento heroico. Em Wagner, que escreveu algumas das mais impressionantemente belas entre as músicas, a grandeza e a derrocada de uma *arte total* concebida como aniquilação onde, como disse dele Adorno, o imperialista decadente tem o mérito de sonhar a sua própria catástrofe.[98]

IV. SERIAL

1

Pode-se voltar a entrar na música do século XX por muitas portas: Debussy (e o estado de suspensão não resolutiva com que sua música responde à crise tonal),[1] Darius Milhaud (e as suas superposições de tonalidades simultâneas), Béla Bartók (e o seu uso criativo e radical dos modalismos pesquisados na música popular). Satie, Varèse e Stravinski, paródia, timbre-ruído e polirritmia, assuntos já tratados no capítulo inicial, poderiam ser reconsiderados, assim como Charles Ives, por um lado, ou Villa-Lobos, por outro, compositores das Américas, com suas bricolagens e invenções sonoras tão desiguais.[2] Poderia ser comentada a permanência tonal, do lado neoclássico ou do lado neorromântico, e discutidos os problemas levantados pela relação entre arte e política e seus encaminhamentos em Chostacóvitch, Prokofiev, Hanns Eisler e Kurt Weill.[3]

No entanto, o assunto será focalizado, ainda uma vez, sob uma forma teoricamente extrema de contraposição à tonalidade, que é o dodecafonismo. Trata-se de olhar para o mais sintomático, e o mais sintomático aqui é o mais radical. O sistema de doze sons criado por Schoenberg em 1923, depois de um período atonal que derivava do aprofundamento das contradições do tonalismo, se apresenta como a decorrência implacável e ao mesmo tempo a antítese do sistema tonal. Ele rejeita cerradamente o *princípio* tonal, isto é, o movimento cadencial de tensão e repouso.

Ao pensar o sistema de composição por séries, com o qual Schoenberg buscava uma espécie de descentralização do campo sonoro, igualando a função estrutural atribuída a todas as notas da escala cromática, desembocaremos num problema crucial da música contemporânea, que é o da *repetição*. Nesse ponto, impõe-se uma contraposição entre os dois estilos extremos que marcam as duas metades do século: o dodecafonismo e o minimalismo. Essas duas tendências projetam da maneira mais completa, na sua diferença sintomática, a cisão manifesta na música contemporânea entre um lado que recusa a repetição e um outro em que se trabalha sobre a repetição exaustiva. A série dodecafônica foge à recorrência melódica, harmônica, rítmica, através de uma organização simultaneísta de todos os materiais sonoros, de natureza polifônica e descentrada; o minimalismo é uma música francamente *iterativa*, baseada na repetição de motivos melódicos e pulsos rítmicos que passam por processos de fase e defasagem.

De fato, como qualquer ouvinte constata à primeira audição, a música dodecafônica não se presta à escuta linear, melódica, temática. A memória dificilmente é capaz de repetir o que ouviu, porque a própria música diversifica as suas repetições de modo a que elas não sejam captadas na superfície como repetição. Embora baseada numa sucessão de notas que se repetem, "a construção de uma série, escreve Schoenberg, tem por objetivo *retardar o maior tempo possível o retorno de um som já escutado*". O compositor afirmava ainda que "o destaque colocado sobre uma nota dada, pelo fato de que ela é repetida antes da hora, periga investir essa nota da categoria de tônica. A operação sistemática de uma série de doze sons dá a cada um a mesma importância e afasta assim todo o risco de supremacia de algum entre eles".[4]

O esforço intencionalmente antipolarizador advém assim de uma evitação máxima da repetição sonora (esforço de certo modo utópico, porque o ímã da percepção das alturas puxa para o uníssono e seus harmônicos, e o da percepção rítmica puxa para a recorrência do pulso). A música de Schoenberg ganha o seu caráter exploratório e avança por um novo universo sonoro, que busca a ausência de centro à custa de driblar continuamente o imperativo da repetição (como se tivesse que operar uma verdadeira desmagnetização das atrações polarizantes que estabilizam as relações harmônicas, e que consistem em *fases* implícitas entre as frequências, pontos de coincidência, reforço de periodicidade).

Enquanto isso o minimalismo, que surge nos Estados Unidos nos anos 1960, e de certa forma na sombra ou no declínio do serialismo, se caracteriza pela mais rebarbativa apresentação da repetitividade: arpejos articulados em tempos variados, como cadências congeladas, são típicos de Philip Glass; motivos melódicos aparentemente simplórios e repetidos com acréscimo gradual de novos elementos são a marca de Steve Reich.

O que pensar de uma cisão tão acentuada entre uma música composta em séries que fogem à evidência de sua repetitividade, e outra que se compõe de séries que partem da evidência de sua repetitividade? A primeira suspeita é, naturalmente, que as duas estejam falando da mesma coisa: da ruptura entre o tempo subjetivo (vivido como um contínuo) e o tempo musical (vivido como extensão do tempo subjetivo).[5] Por um lado, a música atonal está relacionada com um traço determinante do tempo que foge à experiência: o não-tempo inconsciente, enquanto tempo não linear, não ligado, não causal, tempo das puras intensidades diferenciais.[6] A música minimalista, por sua vez, se relacionaria aparentemente com um outro traço do não-tempo inconsciente: a compulsão à repetição, cujo retorno em *ostinato* "esvazia" o tempo.[7] Uma teria seu correlato objetivo na experiência urbano-industrial da simultaneidade, da fragmentação e da montagem, técnicas de choque fundantes da arte das vanguardas, e outra no caráter serial-repetitivo do mundo pós-industrial informatizado, onde se engendra repetição da repetição em larga escala, com proliferação generalizada dos simulacros.

Enquanto isso a tonalidade, espécie de língua corrente da música, oferece ao ego dispositivos de integração que trabalham justamente entre a ameaça do descentramento e o centramento reparador, entre a perda e a afirmação de um eixo subjetivo.[8] A tonalidade focaliza o próprio equilibrismo que constitui o núcleo emocional do ego, e dá a esse núcleo uma linguagem. A transparência não verbal entre o discurso musical e os afetos latentes, a sua capacidade de exprimir direcionalidades, de criar problemas e "resolvê-los", de expor processos evolutivos, faz do tempo musical tonal o índice de uma certa permeabilidade entre o indivíduo e a história, que uma fase da era burguesa permitiu representar. Mas a tonalidade se estabelece e permanece também, e por suas próprias características, como uma linguagem de ampla vigência. A canção popular faz dela generalizado e algumas vezes excelente uso. (Na música de concerto os retornos atuais ao tonalismo devem contar, no entanto, com uma espécie de esvaziamento da história, porque a "grande música" tonal se alimentava, como vimos, das próprias aventuras evolutivas do sistema, agora extintas.)

Já se falou da cadência tonal como um ioiô entre a perda e a reparação, do tipo daquele brinquedo infantil referido por Freud em *Mais além do princípio do prazer*. Manipulando um objeto através de um cordão, e fazendo-o ir e voltar, acompanhado ritualmente das palavras *fort-da*, a criança encena o movimento imaginário de separação e reingressão da mãe.[9] Impossível esquecer, no mínimo, a que grau de elaboração se leva esse brinquedo na música tonal.

A música atonal por sua vez desterritorializa o movimento cadencial, de modo a não se poder *retornar*. Lembrando o "germe mortal" que destruiu os modos eclesiásticos e os levou à tonalidade, Anton Webern diz sugestivamente que esse mesmo agente da dissolução estraçalhou mais tarde "sem compaixão" o repouso harmônico: "Era tão excitante voar em direção às mais longínquas regiões tonais, para depois retornar ao ninho aconchegante da tonalidade original! E, de repente, não se voltou mais — esses acordes astutos tornaram-se tão equívocos! Era muito agradável tudo isso, mas finalmente não se considerou imprescindível retornar à tônica".[10]

A música minimalista exibe o ioiô (egoico) latente na música tonal da maneira mais inequívoca: ela põe em evidência a pulsão repetitiva, construindo e desconstruindo territórios sonoros na base da sua reiteração. O caráter infantilizado do brinquedo aparece com uma insistência irritante para quem quiser ouvi-lo como projeção sonora da aventura subjetiva. A música minimalista seria muito mais, sob esse aspecto, sintoma da morte do *sujeito*, e já foi interpretada como a estética de uma época terminal, em que a impotência para agir e a paranoia universal levariam à formação defensiva de um "eu mínimo", que teria como única e débil camada protetora a mônada da eterna repetição.[11]

Essas interpretações sintomais só são relevantes, no entanto, se não desprezarem a escuta inerente aos tempos musicais propriamente ditos. Trata-se de pensar melhor sobre o tipo de questão que a não-repetição serial e a repetição minimal estão colocando, em sua própria oposição, em suas sonoridades, e escutá-las não simplesmente como um alarme apocalíptico tocado em surdina, mas como portadoras de fluxos e mutações que estão operando sobre uma outra forma de intervenção sobre o tempo.

2

O atonalismo aparece na obra de Schoenberg, por volta de 1909, no último movimento do *Segundo quarteto para cordas* op. 10, como consequência do progressivo enfraquecimento dos elos tonais pressionados pela modulação contínua (influência wagneriana que se impunha sobre suas primeiras obras, como o sexteto para cordas *Verklärte Nacht* op. 4). O horizonte da resolução tonal, que recua indefinidamente a cada cadência, acaba por desaparecer: em músicas como *Erwartung* op. 17, *Die glückliche Hand* op. 18, *Pierrot lunaire* op. 21, ou nas peças para piano op. 11 e op. 19, esvai-se a promessa de resolução num tensionamento permanente cuja atmosfera angustiada é a da Viena expressionista às portas da Primeira Guerra Mundial. No cromatismo das primeiras obras a tensão dissonante, em vez de funcionar como elemento confirmador da ordem tonal, vai recebendo todo o investimento de energia e acaba por tornar-se, ela mesma, "o princípio fundamental de organização". A inversão do papel da dissonância, com sua importância crescente e não neutralizada, foi comparada por Adorno, falando de Wagner, a uma dívida progressiva cujo cancelamento, "como num gigantesco sistema de crédito", é "indefinidamente adiado" (em vez de quitado pelo intercâmbio cadencial).[12]

O atonalismo é a quebra do sistema, e a sua deriva. Podem-se ouvir nas obras atonais de Schoenberg, e mesmo nas dodecafônicas, muitos dos gestos típicos de Brahms perdidos de sua sintaxe, numa espécie de romantismo extremo, que só contêm o caos pela evocação do discurso tonal que ainda o sustenta, apesar de tudo. Schoenberg registra que o novo estilo atonal, guiado sobretudo por "fortes impulsos expressivos", não se habilitava a produzir obras longas (a não ser quando um texto funcionasse como elemento unificador) por causa de uma espécie de debilidade estrutural que resultava da falta de articulações discursivas. "A abstenção em face dos meios tradicionais torna impossível projetar grandes formas, pois elas não podem existir sem uma articulação precisa." Independentemente dessa inaptidão estrutural para o discurso extenso, que Schoenberg pretendia superar, a fase atonal contém invenções inusitadas de timbres e entoações (entre as quais se inclui o canto falado, já comentado anteriormente).

Depois da guerra e de um retiro de cerca de dez anos (1913-23), em que não conclui nenhuma nova obra, Schoenberg dá como formulado o dodecafonismo, um novo sistema de composição baseado na montagem de séries de doze sons, que permite organizar o estado caotizado da música atonal. O dodecafonismo recusa, antes de mais nada, ou definitivamente, a escala diatônica*. O seu fundamento é a aplicação intensiva da escala cromática*, cujos doze semitons iguais serão usados de modo a evitar sistematicamente a emergência de notas polarizadoras e de hierarquias intervalares. A escala cromática é a base de um campo sonoro sem centro, em que nenhum som teria precedência sobre outro.

Schoenberg trata a escala cromática através da organização de *séries** em que as doze notas, combinadas pelo compositor numa certa ordem, atuarão como matrizes para a composição das músicas. Na construção da série deve-se evitar, em princípio, aqueles intervalos estruturadores da ordem tonal, como a oitava, a quinta, a terça, com sua tendência ao acorde perfeito.[13] Em vez disso, tende-se às sétimas maiores, às nonas e às segundas menores, aos trítonos, pontos mais atritantes do sistema intervalar cromático.

A série dispõe os seus doze elementos numa combinação originária, que retornará periodicamente na peça musical. Uma nota só volta a ocorrer, em princípio, depois da exposição das outras onze. Entre o acaso e o projeto, a escolha dessas notas abre à obra um campo de possibilidades descentrado e não subordinado à previsibilidade da resolução.[14]

No entanto, o sistema não se baseia, como se pode supor, na repetição linear da série, mas a toma como matriz de transformações, base de uma combinatória que se abre a um processo de múltiplas variações.

Em primeiro lugar a série dá lugar a seus *espelhos**, ela pode aparecer na versão revertida (de trás para a frente: o *retrógrado* ou "caranguejo"), pode aparecer ainda *invertida* e no *retrógrado da inversão* (a *inversão* consiste em converter cada movimento ascensional da melodia em movimento descendente do mesmo tamanho, e vice-versa; assim, a partir de uma nota qualquer, uma terça em direção ao agudo transforma-se espelhisticamente numa terça em direção ao grave, uma sétima descendente transforma-se numa sétima ascendente, e assim por diante). Esquematicamente, temos, então, quatro formas da série, se somada a seus espelhos:

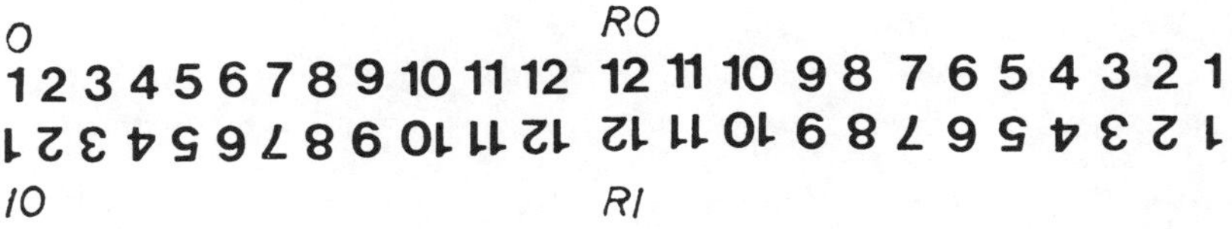

Esquema da série: original, retrógrado, inversão e retrógrado da inversão

A série se define como uma *estrutura puramente relacional de intervalos*, mais do que um conjunto definido de *notas*. Assim, ela pode se apresentar em qualquer altura, podendo ser *transportada* para os doze tons cromáticos. A transposição das quatro matrizes da série para os doze pontos de partida dados pela escala cromática resulta em 48 permutações possíveis.

A charge na página seguinte, encontrada por duas alunas numa velha revista, é certamente uma descrição didática e completa do sistema de doze tons. A bicicleta dodecafônica, equilibrando-se sobre o fio de navalha das alturas, transporta a série com a qual se confronta. As notas exibem — orgulhosamente — o seu igualitarismo e a sua disposição subversora do tonalismo. O compositor, pesando cada uma, afirma a lei do rodízio igualitário. A série está ligada por sua vez a seus espelhos — inversão melódica, movimento retrógrado e retrógrado da inversão — e à roda das 48 permutações. (Não passe despercebido que o sistema está solto no espaço, apoiando-se apenas num rarefeito fim de linha: a das alturas.)

Os espelhos abrem um campo de variações ao tratamento polifônico. Além disso, a série raramente se apresenta como tema melódico, mas já através de agrupamentos de acordes, de emissões sonoras espalhadas pelo campo de tessitura, pontilhadas fragmentariamente por vários instrumentos numa "melodia de timbres" (como acontece em Webern) e superposta com seus próprios espelhos, com os quais dialoga sucessiva e simultaneamente.

Na *Peça para piano* op. 33a*, a série

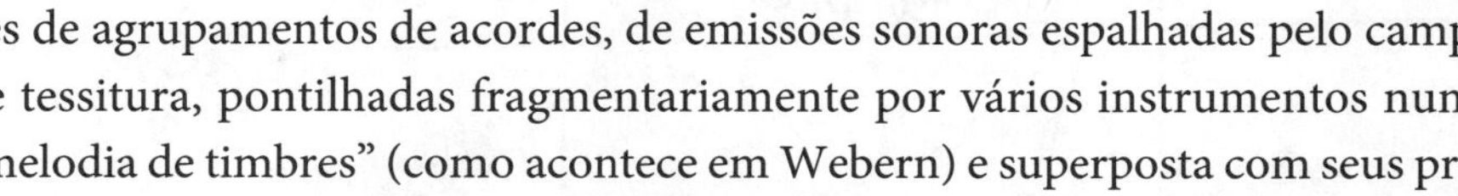

é apresentada através de três acordes, seguidos imediatamente, em mais três, de sua inversão.

"Now remember: you don't sound again until all the others have had a go....."
EQUAL RIGHTS for all NOTES
DOWN WITH TONALITY
THE 48 PERMUTATIONS
RETROGRADE INVERSION
RETROGRADE MOTION
MELODIC INVERSION

Schoenberg, Peça para piano *op. 33a*

Começa aí um trabalho no qual o compositor vira e revira a combinatória serial para obter e extrair resultados dela, resultados que a própria determinação do material impõe, e resultados que o compositor visará, procurando tirar partido da maleabilidade desse "espaço sonoro inteiramente neutro, homogêneo, isotrópico, não orientado", aberto pela desejada "abolição de toda hierarquia entre os diferentes sons".[15]

Como diz René Leibowitz, a série não é um modo nem é um tema.[16] Não é um *modo* através do qual circula a melodia, pois é ela, a série, que circula através da trama polifônica multiplicada em espelhos. Não é um *tema* concebido como uma unidade de identidade melódica, pois está destituída de qualquer identidade estável, apenas oferecendo ocasião para a manifestação de configurações puramente relativísticas. Talvez se pudesse compará-la, por declarada oposição, com o *raga* da música indiana, combinação melódica derivada da escala e que serve como matriz para a improvisação (elemento intermediário entre a escala e o discurso), com a diferença evidente (e sintomática) de que o raga é uma estrutura fixa, codificada coletivamente, integrada num universo de analogias cósmicas e improvisada sobre a tônica fixa, enquanto a série é variável, não codificada, relativística, descentrada e descentrante, servindo à composição de obras tipicamente escriturais e não improvisadas.

3

Com Webern, a dodecafonia ganha uma nova objetividade (um alto grau de concentração e uma economia isenta de traços românticos). Webern pratica um serialismo pontilhístico, lacunar, denso de inter-relações sonoras ao mesmo tempo que radicalmente rarefeito. O campo sonoro é pontuado de alturas timbrísticas claramente espaçadas e vazadas de silêncios. Em algumas de suas obras pré-dodecafônicas, como as *Cinco peças para orquestra* op. 10, o tratamento instrumental, com a ruptura de qualquer alinhamento melódico e a intermitência dos timbres, anuncia a futura música eletrônica. Nas obras dodecafônicas o som aparece ao mesmo tempo como puramente abstrato (na medida em que é um ponto na rede de relações seriais) e fortemente concreto (porque, liberado da linha temática da melodia e da progressão tonal, vibra na pura materialidade da sua granulação, do seu impacto, da sua ausência). Webern inspirou os futuros alunos de Messiaen na década de 1950, Boulez e Stockhausen, a praticarem um serialismo generalizado estendido a todos os parâmetros: não só séries de alturas, mas de timbres, intensidades, durações, modos de ataque. É que a técnica musical caminha então movida pelo desejo de generalizar o seu domínio sobre o campo sonoro, exercendo o controle microcósmico de todas as dimensões e buscando a coerência de todos os parâmetros, de modo a não conter nenhum elemento supérfluo.[17]

Webern singulariza o seu tratamento da série radicalizando o princípio do espelho: ele procura configurações intervalares de doze sons que já sejam, elas mesmas, a condensação de um espaço simétrico, ao mesmo tempo que labiríntico e sem centro (uma série que já contenha, em avesso do avesso, os seus próprios espelhos). É o caso clássico da série do *Concerto para nove instrumentos* op. 24, que pode ser decomposta em quatro segmentos (de três notas), os quais se constituem em diferentes transposições de *uma figura inicial*, seu *retrógrado*, a *inversão* e o *retrógrado da inversão*.

Numa carta a Hildegard Jones, o compositor revela que tem como ideal de série a inscrição latina:

S A T O R
A R E P O
T E N E T
O P E R A
R O T A S

frase que pode ser lida em quatro sentidos direcionais diferentes, à maneira de uma série que pudesse ser, ao mesmo tempo, o original, a inversão, o retrógrado e o retrógrado da inversão. Nesse lance de dados ideal estaria inscrito o modelo de uma arte estritamente probabilística e rigorosa, que se irradiaria em ecos e defasagens espelhadas em torno de um centro ausente (a frase latina é enigmática; costuma-se propor traduções hipotéticas tais como: "o lavrador mantém cuidadosamente a charrua nos sulcos"; "o semeador — ou o criador — mantém o mundo em sua órbita").[18]

Na primeira das *Variações* op. 27* para piano, uma série se expõe ao mesmo tempo que seu retrógrado, num procedimento similar ao de Guillaume de Machaut no rondó-cânon "Meu fim é meu começo". A série:

Um fragmento inicial da peça:

Webern, Variações *op. 27*

Todas essas variações (sobre nenhum tema) se caracterizam pela sua simétrica condensação, cuja cristalina clareza, mesmo que antitonal, deixa ouvir aquilo que está implícito na música serial: a sua espacialidade. Uma análise gráfica da obra de Webern, feita por Carlos Kater, transpondo visualmente em linhas e cores a textura das formas seriais, evidencia a enorme visibilidade do seu perfil mondrianesco.[19] Fugindo dos ímãs atrativos das ressonâncias sonoras e das direções tensionantes e resolutivas, para se manter numa zona de gravitação rarefeita que desmagnetiza (sempre provisoriamente) a polarização tonal, o som weberniano parece se localizar mais no espaço que no tempo. Mesmo as suas cerradas defasagens, que remetem necessariamente às durações e ao jogo temporal, parecem corresponder mais a uma topologia (e a uma espacialização do tempo) que a uma rítmica.

O dodecafonismo não tem efetivamente como realizar desenvolvimento. Em Schoenberg, que tenta fazê-lo, e que concebeu o campo descentrado da série como um lugar para o estabelecimento de novas relações progressivas, o movimento das notas parece o de peixes na água (que não tem profundidade e cuja direção é irrelevante porque já estão imersos na profundidade indiferenciada). Em Webern, no entanto, essa falta de lugar para o desenvolvimento se cristaliza em formas rarefeitas, condensadas e simétricas, que, se não têm para onde evoluir, apontam para si mesmas e para o vazio que as permeia através de estruturas exaustivamente autorreferentes. Por isso, Webern é um caso único, distinto tanto de Schoenberg, sua fonte, como do serialismo que se baseia nele.[20]

Daí também a curta duração de suas peças: é sabido que a obra completa, do opus 1 ao 31, cabe em quatro LPs, e muitas de suas peças mais importantes duram em torno de um minuto, ou menos que isso. O lugar delas não é mais, como foi em toda a história do desenvolvimento tonal, a expansão temporal, mas a inscrição num não-lugar, numa singularidade que corresponderia à implosão luminosa de um buraco negro.

4

É possível pensar que a polifonia medieval e renascentista tem certa correspondência com a música dodecafônica — ambas contrapontísticas, uma convergindo para a tonalidade, outra divergindo dela. (O classicismo seria o núcleo central desse espelhamento, e o barroco e o romantismo manteriam também, como já foi dito, certa analogia simétrica.)

O que interessa registrar aqui, de passagem, é o papel central que o trítono vem ocupar na música dodecafônica. Na simetria sem centro da música weberniana ele se investe da maior importância, como afirma o próprio compositor em um de seus escritos. Compreende-se — é um intervalo dotado de uma dupla especularidade: radicalmente *simétrico* e *instável*, divide a oitava pela metade e é igual à sua própria inversão; as suas duas notas se estranham sem que nenhuma prepondere sobre a outra, apontando suas polarizações para novos trítonos.[21] Na ópera *Moisés e Aarão*, de Schoenberg, a fala de Deus a Moisés se faz sobre um sexteto vocal sem palavras, que enuncia em quatro acordes de três notas a série fundamental com um trítono central ("símbolo abstrato-concreto do Infinito em sua identidade e ubiquidade", segundo Raymond Court).[22]

Deus e o diabo como uma mesma cisão do idêntico, o corte na unidade da oitava pitagórica, a perfeição sem centro, o microcosmo total como aposta probabilística sobre o vazio, todas essas ressonâncias míticas, teológicas, metafísicas, estão de algum modo latentes na música dodecafônica.

Thomas Mann bordou com elas a polifonia do seu *Doutor Fausto*, em que a dívida pactária rolada com a barriga pelo esgotamento da música tonal é cobrada e renegociada. A teoria da música dodecafônica, de que Mann se serviu para dar voz aos projetos de seu personagem (o compositor Adrian Leverkhun), pode ser interpretada no romance como uma nova forma do contrato fáustico. (Thomas Mann não o disse nesses termos, mas desta vez o trítono, enquanto elemento instável e desterritorializado, não seria o mediador, mas o próprio centro oculto do sistema.)

Schoenberg protestou irritadamente contra a utilização das suas ideias, sem crédito de autoria, na boca de um músico pactário do demo que termina seus dias tragicamente louco e idiotizado em razão de uma sífilis contraída na juventude. Mann acrescentou ao romance uma ressalva sobre a "propriedade intelectual" da estética dodecafônica, acalmando o compositor. Mas o seu personagem condensa, na verdade, várias vertentes da cultura alemã em contraponto surdo com a decomposição da República de Weimar, em trânsito para o fascismo, e com a própria guerra que se desenrolava ao tempo em que o texto era escrito. Nele ressoam desde a "patologia" do artista romântico (como se dá em Tchaikóvski e Hugo Wolf)[23] até a figura do Nietzsche final, cujo destino trágico é paralelo ao de Leverkhun.

No romance se faz a anatomia trágica da vontade de potência. O desejo do músico radical moderno é o de dominar o universo sonoro pela "integração absoluta de todas as dimensões musicais", realizando o "quadrado mágico" que reside na superação da diferença entre a melodia e a harmonia, a natureza polifônica da fuga e a natureza homofônica da sonata (bifurcação de origem no sistema tonal). Ele quer racionalizar a composição levando às últimas consequências negadoras o desenvolvimento implicado na música europeia. (Mann aproveita também várias situações da narrativa para fazer uma espécie de glosa ficcional das ideias musicais de Adorno.)

A apresentação do projeto musical, no capítulo XXII do livro, passa pelo crivo dialogal do humanista Serenus Zeitblom, amigo de Leverkhun, que se constitui em narrador e biógrafo do compositor. Zeitblom pondera a certa altura que sob a racionalidade aparente das "constelações" seriais reina um fundo de irracionalidade e superstição, de numerologia (sob a capa de matemática intervalar) e de astrologia (sob esse projeto de universalização sonora que evoca alguma estranha modalidade de música das esferas). Leverkhun responde que nessa ambiguidade reside o próprio movimento da vida, e o texto mantém em suspenso paródico a tensão dialógica entre as duas vozes dos personagens.[24]

Se o projeto da arte moderna é visto contraditoriamente como progressivo e regressivo (oposição que Adorno figurou no contraponto entre Schoenberg e Stravinski, mas ressalvando expressamente que os dois compositores teriam muito mais em comum do que essa antítese possa sugerir),[25] a planificação da obra de arte e o "controle absoluto, que os artistas modernos procuram estabelecer sobre os últimos vestígios de contingência livre" ou da pura espontaneidade podem ser vistos como um eco daquilo que acontece nos estágios avançados do capitalismo monopolista, em que "não apenas as pequenas unidades de negócio, mas também a distribuição e, em última análise, os últimos elementos de livre circulação do velho universo comercial e cultural são assimilados num mecanismo absorvente e total".[26] A totalização seria, pois, um traço da vida social moderna, da qual os regimes totalitários "são apenas um sintoma". A totalização serial, o controle generalizado de todas as instâncias da composição, ecoaria obliquamente a tendência à integração completa de todas as áreas da natureza, da sociedade e da vida individual sob a organização total da economia capitalista.

Entende-se assim o princípio de ambivalência, presente em Adorno e Thomas Mann, em que a arte recusa a sociedade existente mas ao mesmo tempo não pode fugir a mimetizá-la, internalizando as suas contradições mais agudas sob a forma de fracassos ou de fraturas formais. No caso do *Doutor Fausto* essa questão ganha uma singularidade e força redobradas, pois a vida do compositor dodecafônico encontra-se em "paralelo alegórico" com a desintegração da Alemanha de Weimar sob o fascismo (onde a forma totalitária desentranha naquela situação de hecatombe histórica os mais recônditos mitos da dominação assumida como natureza: destino da raça superior, guerra purificadora). A relação entre a arte e a sociedade no texto de Thomas Mann é, no entanto, radicalmente ambivalente pelo seu polifonismo. Com o doloroso contraponto entre a arte progressiva e a história regressiva o romancista quis enfatizar (como diz o crítico marxista Fredric Jameson, acertadamente) "não o 'mal' do modernismo [...] mas antes a natureza da tragédia nos tempos modernos: a possessão do homem pelo destino histórico, o intolerável poder da história sobre a vida e sobre a criação artística, a qual não é livre para não refletir aquilo contra o que reage".[27]

É também sobre a ambivalência, embora num sentido diferente, que trabalha Adorno, quando escreve sobre Schoenberg na *Filosofia da nova música*. Schoenberg é, para o pensador neo-hegeliano, o artista dialético por excelência, que assume o estado atual da linguagem em toda a extensão de suas contradições. O compositor austríaco leva, segundo ele, às últimas consequências lógicas a própria história da música alemã, vale dizer, da tonalidade como drama. Schoenberg teria encarado a impossibilidade de compor autenticamente uma música consoladora e afirmativa numa sociedade cuja divisão coisificadora é um dissolvente de toda harmonia. Seu maior valor estaria em prosseguir, sob a égide da atonalidade, e portanto da negação, aquela busca de coerência de todos os elementos que deriva da melhor tradição beethoveniana e brahmsiana. Nessa dialética negativa, o melhor modo de corresponder à grande tradição tonal alemã (que permanece de certo modo para Adorno como grande modelo) seria através de uma música atonal, que libera a dissonância como algo mais racional que a consonância, pois exibe de maneira articulada a relação heterogênea dos sons nela presentes. (Nesse sentido, já se vê que a consonância, onde se figura uma unidade sonora aparentemente homogênea, adquire historicamente para Adorno o caráter de *ideologia*, no sentido marxista de "falsa consciência").[28]

Mas vale ressaltar que, para o autor de *Filosofia da nova música*, o mérito de Schoenberg não está em ter criado o sistema dodecafônico, mas em compor *apesar* dele. Schoenberg escreveria num tempo em que a obra luta contra a própria linguagem que necessita, ao mesmo tempo, fundar. O compositor atende contraditoriamente à necessidade incontornável de um sistema, compondo não para afirmar a fórmula, mas para exercer uma difícil espontaneidade através dela e contra ela. Nisso residiria, para Adorno, o caráter progressista da música de Schoenberg: ela se assume como variação radical num tempo em que a obra acabada é cada vez menos possível, e incorpora à sua linha acidentada o choque e a provisoriedade. Assumindo sofridamente a necessidade de um sistema que é contraditoriamente recusa e reflexo imposto da ordem existente, sistema que ela funda e contesta, a música de Schoenberg participaria, segundo Adorno, de uma racionalidade dialética.

O *progresso* representado por Schoenberg é oposto exemplarmente por Adorno a Stravinski, visto como *restauração*, pois sua música francamente regressiva, seja primitivista ou pastiche neoclássico, não suportaria as contradições históricas inscritas na forma, e busca imprimir-se um caráter "obrigatório", de algo que se impõe como pronto, mesmo sendo feito de empréstimos. (A crítica adorniana inclui tanto a fase "primitivista" da *Sagração da primavera*, com a sua detonação de politonalismos e polirritmias, como a fase neoclássica que se seguiu, quando Stravinski se torna uma espécie de comentador de estilos, pastichando ora Pergolesi, na *Pulcinella*, de 1920, e Tchaikóvski, em *O beijo da fada*, de 1928, ora Palestrina, a sonata clássica, a polifonia flamenga, e assim por diante.)

Thomas Mann e Adorno olham, portanto, de dentro ou do alto da tradição alemã, para a profunda ambivalência da música dodecafônica (e para a desolação de todo o resto). Essa ambivalência se traduz, em Mann, numa ironia essencial (se se pode dizer assim), e em Adorno numa dialética agônica que afirma um progresso que não tem como progredir, e que é a própria expressão do fim do ciclo tonal, com cuja história o pensamento dialético, pelo menos tal como Adorno o pratica, está profundamente enredado.

Desse lugar, Adorno faz as mais agudas e incontornáveis observações sobre a história da música, ao mesmo tempo que se nega a ouvir as músicas em mutação, aquelas que estão mexendo com o mundo, como o jazz, nas quais só escutou primarismo e inautenticidade.[29]

5

Mas o dodecafonismo surge e se desenvolve, para além ou aquém da ambivalência irônica de Thomas Mann e da ambivalência agônica de Adorno, imbuído de uma convicção otimista acerca do progresso que ele mesmo representa. Schoenberg teria dito a um aluno, por volta de 1921, que o sistema de doze sons "deverá garantir a supremacia da música alemã para no mínimo os próximos cem anos". Além da grandiloquência nacionalista embutida na frase, que contém ao mesmo tempo a ingenuidade e as perigosas implicações que conhecemos,[30] ela participa da crença num poder ilimitado da nova música como *idioma* que abriria um extenso campo de possibilidades a serem exploradas para além da tonalidade. O caráter diretamente produtivo da conquista técnica, aliado aos pressupostos utópicos da arte modernista ("humanizar a ordem industrial, corrigir o espírito materialista e aquisitivo e libertar insuspeitadas energias criativas no conjunto da sociedade"),[31] faz pensar na sua efetiva implantação e generalização como a única alternativa consequente à música tonal.

Esse espírito prossegue erigido em profissão de fé nos serialistas que se afirmam na década de 1950, Stockhausen, Luigi Nono, mas principalmente Pierre Boulez. O tratamento rigoroso de valores durativos, timbrísticos, de intensidade, e não só melódicos, reconhecido em Webern, leva os compositores a praticar um serialismo integral, extensão do sistema dodecafônico a todos os parâmetros do campo sonoro. "Schoenberg está morto", declara Boulez num artigo-manifesto[32] em que contrapõe as impurezas românticas do mestre à concentração impecável de Webern (cuja obra deveria ainda assim ser filtrada de seus "resíduos" de periodicidade). Mas, depois de devidamente assassinado o pai, nada mais impediria a clara definição e a expansão da nova música em seu progressivo controle do campo sonoro. Os elementos não controlados pela técnica serial, e não diretamente exigidos portanto pelas necessidades do código racional explícito, são tidos como supérfluos, automáticos, excrescentes — manifestações de *hedonismo* (palavra que conota pecado no discurso do cartesiano Boulez).

Na verdade, a confiança sem tréguas no progresso incessante da linguagem musical já se encontrava claramente afirmada em Webern: "A composição com doze sons atingiu em coerência um grau de perfeição jamais verificado anteriormente", dizia ele, apoiando-se certamente naquilo que é cristalino em sua obra, a recíproca necessidade interna de todos os elementos. Supunha ainda a completa transparência da estrutura à escuta: "É claro que, quando existem relações e coerência em todos os níveis, a apreensibilidade está garantida. Todo o resto é simplesmente diletantismo, sempre foi e sempre será!".[33] O que faria da música dodecafônica, portanto, a mais compreensível das músicas.

O ânimo racionalizador e sua investida ilimitada sobre a natureza a explorar tem outro exemplo importante no pensamento de Webern, quando este afirma que "estamos diante de uma apropriação cada vez mais completa do que é dado pela natureza! *A série dos harmônicos é praticamente infinita*. Diferenciações sempre mais sutis são possíveis e, desse ponto de vista, não há nada que se possa opor à música de quartos de tom e outras semelhantes. A única questão é se a época atual está já madura para isso. Mas esse caminho [...] está traçado pela natureza do som".[34]

A ideia de que a história da linguagem musical (ocidental e moderna) caminha através da série harmônica, avançando sobre seus intervalos e dando saltos qualitativos a cada passagem, concorda com tudo o que tenho dito até aqui. Mas a suposição de que a capacidade de diferenciação das alturas caminhe progressivamente, otimizando-se à medida que avança sem se dissolver enquanto tal, é um postulado do modernismo desenvolvimentista que a história posterior abalou e deslocou. Boulez e Stockhausen não seguiram o caminho serial e weberniano em toda a extensão que previam talvez porque, justamente, a capacidade de produzir diferenciação na grande empreitada fáustica das alturas tenha atingido um limite decisivo. Em Stockhausen, o caminho se abriu em várias direções compositivas; em Boulez, passa pelo silenciamento, pela atividade da regência e é reciclado através da dedicação à pesquisa tecnológica avançada.[35] Outros compositores silenciam, buscam novos caminhos, ou voltam ao tonal.[36]

O cumprimento de um percurso secular, que vai do uníssono à cauda ruidística da série harmônica, esse dado histórico da técnica musical, entra assim numa intrigante sincronicidade histórica com o chamado *pós-moderno*, tendência difusa que marca o arrefecimento do ímpeto desbravador dos modernismos, junto com uma crise sem precedentes da ideia ocidental de cultura.

A razão moderna não sabe propriamente o que fazer com desafios analógicos desse tipo. Alguns pensadores tradicionais e antimodernos, com uma visão profética da música, tomaram ao pé da letra o fim do percurso harmônico como sinal do fim dos tempos (embora possa ser risível que se pretenda extrair um paralelo tão abrangente de um "mero" dado técnico, o sinal apocalíptico não é absolutamente desprezível).[37] Mas a analogia, para quem sabe que ela está sempre presente de algum modo nos bastidores do simbólico, poderia ser tomada como metáfora epistemológica, indicadora de um acercamento aos confins da realidade descritível ou concebível (semelhante àquilo que diz Stephen Hawking, de que a física talvez tenha chegado, ou esteja chegando, à descrição das derradeiras partículas mínimas da matéria).[38] Poderia esse dado material servir ainda a uma interpretação dialética? Ou está fadado a recair numa pós-moderna alegoria do vazio, índice de indiferenciação que se indiferencia naquilo que indica?

Se aceitamos a relevância da analogia entre o fim do ciclo evolutivo das alturas e o período histórico que estamos vivendo, intuiremos que ela está pedindo novos parâmetros de pensamento, demanda que repercute sobre todas as concepções vigentes e periclitantes de arte, ética, política.

Em música, para formularmos o problema de uma maneira simples, o limite da diferenciação no campo das alturas, que foi o espaço privilegiado de um longo desenvolvimento, levou de fato a um deslocamento de parâmetros: o sintoma mais imediatamente visível e direto é a passagem da organização cerrada das alturas à ruidagem eletrônica, com a produção acelerada de timbres, e, no limite, "fracas" estruturas (no sentido tradicional, que supõe articulações transparentes em níveis integrados). O sintoma indireto, ou contrário, é o retorno do pulso, da repetição defasada ou não, presente em Stravinski e depois no minimalismo, ecoado pelas músicas populares de massa, reouvido nas músicas modais.

Vista assim, a história do dodecafonismo é bem diferente daquela que ele mesmo concebeu para si. Schoenberg, Webern e Alban Berg não estavam propriamente concebendo o idioma musical do futuro, mas promovendo, além de produzir suas obras singulares, a transição ou a metamorfose do som contemporâneo das alturas ao ruído e aos timbres. A dodecafonia é uma técnica da abertura do espaço sonoro a relações não polarizadas, dando lugar à ocupação errática de um espaço galáctico pelo qual as ondas passam em múltiplas direções, como acontece na obra de Boulez, de Berio, na obra eletrônica de Stockhausen.

Stockhausen uniu interesse serial a uma sondagem toda pessoal da relação entre o tempo e o espaço na estrutura sonora. A sua composição se combina na década de 1950 com uma inquietação teórica sobre as relações entre durações e alturas, espacialização melódica e temporalidade rítmica, que a pesquisa eletrônica faz ver como aspectos de uma mesma coisa (patamares de frequências que remeteriam à unidade temporal dos movimentos vibratórios). Essa inquietação levou-o a conceber obras nas quais se procura captar em "formas-momento" um campo de reversibilidade interferente entre o tempo e o espaço na música, entre os eventos frequenciais de todo tipo, durativos, de alturas, timbres, intensidades. Para isso, espacializa e estereofoniza os grupos sonoros, dispondo em planos interferentes os conjuntos instrumentais e as fontes eletrônicas.[39]

Como essa empreitada se faz na direção de um aguçamento do princípio da polifonia descentrada que estava na música serial, o resultado é o de texturas marcadas, antes de mais nada, pela mais completa *descontinuidade*. A fragmentação do espaço sonoro e a dissolução do horizonte repetitivo correspondem ao "fracionamento do tempo musical numa sequência de presentes sucessivos de duração variável", que pedem do ouvinte uma concentração máxima de atenção sobre o aqui e o agora de cada "momento", uma atenção radicalmente instantânea e não linear.[40] Em contrapartida a essa descontinuidade básica, a música de Stockhausen é movida, ao mesmo tempo, por um desejo de unidade, pelo demônio da analogia, pela permeabilidade entre espaço e tempo, em uma palavra, pelo desejo de totalidade, que se traduz no seu fôlego mítico e dá ao compositor aquele caráter algo demiúrgico que o singulariza entre os contemporâneos.

O ritmo de aceleração galáctica dos pressupostos da música dodecafônica, estimulada pelo avanço da tecnologia eletrônica, consumou em poucos anos os processos sonoros mais complexos.

Na música de Boulez essa aceleração pode ser ouvida nas formas velozes e hiperpovoadas do seu serialismo (que perde aquela concentração do tipo lacunar que havia em Webern, o seu modelo). Pode-se notar, por outro lado, que o pensamento de Boulez, ao contrário de Stockhausen, é analítico-dedutivo, separador, classificatório, e toma o serialismo, durante certa fase, como uma ortodoxia avançada.

Outro sinal importante do acelerado descentramento do espaço sonoro praticado sob as bases de um racionalismo estrito é a obra de Xenakis. Ela se compõe de nebulosas de som resultantes da transposição computadorizada, em termos probabilísticos (ou "estocásticos"), de estruturas matemáticas. Xenakis pensava na precedência da fórmula numérica, atemporal, sobre a sua atualização real temporalizada (como uma espécie de novo pitagorismo em que a música remete ao fundo oculto de um universo ordenado numericamente). O seu pitagorismo é regido evidentemente não pela tetraktys (o equilíbrio perfeito dado pela oitava e a quinta), mas, ao contrário, pela pulverização estocástica.

A música de vanguarda da metade do século é marcada portanto pelo princípio de descontinuidade radical que permeia também seus materiais ruidísticos: ultracromatismo, microtons, glissandi (deslizamento do tom sem subdivisão cromática), clusters (aglomeração de notas vizinhas formando ruídos), nebulosas de feixes probabilísticos, músicas aleatórias e indeterminadas.

A certa altura, a exploração exaustiva desse lugar onde as alturas confinam com a granulação timbrística, os blocos de ruído e o silêncio vaza todos os limiares da saturação informacional que vai em direção à redundância entrópica. Ao mesmo tempo, o contexto geral contém um efeito de reverberação informativa que faz com que mensagens e códigos entrem numa espécie de microfonia, onde tudo tende a funcionar como citação ou pastiche de outra coisa, queira-o ou não.

Em algum lugar, talvez dos anos 1970, um ponto de ruptura dispersa a onda da música contemporânea em recuos, silêncios, viradas de 180 graus, ou mutações que indiciam a dificuldade de se manter na trajetória e no ritmo da evolução permanente.

De certo modo, o compositor que atravessou mais inteiro esse cinturão de meteoritos foi justamente Stockhausen, graças a uma flexibilidade que o faz juntar a forma e a indeterminação da sua linguagem com fontes completamente distintas ou aparentemente distantes da vanguarda ocidental, como a meditação oriental, a astrologia e a dança, unidas na verdade ao fôlego wagneriano de uma insistente *Gesamtkunstwerk* (a "obra de arte total"). Com sua trupe panfamiliar, suas mulheres e filhos músicos (virtuoses de vanguarda e jazzistas-roqueiros), Stockhausen é o elo perdido entre a "grande música" e uma outra música que poderá surgir.

6

É nesse lugar (a "crise das alturas" que afeta a música europeia, não só quanto a suas alternativas técnicas e estilísticas, mas na sua tradicional justificação progressiva) que surge o minimalismo americano. A música "repetitiva", além do caráter quase excêntrico da sua insistência maquínica, que impressiona à primeira escuta, tem que ser ouvida como uma música que abdica da construção melódico-harmônica para focalizar o pulso. Essa focalização exaustiva do pulso, que lhe dá a primazia estrutural, fora alguns possíveis casos muito isolados, esteve ausente do arco evolutivo da história da música ocidental, e talvez tenha sido recolocada em cena justamente por Stravinski (embora num estilo muito diferente da música repetitiva). As estruturas escalares esquemáticas da *Sagração da primavera*, com suas superposições politonais quase ruidísticas, são basicamente portadoras de pulsos (vigorosamente regulares e irregulares, quebrados, deslocados).

Pode-se pensar que a crítica de Adorno à "restauração" promovida por Stravinski seja uma condenação prévia (muito *avant la lettre*, evidentemente) ao pós-moderno. A sua estética tem a ver antecipadamente, como já foi dito, com o rock (sua afirmação do pulso e um certo tom heavy) e com o pastiche (o estilo de segundo grau, pura glosa e citação, linguagem alegórica sem nervo paródico, que ele pratica dos anos 1920 até o início dos anos 1950). Mas curiosamente, como bem aponta Jameson, Stravinski acabou, de pastiche em pastiche, numa paradoxal "quadratura final do círculo", por compor em técnica dodecafônica ("tomando o seu adversário metafísico Schoenberg" — ou Webern — "como seu avatar final").[41]

Embora saudada pelos serialistas como uma adesão direta ao progresso da linguagem, a passagem de Stravinski, por volta de 1952, à técnica serial weberniana, em obras como o *Septeto* (1952-53), *Threni*, *Movements* ou *Agon*, pode ser interpretada também, conforme sugere J. Jota de Moraes, como comentário e revisitação do passado musical, em suma, como uma forma, já deslocada e extremamente requintada, da glosa ao estoque de estilos da história da música.

Os universos modal e tonal, os ritmos das danças que vão do Renascentismo à música de mercado norte-americana, os timbres por vezes procuradamente arcaicos [...] por vezes francamente irônicos à maneira das jazz bands, e a própria maneira de estruturar o discurso — de relacionar elementos tendo em vista um todo, a forma — põem a claro essa vontade de servir-se da história. Mas não de uma história inquestionável ou meramente diacrônica, mas de uma história percebida como dinâmica sincronia e que é, nesse gesto, colocada em questão.[42]

A configuração heterogênea da música de Stravinski remete assim a uma espécie de simultaneização na música contemporânea, da qual ele se faz um dos primeiros sinais: pratica, em rodízio, música com traços modais primitivistas, música tonal em vários patamares de estilo epocal, e música serial, fechando um círculo sincrônico sobre a desintegração da grande diacronia da música ocidental.

7

As primeiras manifestações minimalistas datam do começo dos anos 1960, e parecem derivar de algumas consequências cagianas num clima já de pop art (o que favorece duplamente o abandono da arte como discurso da subjetividade).

Mais remotamente elas apontam para Satie, cuja tendência natural à repetição e ao esfriamento de jogos cadenciais ele hiper-realizou na peça *Vexations*, com suas 840 repetições ("quando Cage apresentou-a, em 1963, foram precisos dez pianistas e dezoito horas para a execução, o objetivo sendo o de envolver o ouvinte em som repetitivo, assim como o objetivo de Stockhausen e outros era envolvê-lo em sons não-repetitivos e não-repetíveis").[43]

A música minimal expõe a nu processos sonoros que parecem se realimentar não da intervenção do artista, mas da sua própria lógica autônoma, até atingirem a entropia. Numa peça como *Pendulum music* (1968), de Steve Reich, por exemplo, três ou quatro microfones pendurados oscilam pendularmente sobre uma fonte sonora (um alto-falante), registrando o som a cada passagem por ela. O que se expõe é o processo gradual de oscilações múltiplas até o estacionamento de todos os microfones em uníssono. Temos uma sequência de pulsos defasados se encontrando e desencontrando até chegarem ao "acorde" final, a "consonância" ao mesmo tempo que a "morte" do processo. Não é descabido interpretar essa obra como uma fuga estruturalmente reduzida a componentes mínimos: as quatro "vozes" se "imitam" polifonicamente, se "divertem" aleatoriamente e caminham em stretto para a entrada em fase que as imobiliza. Detonado o processo, os executantes se sentam na plateia para assistir a seu desenrolar junto com o público. Diz Steve Reich que "executando ou escutando processos musicais graduais, participa-se de uma espécie de ritual particular, liberador e impessoal. Concentrar-se sobre um processo musical permite desviar sua atenção do *ele*, do *ela*, do *tu* e do *eu* para projetá-la para fora, no interior do *isto*".[44]

Nas suas origens a música minimalista parece ter partido de formas ainda mais elementares de exposição do som (como se fosse uma espécie de cantochão preliminar da polifonia de pulsos). Numa peça chamada *Composição nº 7* (1960), de La Monte Young, a partitura manda sustentar um só som (a quinta si-fá sustenido) por tempo indeterminado.

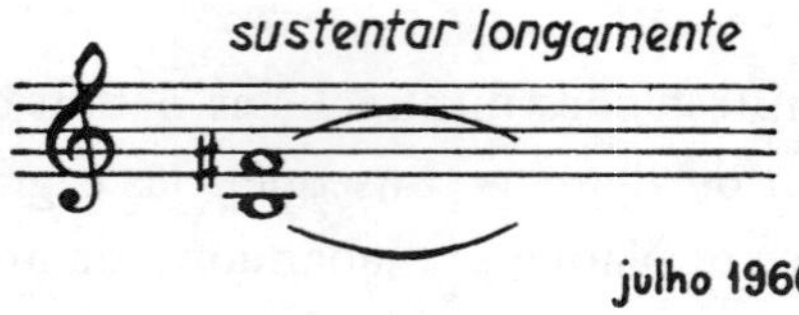

O processo que se expõe então é o estado puro da repetição contínua, polarmente oposto ao horizonte zero de repetição da música de vanguarda europeia mais extremada. Não é preciso dizer que esses polos se tocam de alguma maneira e denunciam o fundo repetitivo e ao mesmo tempo descentrado sobre o qual se move a música presente, no qual se encontram as suas formas mais opostas, entre a diferenciação máxima e a indiferenciação.

No entanto, a hipostasia repetitiva se mistura, nos seus primórdios, com "um certo misticismo onde a ênfase é colocada sobre uma contemplação do som".[45] As *dream houses* onde se tocava a música de La Monte Young prenunciam o misticismo pop da contracultura de alguns anos mais tarde, que tentará fazer levitar o Pentágono pronunciando em massa a sílaba OM. Sustentar um único som é como entrar em contato com aquela tônica fixa da música modal, a nave-mãe agora desgarrada de seu cortejo escalar. O minimalismo vai ser o ponto de encontro da música contemporânea com as músicas modais, mas num campo agora incapaz de articular cosmologias centradas. O som, como já disse, é o objeto não identificado que será posto em questão de outro modo pelos timbres, silêncios e acasos de Cage.

Mas o minimalismo se desenvolverá através de músicas em que pequenos motivos melódicos são repetidos de modo a se alterarem gradualmente. O movimento gradual se dá através da insistência no tempo: ao contrário de Webern, os minimalistas precisam do tempo, e fazem muitas vezes peças de meia hora de duração com menos notas (ou relações de alturas) do que aquelas que Webern utiliza às vezes em meio compasso. Aqui, é a repetição insistente que engendra a diferença, através da introdução de pequenos elementos (como uma simples acentuação) que alteram gradualmente a paisagem de um motivo que se repete.

A técnica de variação repetitiva difere entre os vários compositores. Em La Monte Young, ela se baseia na sustentação do som contínuo realçado por certas alterações improvisadas em torno dele (como no "Teatro da Música Eterna"). Em Terry Riley o princípio repetitivo é variado segundo a inspiração do improvisador ("a repetição é tornada mais aceitável graças aos timbres clássicos da eletrônica pop e dos efeitos não menos clássicos de eco. Foi Terry Riley que tornou conhecida a música repetitiva dando-lhe títulos de nobreza comercial, e escrevendo as primeiras obras repetitivas aceitas pelas orquestras pop ou tradicionais").[46]

Mas em Philip Glass e Steve Reich é que estão as soluções interessantes. Glass trabalha com materiais de natureza tonal, arpejos submetidos a um "processo de progressão aditiva", superpostos e combinados em movimentos contrários, paralelos, que se subdividem em recortes rítmicos e produzem texturas estáticas, em vez de progredirem cadencialmente. Esse estranhamento *cool* do tonal serve por outro lado à criação de climas teatrais extáticos, algumas vezes magníficos. (Glass tende ao mito e à ópera, embora não tenha encontrado, me parece, soluções para o canto à altura de algumas de suas peças instrumentais.)

Steve Reich desenvolve, como em *Pendulum music*, processos de progressão gradual em que elementos em uníssono rítmico, ou em fase, vão se afastando ou defasando tão completamente até que se encontram novamente em fase (com isso se dá uma espécie de rastreamento completo, como num radar rítmico, das possibilidades graduais de um pulso). O que temos é uma exposição intensiva e extensiva de elementos simples em defasagens complexas.

Steve Reich, Violin phase*: um motivo em defasagem*

Violin phase (1967) dá uma ideia mais desenvolvida das consequências do método de Reich.

Um motivo rítmico-melódico tocado por um violino é gravado em três pistas. Começando juntas, mas programadas em velocidades ligeiramente diferentes, elas vão quase que imperceptivelmente se desencontrando e produzindo novas configurações ou conjunturas, com o deslocamento gradual dos acentos rítmicos e portanto da "cabeça", isto é, do lugar no qual recortamos o início da figura melódica.

Do ponto de vista melódico-harmônico, por sinal, esse motivo de seis notas é propositalmente simples, adequado para se repetir e se superpor sem grandes tensões, deixando que o seu centro oscile ao sabor do pulso, recaindo tendencialmente a cada vez sobre as notas que estão sendo mais acentuadas.[47] É o que acontece à medida que a repetição se dá: o "tema" funciona em *loop*, isto é, em círculo, como se girasse num anel de tempo. À medida que as pistas entram em defasagem e os ataques se desencontram, o ouvido, oscilando entre os pulsos múltiplos, começa a encontrar e perder configurações provisórias onde fundar uma *Gestalt.*

Essas configurações se fazem sobre uma paisagem em permanente mutação, onde o território não se fixa. Os acentos condutores são múltiplos e oscilantes, dependendo do lugar onde estiver o centro de atenção do ouvinte. Paradoxalmente, portanto, a música feita só de repetições produz gradualmente só diferenças. A suposta identidade de um tema melódico é lida e reciclada pelo pulso em defasagem. A ação do tempo mina insensivelmente toda forma estável, e vai revelando sempre outras figuras latentes sob as imagens sonoras repetidas.

Acresce que os pulsos deslocados entram progressivamente numa relação polifônica de cânon, onde as vozes ecoam a si mesmas até chegarem a uma espécie de saturação sincrônica, em que o sucessivo é ouvido como simultâneo.

Quando isso acontece, os vários elementos do motivo se reagrupam na somatória geral, formando entre eles desenhos flutuantes. Como diz Steve Reich, embora não se tenha feito nada mais do que repetir, cada ouvinte poderá estar escutando nesse momento músicas diferentes, através das diferentes acentuações mentais dos elementos em jogo ("podem-se considerar esses motivos como subprodutos psicoacústicos da repetição defasada").[48]

Vemos aí, assim, uma polifonia derivada dos pulsos, e não das alturas. Ela leva a um tempo expandido e ao mesmo tempo sincrônico. A meu ver, o ponto de inflexão que está em causa nessa música sintomática e exploratória é a questão da *entrada*, ou a *cabeça* do tempo. Em geral, a música trabalha necessariamente através de uma intervenção sobre o tempo que se costuma chamar, mesmo tecnicamente, de *ataque*. Todo som, toda frase e todo tema se fazem reconhecíveis através de um recorte definido pelo seu ponto de entrada e de saída. Se esses acentos são deslocados ao longo de uma cadeia repetitiva e circular, a figura musical *muda* completamente (como se fosse outra).

Uma peça simples como a *Música para palmas* (*Clapping music*) de Steve Reich ilustra bem este ponto.

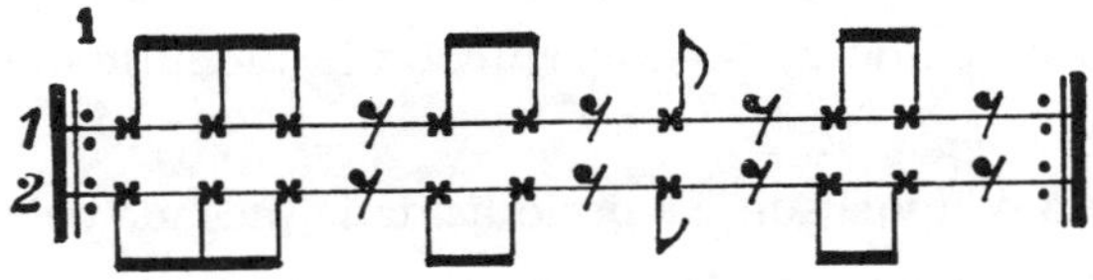

Música para palmas, *momento 1*

Dois intérpretes tocam juntos repetidas vezes um motivo rítmico que pode ser transposto no esquema numérico 123 — 12 — 1 — 12 (momento 1). A certa altura, enquanto um intérprete continua, o outro salta um tempo e passa a expor o mesmo motivo desencontrado do primeiro (momento 2), saltando outras vezes (como no momento 3), até se reencontrar, no fim do ciclo, com o seu ponto de partida.

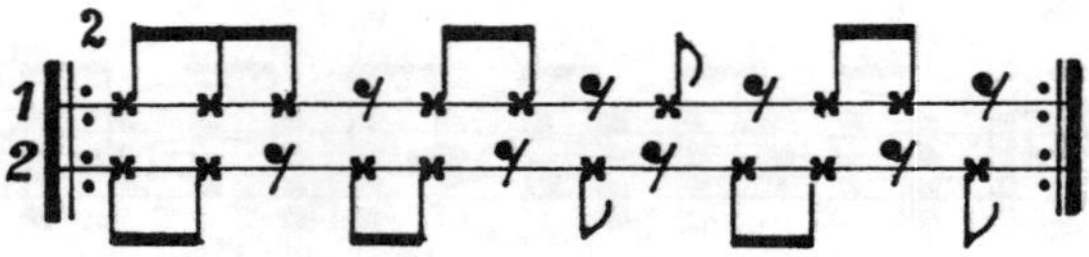

Momento 2

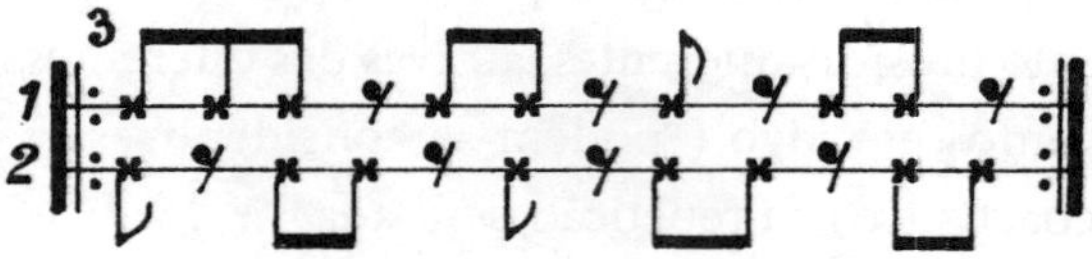

Momento 3

Não é fácil executar a ideia, porque os pulsos se traem (ou se atraem) buscando o uníssono. É difícil manter a independência mental que sustenta a defasagem entre os dois elementos iguais, assim como é difícil a dois cantores sustentar simultaneamente dois sons melódicos vizinhos, como o de uma segunda menor. Dois pulsos próximos e defasados tendem a ser "corrigidos" automaticamente pelo corpo-mente como um erro, ou um desvio (esse é o princípio que rege a tensão e a resolução da "sensível"). Ao mesmo tempo, é difícil para quem escuta perceber que o segundo intérprete está tocando o mesmo motivo que o primeiro, incidindo em lugares diferentes. O idêntico defasado é lido como diferente, onde a identidade é negada pela própria repetição.

Se a memória se apoia sobre a periodicidade (negada pela música dodecafônica), a periodicidade se sustenta a partir de um ponto mental de entrada no tempo sonoro, questionado pela música minimalista de Steve Reich.

Estamos aí explorando outra dimensão do tempo musical. (A astrologia tradicional relacionava a música no *quadrivium* com o símbolo do planeta Marte, ligado ao símbolo também marcial do aríete — Áries —, porque ela se faz através dessa intervenção no tempo que se dá sempre a partir de um ataque reconhecível.) As superposições de motivos idênticos e gradualmente defasados nessas peças de Steve Reich deixam o ouvinte num lugar de flutuação quanto ao ataque dominante, que se multiplica numa polivalência relativística. A decisão quanto à entrada dos elementos, que orienta a escuta, vai ganhando um alto grau de indecidibilidade (noção próxima da lógica e da temporalidade pós-modernas).[49] Exibe-se uma espécie de varredura do campo onde os pulsos se expõem como figuras e contrafiguras (de modo comparável ao efeito visual das gravuras de Escher).

A experiência do tempo solicita simultaneamente a periodicidade corporal (com sua rítmica dançante) e a sincronicidade sem direção do tempo do computador (que abole toda linearidade entre passado, presente, futuro).

É essa encruzilhada do tempo que faz a música de Steve Reich se aproximar das músicas modais e ao mesmo tempo se diferenciar delas. E realmente, depois da ciência aplicada que se vê nessas primeiras peças, ele procurou se inteirar das percussões africanas (especialmente da África ocidental), da música balinesa e indiana. Encontrou nelas o princípio das repetições defasadas que já vinha pesquisando com outros meios, unido àquela vitalidade e fluência marcantes nas músicas modais, com a sua permeabilidade característica entre corpo e cabeça, levados pelo pulso.

A partir daí, passou a valorizar o caráter dançante e a sutileza da "levada", além do projeto intelectual que conduzia a obra nas primeiras peças, ressaltando sempre no entanto que o interesse pela música "não ocidental" não teria nada a ver com uma utilização exótica de suas escalas e instrumentos, mas com uma correlação estrutural da linguagem obtida com as escalas e instrumentos ocidentais. A perspectiva dessa mutação da música do Ocidente em contato com outras tradições fez com que Steve Reich escrevesse em 1970 "Algumas predições otimistas sobre o futuro da música", em que afirma, ao lado do declínio da música eletrônica, que "a pulsação e a exigência de um centro de atração tonal claramente definido reemergirão como uma das fontes fundamentais da nova música".[50]

O contraponto entre a repetição e a não-repetição está latente mais uma vez aí. No entanto, como deve ficar claro, peças posteriores de Reich, como a *Música para 18 instrumentos* (1976), a *Música para grande conjunto* (1979) e o *Sexteto* (1986), têm muito dos processos repetitivos africanos e balineses, sem ser música modal. O caráter maquínico descentrado, ocidental, é persistente nelas, que não deixam de ser elaborada reflexão sobre a repetição e a não--repetição.[51]

Há uma espécie de contraponto, ou uma cisão aberta, entre a mente e o pulso, a cabeça ocidental (e suas ogivas múltiplas), a "cabeça" multiplicada e descentrada dos ritmos, e o pulso elementar em seu eterno ritornello. Nas músicas de Steve Reich tem-se a síntese estética daquele traço que esquiza a música ocidental desde as suas origens, separando o pensamento e o ritmo puro. Mas é como se, através da própria lógica rítmica que comanda os ciclos de fases e defasagens, e à custa de se terem separado tanto, eles estivessem a ponto de se tocar.

8

A música contemporânea, seja através de Stockhausen, seja através do minimalismo, vai penetrando e descobrindo explicitamente novas situações numa área que sempre esteve implícita: a relação entre tom e pulso. A intuição das durações e das alturas como *formas diferentes de uma mesma base frequencial* é o monólito negro da história das músicas. Essa intuição é ao mesmo tempo arcaica e futura, lugar-comum entre o que há de mais primário e inconsciente no nascimento das linguagens musicais e o que vai se evidenciando através do mais sofisticado conhecimento do fenômeno sonoro. O laboratório de música eletrônica, que se desenvolveu na sequência da Segunda Guerra, tornou-se o lugar privilegiado para perceber todos os atributos do som como refrações moduladas de um mesmo princípio. O conhecimento microcósmico do dado ondulatório, a especificação de suas qualidades, encaminha para uma possível integração das propriedades do som como diferentes escalas de um único processo.

É o que diz também Henri Pousseur nos seus *Fragments théoriques sur la musique expérimentale* (1970), excelente balanço prospectivo da música serial e eletrônica, no qual propõe uma nova "periodicidade generalizada" em contraposição — afirmativa — à não-periodicidade generalizada da música serial. Segundo Pousseur, "penetramos num novo domínio, o da relação entre diferentes *níveis* estruturais, entre diferentes *escalas* segundo as quais o dado oscilatório pode ser considerado. Isso nos conduzirá finalmente à possibilidade de reunir os menores e os maiores eventos constitutivos de uma obra musical, as vibrações sonoras assim como a grande forma na sua totalidade, num *único* sistema de descrição perfeitamente orgânico".[52]

É o caso de Stockhausen, que baseou aí o seu pensamento teórico e criativo nos anos 1950, e tentou transpor estruturas durativas para alturas e vice-versa, dentro de uma concepção que converge para a pulverização descontínua do tempo-espaço. Naquele momento, em que se buscava ao máximo a negação de toda estabilidade, o projeto de Stockhausen se voltou para as zonas extremas das frequências, onde as sobreposições de pulsos são mais ruidísticas e instáveis. A correspondência entre durações e alturas estava ali a serviço de uma exploração extrema e terminal da longa história do desenvolvimento das alturas, e tomava como referência principal a parte "final" do espectro harmônico, acelerada pelos sintetizadores.

No entanto, no momento em que a primazia dos pontos mais remotos da série harmônica é convertida na primazia dada à elementaridade dos pulsos, que é o que acontece com o minimalismo, a intuição analógica volta aos fundamentos, e pode tomar *tom e pulso** a partir da base.

E essa é uma experiência que ensina tanto ao leigo quanto ao profissional mais escolado: escutar de maneira "minimal", partindo das relações mais elementares, as correspondências entre ritmos e alturas. Um sampler faz essa conversão de maneira precisa, permitindo ouvir as frequências simultaneamente como alturas e como pulsos rítmicos equivalentes a elas. Sons contínuos e espacializados de um lado correspondem a sinais percutidos de outro. A superfície lisa da harmonia platônica em contraponto com a bateria sincopante dos ritmos. O contínuo e o descontínuo, a unidade e a diferença. A Europa e sua viagem das alturas se ouve em paralelo com os tambores falantes da África. Hemisférios cerebrais e culturais em fase.

Arpejando a série harmônica, ouvimos a progressão dos intervalos. A oitava rítmica elucida a oitava harmônica (1:2): em duas notas oitavadas em fase e escutadas como ritmo produz-se um espaço fechado, onde um pulso contém o outro dentro de si. Numa quinta, no entanto, o movimento "dialético" entre o dois e o três (2:3) se ouve já como dança e síncope entre duas forças, uma delas esboçando escapar da outra, embora continue a gravitar em torno da fundamental (por isso a quinta será a base para as relações de apoio e tensão entre a tônica e a dominante). Na quarta (3:4) ouve-se o balanceio entre o ir e vir, pois as ondas começam a se rebater apontando para duas "direções" opostas (ambiguidade que é conhecida na relação entre a tônica e a subdominante, e onde se experimenta uma certa reversibilidade entre os sons). Nas terças maiores e menores, o jogo dos pulsos é mais cerrado, e a relação entre os ciclos (4:5 e 5:6) demora um lapso de tempo maior para se definir, o que sugere o seu grau mais acentuado de instabilidade tonal. Mas essa instabilidade é mais clara nas segundas, e especialmente na segunda menor (15:16), onde os ciclos rítmicos partem de um ataque comum, se desencontram progressivamente até certo ponto e se invertem até se encontrarem novamente para reiniciar o ciclo: a flutuação entre a fase e a defasagem tipifica o magnetismo das "sensíveis" que caracteriza esse intervalo (o que faz com que um dos pulsos "atraia" o outro para o uníssono como se "corrigisse" a diferença que os defasa).

Entre os intervalos racionais, gerados pelo ciclo de quintas e pertencentes à escala diatônica, o trítono (32:45) introduz uma instabilidade maior, com períodos longos de defasagem no meio dos quais os pontos de fase, ou de encontro, passam quase despercebidos (é assim que ele se presta claramente ao papel de tensionador, no quadro da escala diatônica). Os intervalos "irracionais", não decomponíveis em elementos numéricos simples, os clusters, os acordes complexos como aqueles que se ouvem na música de Schoenberg são ouvidos ritmicamente já como atritos, periodicidades pulverizadas e dissolvidas em nebulosas, em suma, como intensa granulação de timbre e ruído, vale dizer, como música eletrônica.

O conjunto da série harmônica, se ouvido simultaneamente com um timbre percussivo e leve, lembra o gamelão de Bali; se com tambores, certas músicas africanas; e com alguma sobreposição estranha (como por exemplo a de um acorde menor) que introduza um componente de distorção, produzirá algo comparável a certos momentos de Philip Glass.

Se os pulsos mais rápidos desaparecem da duração e reaparecem na altura melódica, os pulsos muito lentos têm que ser sustentados, preenchidos, subdivididos ou adicionados de outros pulsos. Com isso, entram em rotação, em circularidade, figurando repetições e rupturas. O ritmo pulsante se define por um *tempo* (acentuação tônica) e um *contratempo* (acentuação secundária ou "dominante", se quisermos estabelecer analogia com a harmonia). Ao contrário das alturas, que se desenvolvem para "fora", enquanto espaço, o pulso rítmico se desenvolve para "dentro", ali no intervalo sutil entre tempo e contratempo, onde não tem como "avançar" a não ser singularizando o retorno através da diferença e a diferença através do retorno.

O campo da música contemporânea tornou-se esse contínuo que vai do silêncio-ruído ao ruído-silêncio através do pulso e do tom. O timbre, tal como é analisado e produzido pelos sintetizadores, é formado também de "alturas" implícitas, invisíveis, latentes, que desaparecem quando filtradas ou que vêm à tona quando intensificadas e ampliadas. Se regravarmos *n* vezes a gravação da gravação de uma voz numa sala, a repetição vai evidenciando, nas sucessivas amostras, com novos timbres e intensidades emergentes, a gama de frequências ocultas no "molde" vibratório do espaço, que interferem e "desmancham" a fala na "música da sala".[53]

Entramos numa câmara universal de músicas que despontam à atenção e se dissipam, ficando provisoriamente guardadas em algumas "obras". Os timbres se multiplicam com a celeridade das mercadorias e não fixam o som. A música é um sinal errático entre essas granulações, submetido ao poder da repetição. Nesse processo de aceleração em queda livre que acompanha o ritmo da dessacralização generalizada do som, o monólito de tom e pulso é, se quisermos, a única referência, enigmática, óbvia e intacta.

A cisão entre a música atomizada (serial) e a mônada repetitiva (minimal) é um índice do nivelamento estatístico de todos os eventos no mundo serializado, mas contém também a espasmódica busca de aproximação a um centro integrado que resultaria da nova compreensão do contínuo sonoro avançada pela exploração de todos os modos do descentramento.

Se essa possibilidade latente no estado atual da linguagem tiver condições históricas para se desenvolver, ela estará abrindo passagens, fazendo pontes entre níveis de linguagem aparentemente distantes e inconciliáveis.

Uma pequena amostra dessas possibilidades pode ser dada se fizermos a experiência de ouvir Schoenberg no ritmo de uma música de pulsos*: sequenciar (isto é, repetir em círculos) passagens que serão ouvidas como música minimalista, retornando explicitamente sobre si e destacando aquilo que a versão original apaga da memória a cada compasso, por compromisso com a não-repetição. Surgem então figuras rítmicas suingadas, linhas-de-baixo de uma impressionante riqueza, que fazem empalidecer, com a sua rica textura acentual e harmônica, toda a música minimalista*. (De certo modo, Arrigo Barnabé intuiu essa potência rítmica da música dodecafônica, quando utilizou a técnica como geradora de células repetitivas dançantes e assimétricas.) Esse diálogo das músicas envolvendo não a evolução das alturas mas os timbres e os pulsos está se passando então, ou principalmente, em outros lugares, na música de massas.

V. SIMULTANEIDADES

Onde o panorama é mais complicado, eu terei que ser mais direto. O preto no branco.

É visível a cisão entre a música de "alto repertório" composta hoje ou recentemente e a música popular, no caso atual a música de mercado. Não é só que elas atuem em faixas sociais diferentes, e que falem a massas de público completamente desiguais, mas é que elas vão em direção a experiências de tempo opostas. A música de concerto contemporânea explorou conscientemente dimensões do tempo que contestam a escuta linear, negam a repetição e questionam o pulso rítmico. A massa das músicas de massa marca o pulso rítmico, a repetição e apela à escuta linear. Uma contesta o tom e o pulso, outra repete o tom e o pulso.

Essa divisão soa paralela à divisão entre cabeça e corpo, que se costuma relacionar com atitudes ocidentais (a cabeça se desprendendo do fio-terra corporal, na sua exploração descentrante do ilimitado, e o corpo relegado à sua mesmice somática). A "falta de diálogo" entre mente e corpo corresponde à divisão entre o desgarramento das alturas e a fixação dos pulsos rítmicos. Ela gera a polarização entre a música que convida à "dança do intelecto" e a música que se limita à "dança hipnótica dos quadris".[1]

O aguçamento dessa divisão envolve ainda um outro fato evidente: a perda da posição central conferida ao concerto como redoma privilegiada da Música. O tempo sem centro e sem repouso da música "contemporânea" é uma consequência extrema da dissolução da representação tonal; o tempo das músicas de massa bate e rebate o código da repetição com que o poder se reproduz em toda parte. Os dois têm isso em comum: ambos são modos com que o sistema repetitivo desloca o representativo.[2] A expansão das faixas de frequência sonora, a repetição do som sintetizado e industrializado, a técnica e o mercado, se impõem sobre o sacrifício simulado no concerto. A polarização entre os modos da repetição e da não-repetição, que dissipa e pulveriza a Música em músicas, pode ao mesmo tempo produzir temperaturas tão densas e tão opostas como as de Stockhausen e James Brown.

O branco e o black.

Se os polos polarizam e produzem toda espécie de extremos, o meio é a mixagem: nunca foi tão fluida a passagem entre músicas "eruditas" e "populares". Não me refiro à média medíocre, mas àquele meio-campo que há entre os meios-tons e as mutações. As faixas de onda dos mais diversos repertórios se contaminam e se interferem, levadas pela aceleração geral do trânsito das mercadorias e pelo traço polimorfo da sua base social e cultural: as músicas da Europa e da África se fundindo sobre as Américas. Esse processo bate e volta sobre o conjunto através de misturas intuitivas e desenvolvimentos reflexivos. Processos elementares são convertidos em processos de alta densidade que são convertidos em processos elementares. A troca de sinais. O branco no preto. Steve Reich e Miles Davis. Hermeto Pascoal.

Um campo repetitivo marcado pela cisão entre som periódico e som descentrado, girando no mercado com a memória desprotegida e exposto a toda sorte de diferença, não se presta facilmente a ser ouvido ou entendido como totalidade. Ele não é a Música da representação mantida pela estabilidade da Obra no recinto do concerto. Ele não é protegido por nenhuma camada de silêncio. Ele é o campo sonoro-ruidoso dos eventos instantâneos, disparatados, que irrompem e se interrompem na nossa atenção.

Mas a fragmentação está em tensão com a antiga e insistente capacidade que tem a música de ressoar a unidade do mundo. (No rádio, na música de passagem, na memória, no desejo, na multidão, na sala de casa, no concerto, entre a diferença e a indiferenciação, a música rebrilha.) Às vezes mais no fragmento casual do que na Obra-de-arte-total (onde o artifício, confessado ou não confessado, pesa). Entreouvida em bloco, como totalidade pulverizada no seu ruído-silêncio, ela é também a sinfonia inacabada da angústia e da impossibilidade, a neutra loucura e a dor de um mundo sem promessa (solidão que muito da música contemporânea capta e devolve, intencionalmente ou não, como projeto ou como sintoma).

Mas a escuta das múltiplas frequências em que se produzem as músicas de hoje pode ser comparada, ainda, a um sistema de rádio. Há ouvintes que têm antena para múltiplas frequências, ouvindo nas faixas do ruído e do silêncio o som da música das músicas.[3] Há ouvintes que só escutam uma "rádio", um lugar, um gênero (em Paris, em 1982, escutei uma estação que atendia à demanda repetitiva emergente do "eu mínimo" no mundo pós-industrial, e tocava um único motivo melódico durante toda a programação, sem variação e sem fala). Mas entre esses casos extremos de disponibilidade positiva e negativa à mutabilidade dos sons, que a sociologia e a psicologia tentariam explicar, as escutas atuais são múltiplas, de difícil mapeamento, sujeitas às diferentes combinações dos dialetos pessoais e dos dialetos grupais modulando a torrente da música em massa.

Há quem pense que a consumação do fragmento, assumido na escala pessoal e projetado na teoria, é a única via para responder a um estado de coisas como esse. Se esta fosse a minha disposição, eu não teria escrito este livro: eu quis colocar em situação dialogal as músicas mais distantes e defasadas.

As músicas estabelecem certas relações com o *tom* que podem ser descritas, em princípio, através de uma quadratura combinatória de afirmações e negações. A música tonal afirma e nega o tom. A música serial nega e não afirma o tom. A música minimal não afirma e não nega o tom. A música modal não nega e afirma o tom.

Essa configuração, que se encontra analisada com rigor semiótico por Luiz Tatit em trabalho inédito sobre a canção,[4] pode ser vista também, metaforicamente, como uma espécie de dança de abelhas:

a música serial
nega e não afirma

a música tonal
afirma e nega

a música minimal
não afirma e não nega

a música modal
não nega e afirma

(As abelhas dançam num movimento em forma de oito e são capazes de indicar, pela extensão do desenho e pelo seu ângulo em relação ao Sol, a posição exata, quanto à direção e à distância, de um alimento a ser buscado.) De certa forma, cada sistema musical se comporta em relação ao tom (uma altura definida tomada como centro) assim como a dança das abelhas em relação a seu objeto. No caso da música, esse objeto simbólico buscado e negado, oculto e óbvio, absoluto/relativo, é o monólito de tom e pulso inscrito no prisma latente do som (presente e ausente, real e fantasmático).[5] As formações sociais e culturais o enfatizam, dialetizam, rasuram, interrogam, mas as músicas se inscrevem através dele, no seu contínuo/descontínuo. (A música eletrônica está quase fora dessa dança em torno do tom, como um objeto-ruído que fugisse, digamos assim, à área de gravitação da terra-música. No entanto, é de se perguntar se isso chega realmente a ocorrer, e se o efeito da música eletrônica não passa necessariamente pelo seu contraste e contraponto com os tons e os pulsos implícitos.)

A dança contemporânea é uma espécie de combinação sincrônica dos quatro sistemas remetendo-se um ao outro com diferentes disposições em relação ao centro. A interferência virtual de cada inflexão sobre a outra produz uma temporalidade que não se confunde mais com a linha do tempo progressivo e linear. Como na viagem das alturas de *2001, uma odisseia no espaço*, de Kubrick, o macaco joga o osso para o alto ao som da música eletrônica e a estação espacial gira ao som da valsa vienense. O mundo tonal não deixa simplesmente o modal "para trás", como se fosse um tempo remoto de primarismo, regionalidade e superstição; o serial não deixa simplesmente o tonal para trás como se fosse simplesmente uma fase obsoleta na evolução permanente da linguagem. O móvel subjacente da linguagem criativa, se há algum, passa a ser a própria enunciação tendencial da diferença em meio à repetição, num tempo em que o hiperevolutivo e o hiper-repetitivo se confundem numa espécie de circularidade.

A música modal é o polo *côncavo* das músicas, com sua afirmação fundamental do tom e do pulso. A música serial é o polo *convexo* das músicas, com a negação do tom, do pulso e a fuga centrífuga das frequências. (A música tonal e a serial privilegiam a viagem das alturas, na trilha progressiva da história ocidental; a minimal e a modal, o retorno do pulso — o Oriente, a África, e o encontro dos polos e dos hemisférios.)

Nos esquemas usuais de pensamento, assim também como na própria experiência sensível da escuta, a simultaneidade tende a ser vivida como partição da quadratura em fragmentos inconciliáveis, em tempos desencontrados que não têm como se integrar. Ela se divide em bolsões isolados e produz escutas refratárias, impermeáveis à diferença e reativas à maleabilidade de um centro móvel, não fixo, mutável. As escutas defendidas pela setorialização se protegem da fragmentação e da mutação virtual através da repetição explícita ou compulsiva.

Mas a quadratura ocidental passa ou pode passar a ser pensada e vivida como circularidade, copresença do côncavo e do convexo (o som abriga, é um continente, funda um campo de periodicidade, e ao mesmo tempo está solto, descolado, em expansão, "desligado" do pulso e do centro tonal). A "história da música" consiste num grande ciclo em que se vira do avesso a música côncava, convertendo-a em música convexa. Consumado esse processo, ele leva pelo seu próprio movimento interno a trabalhar de novo a concavidade matriz do som num campo agora convexo e descentrado (onde a cabeça pode estar no confim das galáxias e o pé na terra).[6]

A entrada nesse outro espaço-tempo sonoro é um salto, mas a sua ocupação supõe um lento trabalho sobre as resistências da matéria e da forma. Esse trabalho é o que constitui, no seu tempo próprio, uma nova linguagem. Não falo disso em nome de nenhum "otimismo". Não se sabe se haverá condições para que se realizem transformações ou sínteses num futuro visível. Vivemos hoje a sensação da atomização regressiva, o retorno de tudo contra tudo como o verdadeiro apocalipse do mundo repetitivo. Acontece que a música tem uma vocação antiga para ensaiar no seu próprio campo as possibilidades de transformação que estão latentes na história. Por uma ironia a todas as desesperanças deste tempo, essas possibilidades são enormes.

Nas simultaneidades contemporâneas, duas formas imemoriais das músicas populares entram em mutações repetitivas e mixagens: a música rítmica, dançante, e a canção — concavidade embaladora para os afetos.

Modais, urbanizadas, tonalizadas, industrializadas, eletrificadas, as músicas dançantes adotam o pulso percussivo, timbre-ruído a serviço do "esquecimento" no fluxo do momento. Frevos e maracatus, sanfonas e zabumbas, baterias de escola de samba, triângulos de cegos e aleijados chispando no sol quente estão a serviço da fome de energia rítmica ("de baixo do barro do chão da terra onde se dança suspira uma sustança sustentada por um sopro divino", "De onde vem o baião", Gilberto Gil). Musicalmente, essa energia vem da decomposição do tempo através dos contratempos no espaço mínimo entre os pulsos. Do rag ao reggae, do xote ao rock, músicas populares encontram as mais diferentes soluções para a ocupação desse lugar rítmico, onde passam senhas sobre os seus modos de sociabilidade.[7]

A convergência das palavras e da música na canção cria o lugar onde se embala um ego difuso, irradiado por todos os pontos e intensidades da voz, como de um alguém que não está em nenhum lugar, ou num lugar "onde não há pecado nem perdão".[8] Dali é que as canções absorvem frações do momento histórico, os gestos e o imaginário, as pulsões latentes e as contradições, das quais ficam impregnadas, e que poderão ser moduladas em novos momentos, por novas interpretações.

Luiz Tatit mostrou que a competência do cancionista é uma competência irredutível à do compositor de música instrumental. Ela consiste em descobrir e jogar com os pontos de fase e defasagem entre a onda musical e a onda verbal (com suas inflexões rítmicas, timbrísticas e entoativas). Não se pode querer aplicar diretamente a ela os critérios "progressivos" da música instrumental e deduzir daí a sua suposta "banalidade". Banal é a crítica que só enxerga letras melodificadas e "boleros" redundantes nas mais primorosas canções.

Uma das matrizes do jazz, o blues, resulta harmonicamente de uma sobreposição singular do sistema tonal com o sistema modal. Combinam-se nele a escala diatônica e as cadências tonais com uma escala pentatônica (marca africana mixada com as bases da música europeia). O resultado dessa combinação é uma ambivalência entre o modo maior e menor particularmente sensível naquelas *blue notes* inconfundíveis e penetrantes (a terça e a sétima notas da escala diatônica bemolizadas em choque com a terça e a sétima naturais; a partir do bebop, a quinta abaixada passou a poder soar também como blue note). Juntando a esses traços harmônicos o suingue, o senso da improvisação e as sutilezas próprias do fraseado, o jazz cria uma forma toda particular de tonalismo e envereda em poucas décadas por uma progressão que o faz repetir, à sua maneira, do traditional ao free, o percurso evolutivo da música tonal europeia. (O bebop, nos anos 1940, e o cool, nos anos 1950, adotam encadeamentos harmônicos mais complexos, "dissonantes", próximos aos da música moderna de concerto; nos anos 1960 o free jazz entra pelo atonal, pela assimetria e pela ruptura rítmica, pelo uso franco do ruído.)[9]

Um outro aspecto diz bem da simultaneidade de códigos promovida dentro do jazz. Na segunda metade dos anos 1950, Miles Davis e John Coltrane usam uma harmonia baseada em escalas modais; George Russell organizou o uso dos antigos modos diatônicos, gregos ou gregorianos, num sistema de improvisação (o sistema "lídico") que serve, ao mesmo tempo, como um tensionador da tonalidade e que conduz ao atonalismo free (contribuindo para romper com os encadeamentos tonais).

A música negra americana inaugura assim uma forma ativa de música popular urbana que interage com a música de concerto contemporânea, à qual ecoa e influencia (sinais dessa influência estão por exemplo em Ravel, Stravinski, Milhaud e Bartók).[10] Por ali passam, num curto e vertiginoso período, misturados, a escala pentatônica, os modos diatônicos, o sistema tonal e o atonalismo, lidos através dos fluxos pulsantes e até mesmo da saturação estilística que caracteriza o jazz.[11] Essa saturação tem, por outro lado, seu limite naquela mistura de espontaneidade improvisatória com traços retóricos evidentes, que dá ao médio jazz aquela sensação de tédio que John Cage viu nele, e que toma os próprios músicos, enquanto tocam. O rock, com sua redundância assumida, ao contrário, diz Cage, é atravessado por uma torrente de energia que arrasta tudo.

Miles Davis, que se aproximou do rock num movimento pouco entendido por muitos jazzistas, realiza em certos momentos essa metamorfose moderna de uma música modal e descentrada. Em "Tomaas", do disco *Tutu*, temos todo o tempo um desenvolvimento escalar modal, não cadencial, baseado no entanto sobre uma tônica fixa ausente, como um centro que é desinvestido dessa posição: o trono da terra existe, mas está desocupado, vazio, e em torno dele gravitam escalas de frequências em galáxias precisas de timbres.

O rock é a centelha que espalha, no campo das músicas dançantes, a novidade do pulso-ruído. A intensidade e o timbre hiperbolizados estouram a retícula das elementares cadências tonais da base (a harmonia é rasgada pelas sonoridades da voz e da guitarra, golpeada pela bateria e soterrada sob os decibéis do conjunto). De Little Richard a Jimi Hendrix, de Rolling Stones a Prince, o rock percorre todas as refrações da sua "dialética" e entra, com o jazz e a música "contemporânea" de concerto, em loop — num processo circular de autocitação e autonegação, em reverberação simultaneizada com a sua própria história.[12]

O mercado pós-moderno é baseado em ciclos rápidos de posição e reposição da história dos gêneros, a liquidação dos estoques da loja ocidental, a queima dos estilos. Lyotard disse que a moda é o classicismo de uma época sem permanência, sem verdade. Se as linguagens perderam a tônica, a moda dá o tom.

Esse contexto cria um tipo de ouvinte específico: o consumidor que atribui uma cotação fetichista à última raridade. Para esse a única verdade é que o futuro já chegou, como graça, para os que podem comprá-lo. Ao mesmo tempo, como o futuro não para de chegar, é preciso se autovalorizar através de um consumismo ativo, supostamente seletivo e acelerado. A dependência subdesenvolvida só acirra a ansiedade (em relação à novidade estrangeira). A crítica musical que se encaixa nesse modelo valoriza o artista enquanto este for privilégio do crítico, e o desvaloriza assim que o público em geral tiver acesso a ele.

No conjunto da repetição serializada toda a história sonora torna-se lixo, e sucata para uso publicitário. Não há espaçamento: as novidades e as antiguidades se misturam sem tempo, sem o intervalo do silêncio. A série repetitiva remete todo som ao ruído. O tempo integral da mídia não faz, não conhece e não admite o silêncio.

O filtro do silêncio é imprescindível à escuta. O silêncio augural, vertical, é o crivo que torna possível uma arte contemporânea. Da canção à obra de arte total, as obras que ressoam são aquelas que tomaram o banho lustral no zero do código.

O rock'n roll, quando surgiu, era um extravasamento de energia para fora do campo de dança usual, o casal de corpo colado e pé no chão. Mas era uma sobra de energia típica do mundo elétrico-mecânico, que fazia os corpos voarem e girarem rapidamente em todas as direções (levados no ritmo do boom econômico do pós-guerra). O break simula um outro tempo: ir para trás como se se andasse para a frente, como se o corpo fosse uma tela por onde está passando um impulso eletrônico contínuo e quebrado, mais digital do que analógico, como nos videogames. A história das danças é uma dança das horas: a valsa e o pêndulo; o casal coladinho e os ponteiros do relógio de pulso (para o qual o rock foi uma aceleração febril do ritmo da história); o break e o relógio digital microcomputador.

O sintetizador (instrumento que multiplica os timbres) acoplado ao sequenciador (computador que escreve sequências com precisão e as repete indefinidamente) está mudando completamente o modo de produção sonora. A escrita e o relógio, que foram dois dispositivos fundamentais para o controle e desenvolvimento das alturas e do pulso, estão juntos numa máquina gravadora de matrizes que simula as variações de tempo e altura, intensidade e timbre (sem aquelas granulações dinâmicas, aquelas flutuações irrepetíveis que só o intérprete produz artesanalmente). O artesanal e o sintetizador entram num jogo cerrado de confrontos e compensações, enquanto o consumismo estrito encontra formas mais aceleradas de repetir a repetição e ruidificar o ruído (é o caso do estilo acid, feito de uma espécie de liquidificação das repetições permitidas pelo sampler). Ao mesmo tempo, os samplers e os sequenciadores oferecem vivas perspectivas para a leitura do passado musical em seu diálogo com o presente. (*Novas escavações no velho mundo*, como Hélio Ziskind chamou o seu trabalho.)

No *Fausto* de Goethe há um momento em que os poderes já precoces da produção de simulacros gerada pelo pacto com Mefisto permitem que se construa um cérebro cristalino e luminoso, um *homúnculo* que não tem onde se encarnar, e que é devolvido ingloriamente ao nada. Para que se salve a alma, morra a "alma". Como vimos, o Fausto tonal se vê livre da "perda da alma" na medida em que é resgatado por anjos musicais (como se fosse salvo por uma banda de Mozarts). No *Fausto* atonal de Thomas Mann a salvação é a frágil sublimação estética que paira no instante silencioso posterior ao último som de sua obra. (O Fausto moderno só se redime ainda pela frágil existência da arte num mundo de barbárie.)[13]

O pós-moderno é o terceiro contrato fáustico. Nele a alma, ou o "sentido", parecem estar perdidos de saída. O *homúnculo* retorna com plenos direitos: na forma do computador. A arte, a alma, o sentido, figuram já como lendas do passado.

No entanto, há uma passagem antifáustica, que se elabora dentro dele, e se divisa por trás de enorme dívida acumulada (a estocagem repetitiva de vida e morte): a possibilidade do tempo presentificado, da vida como finalidade sem fim, que se eterniza da sua temporalidade.

Essa possibilidade depende dum contraponto entre a desmedida do processo desencadeado pela modernização, desde as suas origens — que deslocou o fundamento modal, o lastro do "sentido" —, e uma ética da medida humana, o respeito pela ecologia simbólica, a dignidade dos objetos e dos sujeitos. As canções são sinais dessa ecologia da cultura em mutação (não como museu, mas como organismo vivo que só se mantém através da mudança).

A guerra atômica seria como os bombásticos acordes finais de uma sinfonia fáustica. (É de se esperar que ela vá se tornando um *estilo* tão anacrônico quanto o sinfonismo do século XIX.) Mas há outros apocalipses. A implosão do sentido, a ruptura total do tecido social, prevista por Baudrillard no mundo das maiorias silenciosas que corroem toda representação, seria uma versão atonal do apocalipse? Um mundo reduzido à pura e estrita repetição seria minimal?

Mundo rítmico: aberto ao retorno e à diferença, à fase e à defasagem, ao som, ao ruído e ao silêncio, à inomeável mudança.

Pena Branca e Xavantinho cantando o "Cio da terra".
Minas. O preto no preto. Iluminação.

Não se sabe o que será triado, no futuro, do grande fluxo da música do século XX. Séculos muito menos convulsionados pela explosão das quantidades não o souberam: Bach passa despercebido, e acredito que seu tempo nem tenha chegado a formular, sequer como necessidade, aquilo que nele *se reali-*

zava; Mozart não foi consagrado pela crítica ou pelo público, o que Beethoven foi, sem ser propriamente ouvido. O nosso deslocamento perante a música do século quanto a seu significado futuro não é propriamente novidade (a novidade é que não sabemos se haverá futuro). A história é oscilante, feixes de ondas em fases e defasagens superpostas, periodicidades e aperiodicidades, ruído branco onde cabe a nós descobrir e inserir sentido. A universalização da obra é em grande parte um efeito *a posteriori*, que o nosso tempo debilita precisamente por ter esgotado o futuro, como já esgotara, à custa de repeti-lo exaustivamente, todos os quadrantes do passado.

Na caixa preta da cultura humana estão inscritas as sonoridades de Messiaen, Penderecki e Nono, Ives, Bartók e Berio, entre outros tantos. Onde essa caixa puder ressoar o que há de mais musical na música, a aceitação daquilo que os sons querem ser, além daquilo que se necessita que sejam, essas sonoridades estarão vivas, pedindo escuta. Stockhausen pode vir ou não a ser visto como um futuro Bach, mas poderá chamar a atenção pelo fôlego arcaico da obra, sua grandiosidade mítica já um pouco anacrônica em sua época, seu domínio dos diferentes dialetos da explosão sonora de seu tempo, e talvez por essa ambivalência que está contida em Bach, a de ser o último representante de uma fase, guardando em si toda a potencialidade da seguinte. A "velha peruca" e seus filhos: aqueles que estão migrando, com a composição, para um outro lugar entre o concerto e o desconcerto do mundo.

Notas

I. SOM, RUÍDO E SILÊNCIO (PP. 17-70)

1. Cf. John CAGE, *De segunda a um ano* (trad. Rogério Duprat, São Paulo, Hucitec, 1985), p. 98.

2. A afirmação é de QUANTZ no seu *Método para tocar flauta transversal* (1752), cit. por Alain DANIÉLOU em *Sémantique musicale — Essai de psychophysiologic auditive* (Paris, Herman, 1978), p. 34.

3. Segundo Jacques BRILLOUIN, a sensação do tempo não se dá de maneira contínua, mas é constituída por "acontecimentos mais ou menos complexos chamados *durações de presença*", isto é, certas porções de tempo cujo sentido para nós formaria "um todo". A duração de presença cobre, conforme o indivíduo, um espaço de tempo de 0,6 a 1,1 segundo. Em cada indivíduo ela é consideravelmente "estável" (com o que se poderia dizer que ela corresponde a uma espécie de "pulso" mental implícito). "[...] se ouvimos uma série de batidas iguais entre si, temos uma tendência natural a reuni-las em grupos cuja duração seja próxima de uma duração de presença; cada grupo forma assim um conjunto que se apresenta como um todo, uma unidade análoga ao que representa, em música, o compasso em relação ao tempo. O primeiro golpe de cada grupo tende a parecer mais forte que os outros: ele desencadeia a passagem de uma duração de presença à seguinte. Um ritmo que não nos parece nem lento nem rápido se organiza no interior de um compasso ou de um grupo de compassos cuja duração equivale a uma duração de presença." Jacques Brillouin, "L'acoustique et la musique", em ROLAND-MANUEL (org.), *Histoire de la musique*, Encyclopédie de la Pléiade (Paris, Gallimard, 1960), p. 45. A defesa do ritmo e da música "natural", de base modal, é feita por Alain DANIÉLOU na obra citada na nota 2.

4. A correspondência proporcional entre frequências rítmicas e frequências melódicas, que se poderia produzir por exemplo em "solfejo" coral, torna-se bem "observável" por meio do

sampler, tipo de teclado eletrônico que decompõe alturas melódicas em pulsos rítmicos. Há exemplos na playlist disponível em: www.companhiadasletras.com.br/osomeosentido.

5. Cf. Alain DANIÉLOU, op. cit., pp. 33-4.

6. Como o timbre está muito ligado a traços "qualitativos" do som, que resultam da sua complexidade e da sua singularidade material, não estando subordinado a nenhuma "escala" gradual (como aquela em que se incluem as alturas e as durações), é mais difícil defini-lo e classificá-lo. É decisiva a composição do "espectro", isto é, daqueles harmônicos que aparecem efetivamente como "formantes" na produção do som por um instrumento ou voz. Henri POUSSEUR chama a atenção para o papel desempenhado pela "forma de onda", que pode ser retangular, triangular, em dente de serra, etc., conforme a dinâmica dos harmônicos, e para a granulação "quase tátil" das suas oscilações muito rápidas e quase imperceptíveis. Ver *Fragments théoriques I sur Ia musique expérimentale* (Université Libre de Bruxelles, 1970), pp. 196-209. Um outro livro que dá especial atenção ao timbre na análise musical é o de Robert ERICKSON, *Sound structure in music* (Berkeley, University of California Press, 1975).

7. O ruído no qual todas as frequências audíveis têm iguais chances de aparecer a cada momento é dito "branco" por analogia com o espectro contínuo e uniforme da cor; o ruído da turbina de um jato ou de uma emissão de rádio a válvulas fora de estação com o aparelho ligado no máximo volume, por exemplo.

8. Cf. Jacques ATTALI, *Bruits — Essai sur l'économie politique de la musique* (Paris, PUF, 1977).

9. Há uma significativa passagem sobre este ponto nas páginas iniciais da parte dedicada à música na *Estética* de Hegel. Transcrevo um trecho: "Graças ao som, a música desliga-se da forma exterior e da sua perceptível visibilidade e tem necessidade, para a concepção das suas produções, de um órgão especial, o *ouvido*, que, como a vista, faz parte não dos sentidos práticos, mas dos teóricos, e é mesmo mais ideal que a vista. Porque, dado que a contemplação calma e desinteressada das obras de arte, longe de procurar suprimir os objetos, os deixa, pelo contrário, subsistir tal qual são e onde estão, o que é concebido pela vista não é em si ideal, mas preserva, pelo contrário, a sua existência sensível. O ouvido, sem praticamente exigir a menor alteração dos corpos, percebe o resultado desta vibração interior do corpo pela qual se manifesta e revela, não a calma figura material, mas uma primeira idealidade da alma. Como, por outro lado, a negatividade na qual entra a matéria vibrante constitui uma supressão do estado espacial, a qual é por sua vez suprimida pela reação do corpo, a exterioridade desta dupla negação, o som, é uma exteriorização que se destrói a si mesma e no próprio momento em que nasce. Por esta dupla negação da exterioridade, inerente ao princípio do som, este corresponde à subjetividade; a sonoridade, que é já por si mesma qualquer coisa de mais ideal que a corporeidade real, renuncia até a esta existência ideal e torna-se assim um modo de expressão da interioridade pura [...] Ela (a música) dirige-se à mais profunda interioridade subjetiva; é a arte de que a alma se serve para agir sobre as outras almas". *Estética — Pintura e música* (trad. Álvaro Ribeiro, Lisboa, Guimarães & Companhia Editores, 1974), pp. 181-2.

10. Cf. Dominique AVRON, "Vers une métapsychologie de la musique", *Musique en jeu*, 9 (Paris, Seuil, 1972), p. 104. O texto de Freud a que o autor se refere é *Inhibition, symptôme et angoisse* (Paris, PUF), p. 94.

11. "A eficácia simbólica" é um ensaio de LÉVI-STRAUSS sobre o poder dos cantos xamâni-

cos. Mesmo que mais voltado para a análise das palavras rituais do que para a música, dá indicações valiosas a respeito do poder psicossomático do simbólico. Em *Antropologia estrutural* (Rio de Janeiro, Tempo Brasileiro, 1970), pp. 204-25.

12. O livro de Fritjof CAPRA, *O tao da física* (São Paulo, Cultrix), contém reflexões sobre esse ponto, estabelecendo contrapontos entre a física ocidental moderna e certas religiões orientais, como o hinduísmo e o taoísmo, e permitindo às vezes certas correlações com a música. Ver pp. 182-5.

13. "A voz da mãe é da música; a música é da voz da mãe." Para aprofundamento desta questão, ver Miriam CHNAIDERMAN, "Música e psicanálise", *Polímica 3* (São Paulo, Editora Moraes, 1981); Pierre P. LAÇAS, "Autour de l'inconscient et de la musique", em *Dissidence de l'inconscient et pouvoir* (Paris, Union Générale d'Éditions); Didier ANZIEU, "L'enveloppe sonore du soi", *Narcisses, Nouvelle Revue de Psychanalyse 13* (Paris, Gallimard, 1976). Para a discussão das relações entre música e linguagem verbal, ver Theodor W. ADORNO, "Fragments sur les rapports entre musique et langage", em *Quasi una fantasia* (Paris, Gallimard, 1982), pp. 1-8.

14. Sobre som, ruído e a fundação do social, ver Jacques ATTALI, op. cit. A contradição entre utopia e ideologia na música é um ponto tratado constantemente nos ensaios sobre música de Adorno. Em especial, ver *Introduzione alla sociologia della musica* (Turim, Einaudi, 1971).

15. A relação entre som/ruído e ritualidade sacrificial é desenvolvida por Jacques ATTALI, op. cit., que se baseia por sua vez em René GIRARD, *La violence et le sacré* (Grasset, 1972). Sobre a "máquina territorial primitiva" e a "máquina despótica bárbara", ver o capítulo III, "Sauvages, barbares, civilisés", de *L'anti-Oedipe — Capitalisme e schizophrénie*, de Gilles DELEUZE e Félix GUATTARI (Paris, Minuit, 1972), pp. 163-324. Em especial, pp. 163-80 e 227-57.

16. Cf. Marius SCHNEIDER, *Il significato della musica* (Milão, Rusconi, 1970), pp. 200-2 e p. 260. "A aleluia é considerada normalmente um canto de alegria. Mas não é talvez, ao mesmo tempo, de alegria e de dor? O termo *jubilare*, que antigamente [...] designava o grito vitorioso e mortífero das aves de rapina (*jubilat miluus*), se usou depois na linguagem eclesiástica para a aleluia. Seria isso por causa do modo de cantar ou por designar o inexprimível dualismo em que a alegria nasce da dor? Acrescente-se que o termo *jubilare* é aparentado originariamente com *jugulare* (estrangular), e que o verbo *jubilo* influenciou provavelmente a forma *jubilaeus* e *jubilium*, e o hebraico *iobel*, que parece ter relação com *yodel*." A passagem de Santo Agostinho referida por Schneider está em *Serm*, 363, 4. (Optei por traduzir para o português a citação das obras em língua estrangeira.)

17. Agradeço a indicação desse mito a Flavio di Giorgi, que fez brilhante exposição sobre ele num dos seminários da Casa da Cor (São Paulo).

18. Claude LÉVI-STRAUSS, *Le cru et le cuit* (Paris, Plon, 1964), pp. 308-9.

19. Marius SCHNEIDER, "Le rôle de la musique dans la mythologie et les rites des civilisations non européenes", em ROLAND-MANUEL (org.), op. cit., p. 132.

20. De Jacques DERRIDA, ver *A escritura e a diferença* (São Paulo, Perspectiva, 1971) e *De la grammatologie* (Paris, Minuit). Consultar Silviano SANTIAGO (supervisor), *Glossário de Derrida* (Rio de Janeiro, Francisco Alves, 1976). A contestação (heideggeriana) de Daniel CHARLES está em *Le temps de la voix* (Paris, Jean-Pierre DELARGE, 1978), em especial pp. 31-8.

21. Marius SCHNEIDER, op. cit., pp. 132-3.

22. Idem, ibidem, pp. 212-3.

23. Ver Daniel CHARLES, op. cit., em especial pp. 33-52.

24. "As formações selvagens são orais, vocais, mas não porque lhes falte um sistema gráfico: uma dança sobre a terra, um desenho sobre uma superfície, uma marca sobre o corpo são um sistema gráfico, um geo-grafismo, uma geografia. Essas formações são orais precisamente porque elas têm um sistema gráfico independente da voz, que não se alinha sobre ela e não se subordina a ela, mas que lhe é conectado, coordenado 'numa organização de certa maneira irradiante' e pluridimensional." Os cruzamentos entre a oralidade e o grafismo não subordinados à escrita linear, assinalados por DELEUZE e GUATTARI no *Anti-Oedipe*, p. 222, poderiam ser comparados, em certa medida, com os cruzamentos entre som e ruído nas sonoridades selvagens (na medida em que o ruído não é propriamente subordinado e anulado pelo som, mas se cruza com ele mantendo uma autonomia). Som e ruído estão numa relação de perpétua e vivaz interferência na grande maioria das tradições modais. A liturgia da Igreja medieval, por sua vez, se aplicará à conversão e à negação do ruído, silenciando-o e subordinando-o ao som não percussivo.

25. "[...] na medida em que o som não é um simples ruído ou uma sonoridade mais ou menos vaga", diz Hegel, "mas recebe um valor musical pelo fato de sua precisão e da sua pureza, a presença, graças a esta precisão, e tanto do ponto de vista da sua tonalidade real como do de sua duração, relações diretas com outros sons, e são justamente essas relações que lhe dão a sua precisão real, diferenciando-o dos outros, opondo-o ou fundindo-o com eles." Essa passagem exemplifica bem, no interior de um pensamento rigorosamente tonal como o de Hegel, a importância da conversão do ruído em som afinado e medido para a constituição do campo sonoro em que se desenvolve o tonalismo. Hegel, op. cit., p. 216.

26. Ver em Jacques ATTALI, op. cit., o capítulo "Representer". Attali distingue quatro "redes" de produção musical: o sacrifício (ritual), a representação (concertística), a repetição (baseada em gravação e reprodução) e a composição (o modo utópico da autogestão).

27. "Uma geração que ainda usara o bonde puxado por cavalos para ir à escola encontrou-se sob o céu aberto em uma paisagem em que nada continuava como fora antes, além das nuvens e debaixo delas, num campo magnético de correntes devastadoras e explosões, o pequenino e quebradiço corpo humano." Walter BENJAMIN, "O narrador", em *Os Pensadores*, vol. XLVIII (São Paulo, Abril Cultural, 1975), p. 64.

28. Curiosamente, depois de uma primeira fase em que detona os ruídos politonais e as polirritmias da *Sagração*, Stravinski passa longo tempo glosando a música tonal numa espécie de comentário de estilos descarregado de história e do primeiro impulso modernista, até desembocar surpreendentemente, por caminhos aparentemente inversos, na música serial. Essa circulação pelos códigos, que parece indicar já uma espécie de falta de "lastro" nestes, aponta para aquela crise de referência e de elã transformador que marca o fenômeno mais recente do pós-moderno. O assunto será tratado no capítulo 4.

29. O ruidismo timbrístico do *Sprechgesang* acompanha uma harmonia atonal, isto é, sem os movimentos cadenciais de tensão e repouso que caracterizaram toda a música clássico-romântica.

30. O manuscrito, intitulado "Villa-Lobos", pertence ao Acervo Mário de Andrade do Instituto de Estudos Brasileiros (USP). Comentei a interpretação da modernidade e da obra de Villa-Lobos, contida nele, no quarto capítulo do livro *O coro dos contrários — A música em torno da Semana de 22* (São Paulo, Duas Cidades; Secretaria da Cultura, Ciência e Tecnologia, 1977), pp. 160-8.

31. Para um histórico da música eletrônica, ver o capítulo correspondente no livro de Julio MEDAGLIA, *Música impopular* (São Paulo, Global, 1988), pp. 129-43. Especificações técnicas e teóricas da história da música eletrônica são encontráveis em Henri POUSSEUR, op. cit., pp. 81-237.

32. Desenvolvi um pouco esse assunto no texto "Algumas questões de música e política no Brasil", em Alfredo BOSI (org.), *Cultura brasileira — Temas e situações* (São Paulo, Ática, 1987), pp. 114-23.

33. Cf. Darius MILHAUD, *Notes sans musique* (Paris, Julliard, 1963), pp. 127-8.

34. José Miguel WISNIK, op. cit., p. 131. O texto de Walter Benjamin referido nessa passagem é "A obra de arte na época de suas técnicas de reprodução", em *Os Pensadores*, vol. XLVIII (São Paulo, Abril Cultural), pp. 9-34.

35. Cf. Daniel CHARLES, op. cit., p, 48.

36. Idem, ibidem, p. 66.

37. "Se podemos considerar que cada som constitui por si mesmo um ser molecular isolado, então a situação da livre improvisação do executante representa uma tentativa radicalmente moderna no seu pressuposto anárquico de criar música a partir do nada, começando por uma tábula rasa" [...] o silêncio, "a múltipla atividade que não cessa de nos rodear (Cage)". O silêncio acaba por corresponder ao "ruído branco — terreno de toda comunicação possível, de toda canalização de qualquer mensagem; e portanto ponto de partida para todas as aventuras e paisagens sonoras" [...]. Daniel CHARLES, op. cit., pp. 61-2.

38. A *esquismogênese* é um conceito desenvolvido por Gregory BATESON em *Steps to an ecology of mind* (Nova York, Ballantine Book, 1972). Daniel Charles o utiliza para a discussão do contexto em que se desagrega o horizonte progressivo da vanguarda estética, no caso específico da música. Na medida em que o sistema progride por interação cumulativa na tentativa de estabelecer o controle "absoluto" do campo sonoro por uma espécie de memória total, ele atinge um ponto de fissão e ruptura em que se confundem a diferenciação máxima e a indiferenciação, a memória e o esquecimento, a não repetição e a repetição, a historicidade consciente e a não-historicidade do esquecimento dado pela repetição hipnótica. O contraponto entre o serialismo e o minimalismo, que será feito no capítulo 4, ilustra a questão. Nos termos da minha exposição, a esquismogênese corresponderia também à brusca reversão do desenvolvimento extremo do ciclo das alturas a uma espécie de afirmação da elementaridade dos pulsos.

39. Cf. Jean BAUDRILLARD, *À sombra das maiorias silenciosas — O fim do social e o surgimento das massas* (São Paulo, Brasiliense, 1985). (O livro não trata de música; cito-o como exemplo privilegiado de diagnóstico do estado de "terminalidade" pós-moderna.)

40. Cf. Theodor W. ADORNO, "O fetichismo na música e a regressão da audição", em *Os Pensadores*, vol. XLVIII (São Paulo, Abril Cultural, 1975), pp. 173-99.

41. Cf. Christopher LASCH, "A estética minimalista: arte e literatura em época terminal", em *O mínimo eu — Sobrevivência psíquica em tempos difíceis* (São Paulo, Brasiliense, 1986), pp. 117-47.

42. A "superficialidade" da música estaria ligada a seus elementos mais aparentes: continuidade temporal, regularidade rítmica, definição de região tonal, linearidade diretamente apreensível (e geralmente melódica). A "profundidade" estaria ligada a estruturas não lineares, defasadas, irregulares ou assimétricas, texturas complexas. As relações entre esses elementos

são dialéticas e reversíveis. Se grande parte da música tonal soa simplesmente "superficial", as músicas tonais não banais escondem relações profundas através de uma aparente "superficialidade" (é o caso, por exemplo, das sutis oscilações rítmicas com que se enuncia uma melodia tão conhecida como a *Serenata* de Schubert, segundo a escrita original do autor). O canto de João Gilberto trabalha sobre um repertório tonal popular "comum", mas através de uma rede precisa de nuances mínimas em múltiplos níveis (entoativos, rítmicos, timbrísticos, harmônicos, contraponto voz/instrumento), que supõem uma leitura vertical dos bastidores da canção. A música serial é "profunda" (como se abolisse a estrutura aparente que reveste um tempo inconsciente não linear, ambivalentemente repetitivo e não repetitivo). O minimalismo parte do mais superficial para evidenciar o que há nele de "profundo". Cage desfaz o mito da música "superficial", mas também o da música "profunda", por meio de múltiplas estratégias que apontam para a indeterminação. Parte do repertório clássico-romântico mantém a sua escutabilidade e a sua capacidade de surpresa pelo modo como combina propriedades do "superficial" e do "profundo". Uma boa referência teórica para o desenvolvimento de uma perspectiva desse tipo se encontra nos livros de Anton EHRENZWEIG, *Psicanálise da percepção artística — Uma introdução à teoria da percepção inconsciente* (Rio de Janeiro, Zahar, 1977) e *A ordem oculta da arte — A psicologia da imaginação artística* (Rio de Janeiro, Zahar, 1977). Dominique AVRON, em *L'appareil musical* (Paris, Union Générale d'Éditions, 1978), desenvolve uma tipologia energética, baseada em relações de "ligação" e "não-ligação" fortes e fracas em diferentes contextos sonoros.

43. A formulação é de Jacques CHAILLEY, em *Expliquer l'harmonie* (Éditions d'Aujourd'hui, 1985), p. 13.

44. O acorde formado pela tríade de terças superpostas se estabiliza historicamente no século XVI, e é a base da harmonia clássica, tal como ela é formulada por Rameau no século XVIII. Por outro lado, a semântica dos intervalos é desenvolvida por Alain DANIÉLOU em obra citada na nota 2.

45. Segundo Edmond COSTÈRE, em *Mort ou transfigurations de l'harmonie* (Paris, PUF, 1962), "o som mais hostil à afirmação de uma tônica dada, e de certa maneira a sua antitônica é o seu trítono" (a quarta aumentada), "não somente em razão da ausência de afinidade natural, mas porque sua combinação constitui [...] o intervalo mais instável e o mais atrativo de outros sons" (p. 71).

46. O eixo de ressonância poderia ser comparado àquilo que em linguística se chama *similaridade*, enquanto a vizinhança de semitom atua no terreno da *contiguidade*. A primeira configura *paradigmas* harmônicos, pontos de estabilização, enquanto a segunda projeta apelos sintagmáticos e seus deslocamentos. Como a música não é linear, mas melódica e harmônica, sucessiva e simultânea, esses eixos estabelecem relações de interferência e imbricação que a linguagem verbal só experimenta tendencialmente no texto poético. Numa metáfora antropológica, sugerida por Costère, pode-se dizer que as relações de um som com os seus formantes são da ordem da *filiação*, enquanto a sua relação com os tons vizinhos por deslizamento cromático é da ordem da *aliança* (Lévi-Strauss sugere mesmo que o cromatismo é regido pelo movimento da sedução — veja-se o cromatismo wagneriano e o tema do filtro amoroso em *Tristão e Isolda*).

47. O livro *Rítmica*, de José Eduardo GRAMANI (São Paulo, Perspectiva, 1988), oferece uma bateria de exercícios rítmicos em nível adiantado que põem em prática esse problema. São "es-

truturas de pulsações" baseadas em defasagens, que desenvolvem no executante uma vivência mais polifônica que harmônica do ritmo, descondicionando-o dos reflexos que o prendem normalmente às regularidades da rítmica tradicional.

48. Cf. Marius SCHNEIDER, op. cit., p. 141. "O ritmo não é uma sucessão linear e progressiva de tempos tônicos e átonos, mas o giro e a oscilação de dois diferentes valores em torno de um centro fora do tempo."

II. MODAL (PP. 71-111)

1. Essa ideia é de LÉVI-STRAUSS, e está exposta didaticamente por ele na conferência "Mito e música", em *Mito e significado* (Lisboa, Edições 70, 1979), pp. 66-77.

2. Cf. François-Bernard MÂCHE, "La musique dans le mythe", em *Musique, mythe, nature ou les dauphins d'Arion* (Paris, Klincksieck, 1983), pp. 1-17.

3. Ver também "Há polo de lira no desejo de Baco", de MDMAGNO, em *A música — Seminário de 1982* (Rio de Janeiro, Aoutra Editora, 1983), pp. 194-207.

4. Diferentemente da pentatônica chinesa, a japonesa usa semitons, que lhe dão uma "melancolia penetrante". A forma mais comum corresponderia às relações intervalares do tipo fá-sol-lá bemol — dó-ré bemol. Usa-se também fá-sol bemol-si bemol-dó-ré bemol; e fá-sol bemol-si bemol-si natural-mi bemol.

5. Cf. Ma HIAO-TSIUN, "La musique chinoise", em ROLAND-MANUEL (org.), *Histoire de la musique* (Paris, Gallimard, 1960), p. 285. Segundo Raymond Court, na China clássica a música integra a ordem da "etiqueta, com seus dois aspectos complementares, ritos e música, respectivamente princípios universais de distinção e harmonia". Os números não são tratados como quantidades, mas como "emblemas comandando as correspondências concretas entre as notas, as estações [...] e os elementos". A música é exercício espiritual que visa a entrar em comunhão com "o ritmo profundo yin e yang vibrando no coração da ordem universal", e englobando numa "sociedade única" os homens e a natureza. Estabelecem-se relações analógicas entre as festas, as estações, as flautas, os sexos, o céu e a terra. Os instrumentos mais diversos, segundo os materiais de que são feitos, "encarnam morfologicamente este ciclo litúrgico onde se unem o cosmo e a ordem social" (*Adorno et la nouvelle musique*, Paris, Klincksieck, 1981, pp. 81-2).

6. Karl MARX, *Formações econômicas pré-capitalistas* (introd. Eric Hobsbawm, Paz e Terra, 1981), p. 79. O texto de Marx trata de uma questão altamente problemática e não encerrada no quadro da tradição marxista, que envolve o problema das condições necessárias ao surgimento do capitalismo; ele se baseia, além disso, nos dados provisórios e incompletos disponíveis no período em que foi escrito. Sem condições nem oportunidade para entrar no mérito dessas discussões, tomo-o aqui como um modelo rico para acompanhar as inflexões sócio-simbólicas da música modal, mesmo que me arriscando (assumidamente) a um uso "metafórico" do modelo.

7. Eric HOBSBAWM, op. cit. na nota 6, p. 35.

8. A distinção entre o tributo à terra (como "máquina territorial primitiva") e o tributo ao déspota (como "máquina despótica bárbara") é desenvolvida por DELEUZE e GUATTARI em obra citada na nota 15 do capítulo 1. Suas referências combinam Marx, Freud e Nietzsche. Ver também MARX, op. cit., p. 68.

9. Por sua resistência a reduzir-se facilmente a uma explicação histórica de cunho mecânico-progressivo, essa formação socioeconômica apontada por Marx foi expurgada do mapa histórico stalinista. Segundo HOBSBAWM, "a omissão do 'modo asiático' ocorreu, falando em sentido lato, entre o fim da década de 1920 e os últimos anos de 1930: deixou de ser mencionada por Stálin em *Materialismo histórico e dialético* (1938), embora continuasse a ser usada por alguns marxistas — principalmente de língua inglesa — até muito mais tarde. Como a resistência à evolução histórica fosse o característico, para Marx, sua eliminação produziu um esquema mais simples que se presta mais facilmente a interpretações universais e unilineares" (op. cit., pp. 60-1). Hobsbawn aponta também para a necessidade de não tomar as sociedades orientais como "imutáveis" ou a-históricas. Esse reparo deve ser observado também no caso da música: as músicas modais passam evidentemente por transformações históricas as mais diversas, mas não no sentido evolutivo aplicado às articulações do plano harmônico, que caracteriza especificamente a história tonal (como metáfora ou sintoma da modernidade ocidental, ligada ao desenvolvimento do capitalismo). Um outro aspecto do mesmo problema deve ser discutido: a aderência completa da música à ordem social e natural, bem como o imobilismo que o modalismo tradicional supõe, sofreriam contestações como a voz dissonante de Me-Ti, filósofo da era confuciana, citado pelo compositor alemão Hanns Eisler como subsídio para uma música revolucionária: "Se os detentores do poder estivessem de fato ao lado do povo, haveriam de proibir a manifestação musical. Pois a prática da música tem quatro desvantagens para o povo. Os famintos não são alimentados, os que têm frio não são cobertos, os desabrigados continuam sem habitação, e os desesperados não encontram consolo". Ao que Eisler completa: "Eu gostaria de mudar esta sentença. Se eu penso na estupidez da música, sou da opinião de que o desesperado encontra, sim! a consolação". (Isto é, além de fomentar a manipulação dos explorados, a música ainda os embala e os anestesia.) Essa negação do poder conservador da música, vista como sustentáculo da desigualdade social na versão antiga (Me-Ti) ou moderna (Eisler), corresponde a uma radicalização da antiga ideia da queda do reino derrubado por trombetas ou por notas dissonantes: aqui, o reino seria derrubado à custa do silenciamento da música embaladora, consoladora e conciliadora, promovendo o advento mítico da realidade libertada. (Esse argumento, que luta contra o resistente fundo ritualizante que acompanha toda música, choca-se no entanto contra o fato de que calar a música é tão difícil quanto transformar radicalmente a sociedade. Silenciar a música é também pensamento de teólogo.)

10. Sobre a flutuação conotativa que caracteriza a música (sistema de significantes não estocados em signos dotados de significação convencionada), as culturas modais constroem uma rede conotativa de correspondências analógicas. Os sistemas tonal e pós-tonal não dispõem desta rede contínua de conotações já codificada pela cultura, e elas flutuam entre as margens fluidas da subjetividade.

11. Acrescentei aqui o traço feminino da música (assinalado por Nietzsche) ao percurso de Deleuze e Guattari, do qual me utilizo em parte reduzida (além de que no *Anti-Oedipe* eles não estão tratando diretamente de música). Observações sobre o território sonoro são feitas pelos mesmos autores no capítulo "De la ritournelle", em *Mille plateaux — Capitalisme et schizophrénie* (Paris, Minuit, 1980), pp. 381-433.

12. A expressão é aplicada por Daniel CHARLES às músicas modais em *Le temps de la voix*.

13. A precisão com que a etimologia da palavra *diabolus* se aplica à descrição do intervalo de três tons me foi sugerida por Sérgio Risek.

14. O sistema hexacordal estabelecido por Guido d'Arezzo no século XI e amplamente adotado nos séculos seguintes é um dos indícios de uma organização do campo sonoro em que a presença do trítono, introduzida pela nota *si* em relação com o *fá*, é evitada até onde for possível. Essa evitação não é "natural", mas foi construída historicamente no contexto da Igreja medieval. Até onde eu saiba, temos poucos dados para uma descrição precisa desse processo. O sistema de Guido d'Arezzo nomeia seis notas: ut (depois mudada para dó, por comodidade fonética), ré, mi, fá, sol, lá. As notas não tinham altura definida, elas designam relações intervalares de um tom, contendo entre elas apenas um semitom (mi-fá). Acontece que o nosso *si*, a nota sem nome, é ambivalente, podendo aparecer como natural (formando semitom com o dó) e bemolizada (formando semitom com o lá). Essa ambivalência permitia, entre outras coisas, fugir ao trítono. A solmização (ver esquema abaixo) consistia em transpor o conjunto para que o intervalo mi-fá coincidisse sempre com o ponto onde o semitom seria usado. Se o "si" é bemol, converte-se o fá original em ut, e o novo fá a partir deste será a nota ausente. Se o "si" é natural, converte-se o sol em ut e a nota "ausente" se chamará mi. Uma das consequências dessa enorme complicação para lidar com uma única e pequena distinção é que o trítono jamais pode ser enunciado como salto intervalar direto. Até o século XVIII ainda havia quem dissesse: "Ut re mi fa sol la, tota musica et harmonia aeterna". Ao que outros respondiam: não *tota*, mas *Todte* (em alemão, "não música *toda*, mas música *morta*"). A anedota é narrada por Jacques Challey.

O sistema da "solmização"

15. Ver *Mort ou transfigurations de l'harmonie*, pp. 87-90.

16. Essas observações sobre o diatonismo grego não desprezam o fato de que a escala podia ser modificada por alterações cromáticas, passando por mudanças de caráter que não temos infelizmente como avaliar. Nossas informações sobre a música grega antiga são praticamente teóricas. Sobre o sociograma da escala diatônica, Costère comenta que há um *clã* em torno de *dó* (dó-fá-sol-si) e um *clã* em torno de *mi* (mi-fá-lá-si), que comparecem assim como tônicas virtuais naturais. O *clã* de *ré* (ré-sol-lá) pode aceder à hegemonia se ele for suficientemente reforçado no contexto. Não esquecer no entanto que a música modal se caracteriza por dar relevo como tônica às notas mais improváveis, extraindo justamente daí os múltiplos efeitos característicos das suas escalas.

17. Esse é o modo como aparecem na *Política* de Aristóteles. Na *República* de Platão não há uma oposição tão nítida entre os dois modos.

18. Um teórico do fim do século IX, autor de *Alia Musica*, acreditando que os oito "tons de transposição" gregos citados por Boécio eram os oito tons do cantochão, que ele conhecia, atribuiu a estes os nomes gregos numa nova ordem, em que o modo de ré aparece como *dó-*

rico, o de mi como *frígio*, o de fá como *lídio* e o de sol como *mixolídio*, nomeação que passou a ser utilizada a partir de então. Esses quatro modos "autênticos" têm cada um os seus correspondentes chamados "plagais" (hipodórico, hipofrígio, hipolídio, hipomixolídio), iniciando uma quarta abaixo. As cadências baseadas no intervalo de quarta têm, aliás, uma ambiência fortemente modal.

19. Ver Henri BARRAUD, "O sistema modal e as pesquisas rítmicas de Olivier Messiaen", capítulo 8 do livro *Para compreender as músicas de hoje* (São Paulo, Perspectiva).

20. Cf. Alexis CHOTTIN, "La musique árabe", e Mehdi BARKECHLI, "La musique iraniense", em ROLAND-MANUEL (org.), op. cit., pp. 453-544.

21. Cf. Marius SCHNEIDER, "Le rôle de la musique dans la mythologie et les rites des civilisations non européenes", em ROLAND-MANUEL (org.), op. cit., p. 210.

22. Cf. o excelente verbete sobre música indiana, de Hans Jochin KOELLREUTTER e Maria José CARNEIRO, na Enciclopédia Mirador Internacional (São Paulo/Rio de Janeiro, Encyclopaedia Britannica do Brasil Publicações Ltda.).

23. Jean-Jacques ROUSSEAU, "Ensaio sobre a origem das línguas", em *Os Pensadores* (São Paulo, Abril Cultural, 1978), p. 186.

24. Andreas Werkmeister (1645-1706) e Mersenne (1588-1649) defenderam o temperamento igualado durante o século XVII. "Os debates calorosos que se estabeleceram em torno da questão do temperamento, dos quais participaram homens como Rameau, Kuhnau e outros, acabaram com a vitória da divisão da oitava em intervalos de semitom iguais." A questão só se tornou aguda na fase final do barroco, "depois da consolidação do sistema tonal" e da necessidade da modulação. Bruno KIEFER, *História e significado das formas musicais — Do moteto gótico à fuga do século XX* (4. ed., 1981), p. 202. (Agradeço as informações sobre o sistema de afinação usado por Bach à organista Elisa Freixo).

25. Alain DANIÉLOU, op. cit., p. 71.

26. Otto Maria CARPEAUX, *Uma nova história da música* (Rio de Janeiro, Alhambra, 1977), p. 84.

27. Cf. Daniel CHARLES, op. cit., pp. 65-6.

28. Idem, ibidem.

29. Cf. Julio MEDAGLIA, *Música impopular*, p. 19.

30. Steve REICH, *Écrits et entretiens sur la musique* (Paris, Christian Bourgois Éditeur), p. 86.

31. Consultei Evanghélos MOUTSOPOULOS, *La musique dans l'oeuvre de Platon* (Paris, PUF, 1959); Marius SCHNEIDER, "Musica e metafisica: l'armonia delle sfere", em *Il significato de la musica*; Albert ROUSTIT, *La prophétie musicale dans l'histoire de l'humanité* (Roanne, Horvath, 1970); Jacques CHAILLEY, "Le pythagorisme et les traditions musicales de la Grèce", em *Histoire musicale du Moyen Age* (Paris, Quadrige PUF).

32. PLATÃO, *A República* (trad. Maria Helena da Rocha Pereira, Lisboa, Fundação Calouste Gulbekian).

33. Essa cosmologia fixou-se através da distinção, contida em Boécio (*De Institutione Musica*), entre *musica instrumentalis*, *musica humana* e *musica mundana* (no sentido de música dos mundos, música cósmica, superior à música "prática" instrumental e vocal).

34. PLATÃO, *A República*, 424 cde.

35. As palavras de Marx sobre o "modo asiático" e os problemas gerados na passagem ao

"modo antigo" lembram de certa maneira as palavras dos antigos pensadores da música quando consideram as dificuldades geradas pelo desenvolvimento escalar: "a forma asiática necessariamente sobrevive por mais tempo e com mais tenacidade. Isto é devido ao princípio em que se fundamenta, qual seja o de que os indivíduos não se tornem independentes da comunidade, que o círculo de produção seja autossustentado e haja unidade da agricultura com a manufatura artesanal etc. [...] o fundamento da evolução é a *reprodução* das relações entre o indivíduo e a comunidade *aceitas como dadas* — que podem ser mais ou menos primitivas, mais ou menos produtos da história, porém fixadas na tradição — e uma existência *objetiva, definitiva e predeterminada*, seja quanto ao relacionamento com as condições de trabalho, como quanto às relações do homem com seus companheiros de trabalho, de tribo etc. Tal evolução é, pois, *limitada* de início, e se os limites forem transpostos, seguir-se-á a decadência e a desintegração. Evolução da escravidão, concentração da propriedade da terra, troca, economia monetária, conquista [...], como sucedeu entre os romanos. Todos estes elementos até um certo ponto pareciam compatíveis com a base e aparentavam ser meras extensões inofensivas dela, ou excessos derivados da mesma. Podem verificar-se consideráveis desenvolvimentos, assim, dentro de um âmbito determinado [...] Mas o livre e pleno desenvolvimento do indivíduo ou da sociedade é inconcebível, porque tal evolução entra em contradição com o relacionamento original". Karl MARX, op. cit., pp. 79-80.

36. Embora aceite o caráter terapêutico do ritmo harmônico, como reintegrador no cosmos, o pensamento platônico exposto em *A república* tende a rejeitar a música rítmica e ruidosa a serviço do transe, e as alterações ou inovações escalares promovidas por instrumentos de corda e sopro dotados de maiores possibilidades harmônicas. Esse assunto é detalhadamente estudado por Gilbert ROUGET em "Musique et transe chez les grecs", capítulo de *La musique et la transe* (Paris, Gallimard, 1980), pp. 267-315.

37. "Entre os antigos não encontramos uma única investigação a propósito de qual a forma de propriedade [...] que seria a mais produtiva, que geraria o máximo de riqueza. A riqueza não constituía o objetivo da produção, embora Catão pudesse ter investigado os mais lucrativos métodos de cultivo, ou Brutus pudesse, até, ter emprestado dinheiro à taxa mais favorável de juros. *A pesquisa, sempre, era sobre qual o tipo de propriedade que geraria os melhores cidadãos.* A riqueza, com um fim em si, surgiu somente entre uns poucos povos comerciantes — monopolizadores do comércio do transporte — que viveram nas franjas do mundo antigo [...]" (o grifo é meu). Karl MARX, op. cit., p. 80. O modo "antigo", ao se *reproduzir* através da produção de seus proprietários, enfrenta, no entanto, a contradição de que a cidade transforma as condições objetivas da comunidade e, com estas, os próprios produtores. Nela, em vez de incidir sobre o retorno imutável das velhas formas, a reprodução social se tornará "necessariamente nova produção e destruição da velha forma". A sociedade só se mantém mudando (reconhecemos aqui, naturalmente, o perfil "ocidental", que se desenvolverá depois na cidade medieval em direção ao capitalismo). "Por exemplo, quando cada indivíduo deve possuir uma determinada quantidade de terras, o simples aumento da população constitui um obstáculo. Para que este seja superado, deverá desenvolver-se a colonização, e isto exigirá guerras de conquista. O que conduzirá à escravidão [...], à ampliação da *ager publicus* e, por isto, ao advento do patriciado que passará a representar a comunidade [...]. Assim, a preservação da antiga comunidade implica a destruição das condições sobre as quais ela está baseada, tornando-se o seu contrário. O

ato de reprodução da sociedade transforma aldeias em cidades, regiões selvagens em terras agrícolas, e também os próprios produtores, com "novas forças", novas concepções, novos modos de relacionamento mútuo, novas necessidades e novas maneiras de falar" (p. 88). (Como o texto de Marx é genérico, estou considerando que aquilo que nele se fala de Roma se aplica também, pelo menos como latência, quando não estritamente, aos gregos.)

38. José Miguel WISNIK, "Getúlio da Paixão Cearense (Villa-Lobos e o Estado Novo)", em *O nacional e o popular na cultura brasileira/música* (com Ênio Squeff, São Paulo, Brasiliense, 1983), p. 140.

39. Ver texto citado na nota anterior. A oposição entre a religião dionisíaca como lugar de vozes "marginais", e a religião cívica e apolínea como lugar da cidadania, é tratada por Jean-Pierre VERNANT, "A pessoa na religião", em *Mito e pensamento entre os gregos* (São Paulo, Difel; USP, 1973).

40. Como mostra Émile BENVENISTE ("A noção de 'ritmo' na sua expressão linguística", em *Problemas de linguística geral*, São Paulo, Nacional; Edusp, 1976, pp. 361-70), a ideia de *ritmo* entre os gregos é mais associada originalmente à ideia de *forma proporcionada* do que à de *ondulação energética*. Ela estaria portanto mais próxima da *forma* do que da *força*, da "disposição" do que da "pulsação", do apolíneo do que do dionisíaco. Em Platão, justamente, a noção de ritmo é estendida pela primeira vez à noção de movimento harmonioso (combinando-se ritmo e harmonia da voz na arte coral). Platão inova ao aplicar o antigo sentido de *ritmo* ("forma distintiva, disposição, proporção") "*à forma do movimento* que o corpo executa na dança [...]". Mas trata-se sobretudo de uma *subordinação do movimento*, através da disposição rítmica, à *ordem harmônica*: "a circunstância decisiva está, aí, na noção de um *ritmo* corporal associado ao *metro* e submetido à lei dos números" (de base pitagórica); "essa 'forma' é, a partir de então, determinada por uma 'medida', e sujeita a uma ordem [...] E é à ordem no movimento, a todo o processo do arranjo harmonioso das atitudes corporais combinado com um metro, que se chama a partir daí *ritmo* [...] tudo o que supõe uma atividade contínua decomposta pelo metro em tempos alternados. *A noção de ritmo está fixada*" (o último grifo é meu) (p. 369). Entendida a primazia da ordem harmônica sobre a da pura pulsação, é interessante compreender também que a noção de *harmonia* em Platão aspira ao uníssono: os diferentes sons melódicos são concebidos como velocidades diversas que se tornam mais lentas quando absorvidas pelo corpo, *até se igualarem* (Cf. Evanghélos MOUTSOPOULOS, op. cit., pp. 334-5). É a vocação para o igualamento interno das discordâncias, portanto, que torna certos sons mais harmônicos do que outros (esta é certamente uma curiosa forma de intuir a série harmônica e o fenômeno da ressonância, mas à custa de neutralizar os lapsos acentuais, os deslocamentos, as síncopas, as irregularidades pulsantes que caracterizam o ritmo).

41. Ver a nota 38 do capítulo 1.

42. ARISTÓTELES, *Política*, 1341.

43. Cf. Jacques CHAILLEY, *Histoire musicale du Moyen Age*, p. 22.

44. O assunto é exaustivamente tratado por Gilbert ROUGET, op. cit.

45. Trecho da canção "Pecado original", de Caetano Veloso.

46. Santo Agostinho, *Confissões*, em *Os Pensadores* (São Paulo, Abril Cultural), p. 195.

47. Idem, ibidem.

48. Idem, ibidem, p. 196.

49. O processo de admissão do trítono e sua conversão em energia harmônica a serviço de um discurso musical progressivo será tratado no capítulo seguinte.

50. Thomas MANN, *Le docteur Faustus* (Paris, Albin Michel, 1950), p. 259 (cap. XXV).

51. O desenvolvimento do capitalismo a partir do feudalismo depende, para Marx, da conjunção de três condições: "uma estrutura social agrária que possibilite a 'libertação' dos camponeses", "o desenvolvimento dos ofícios urbanos geradores da produção de mercadorias especializada, independente, não agrícola, sob a estrutura gremial" e "a acumulação de riqueza monetária derivada do comércio e da usura" (cf. HOBSBAWM, op. cit., p. 46). Entre essas condições, necessárias mas não suficientes, a acumulação monetária "pertence à pré-história da economia burguesa", não se constituindo ainda em capital. (Assim também a polifonia medieval prenuncia o sistema tonal sem sê-lo, poderíamos acrescentar.) A autonomia do trabalho artesanal urbano, que tornará possível a formação da categoria do trabalho livre, tem relação, por sua vez, com o desenvolvimento do trabalho de composição polifônica escrito, autoral, dando ênfase à autonomia da linguagem musical.

52. Essa analogia recua mais precisamente, segundo Henri Pousseur, à importância crescente atribuída às *terças*, que, somando-se como um terceiro eixo às oitavas e às quintas, estabiliza-se como acorde no século XVI. O acorde oferece então o campo de "profundidade" harmônica onde se travam (por alterações dissonantes, retardamentos e resoluções posteriores) as relações de tensão e repouso em que o trítono desempenhará papel decisivo (cf. Henri POUSSEUR, op. cit., p. 38).

III. TONAL (PP. 113-172)

1. Jacques CHAILLEY, *Traité historique d'analyse harmonique* (Paris, Alphonse Leduc), 1976.

2. A progressão através da série harmônica não explicaria por exemplo o acorde perfeito menor, que sempre ofereceu problemas a uma interpretação baseada no fenômeno acústico (já se tentou explicá-lo como decorrente de uma hipotética e irrazoável série harmônica invertida e descendente a partir da nota fundamental). Na verdade, as músicas não estão *presas* à série harmônica, que é uma referência subjacente ao fenômeno sonoro, um paradigma natural, mas não uma norma (o acorde e o modo menor parecem ser uma variante estrutural, análoga e simétrica ao fundamento acústico do acorde maior). A experiência mostra por outro lado que uma música de Machaut ou Gesualdo soa mais "dissonante" que uma de Mozart, séculos depois, ao contrário do que pode fazer supor a ideia de uma evolução harmônica linear caminhando sempre para a maior complexidade. Na verdade, o argumento de Chailley sustenta que aquilo que evolui ao longo da série na música ocidental não é propriamente a trama harmônica, mas o horizonte da resolução, isto é, os intervalos que são concebidos historicamente como consonância ou repouso. No século XIII as dissonâncias são mais livres nos tempos fracos, mas as consonâncias são muito estritas nos tempos fortes. Resumindo, o que me parece importante é que a trajetória curva da música ocidental (que vai da polifonia ao balanceamento equilibrado do estilo clássico, e daí, através do tensionamento romântico, à polifonia atonal e dodecafônica) dialoga permanentemente com o desdobramento da série harmônica até experimentar os confins e os limites de uma evolução na organização das alturas. Por outro lado, deve-se descartar desse esquema a ideia de que as músicas modais estacionam nos pontos mais "elementares" da série,

a oitava e a quinta, enquanto a música ocidental evolui para complexidades crescentes. Os índios cinta-larga do Xingu, por exemplo, cantam suas melodias baseadas em terças menores encadeadas (ou quintas "diminutas") sem se localizarem num ponto evolutivo preciso, como se estivessem à margem da série harmônica.

3. A história do doutor Fausto, que negocia a alma com Mefistófeles em troca de saberes e poderes ilimitados, tem origens populares no século XVI, com base numa personagem real que teria vivido no começo do século. Um texto alemão publicado em 1587 (o *Livro de Fausto*, compilação das histórias que se contavam sobre o já lendário doutor, publicado por Johann Spiess) dá a base para que Christopher Marlowe escreva a peça *The tragical history of Doctor Faustus* (1588), que alcança larga popularização entre várias outras versões multiplicadas entre os séculos XVII e XVIII (quando desponta a tendência, moderna, a salvar o pactário, livrando-o da danação e redimindo-o, como se vê no esboçado *Fausto* de Lessing. É o que acontece também no *Fausto* de Goethe, que se dedicou ao tema em vários períodos que vão dos anos da juventude às vésperas da morte. Goethe escreveu basicamente uma primeira versão abandonada, e depois o primeiro e o segundo *Fausto*, ao longo de cerca de sessenta anos de atividade). Assim, as primeiras versões escritas da narrativa sobre o tema, no fim do século XVI, são contemporâneas daquele momento da história da música em que o trítono, admitido como nota de passagem, prepara-se para ser convertido em elemento de tensão a ser resolvida cadencialmente. O largo período em que Goethe escreveu as várias versões da obra é paralelo por sua vez ao brilhante classicismo vienense (Haydn, Mozart, Beethoven), ponto de fastígio do sistema tonal. Em *A decadência do Ocidente — Esboço de uma morfologia da história universal* (Rio de Janeiro, Zahar, 1973), SPENGLER analisa o dinamismo ascensional da "alma faustiana", que ele ligou (entre muitas outras coisas) ao triunfo da música instrumental. Outras implicações interpretativas, lançadas por Bakhtin, Haroldo de Campos e Marshall Berman, serão retomadas mais adiante.

4. Como vimos, a série harmônica começa com a oitava e vai se subdividindo em intervalos cada vez menores e menos apreensíveis, até se pulverizar numa faixa de ruídos microtonais indiferenciados.

5. O livro de Bruno KIEFER, *História e significado das formas musicais — Do moteto gótico à fuga do século XX* (4. ed., Porto Alegre, Movimento, 1981), atravessa esse período histórico de maneira clara e ricamente informativa.

6. Cf. Bruno KIEFER, op. cit., p. 30.

7. A polifonia se desenvolve portanto no interior da formação econômico-social do feudalismo, conjugada com a cidade medieval, ponto de emergência da produção artesanal autônoma (ver nota 51 do capítulo 2). A sociedade burguesa emerge dela num ritmo análogo àquele com que o tonalismo emerge da polifonia medieval. Ver também Bruno KIEFER, op. cit., pp. 59-62.

8. A presença dominante dos alemães na história da música pode ser relacionada com o fato, observado por HOBSBAWM, de que os povos de língua germânica tenderam a considerar a cultura "como seu monopólio especial numa época em que os ingleses haviam tomado conta do econômico e os franceses se apossado do político" (*A era do capital*, Rio de Janeiro, Paz e Terra, 1979, p. 295).

9. O classicismo é uma espécie de centro de equilíbrio da história tonal, antecedido pelo barroco e seguido pelo romantismo, dois estilos que apresentam, segundo Charles ROSEN (*The*

classical style), temporalidades semelhantes. A polifonia gótica converge para o tonalismo clássico, a partir do sistema modal. A polifonia dodecafônica diverge do tonalismo clássico, do qual se desprende em direção ao serial.

10. A isorritmia, a princípio breve configuração de desenhos rítmicos visíveis a olho nu, se complica e se espalha em longos trechos do moteto, "separados por zonas francas de ritmo livre". "A elaboração rítmica *a priori*", racional e escritural, como as de Messiaen e Boulez modernamente, "encontra aí um terreno privilegiado", que escapa muitas vezes à escuta mas "demonstra à análise uma vontade de rigor e de complexidade que em seguida desaparecerá para só retornar na metade do século XX". Jacques CHAILLEY, "La musique post-grégorienne", em Roland-Manuel (org.), *Histoire de la musique* (Paris, Gallimard, 1960), p. 767.

11. "Os antigos modos da Igreja cedem cada vez mais sob a pressão das alterações e notadamente das diferentes sensíveis: estas não afetam somente a tônica mas todos os graus da escala, e sobretudo a dominante. A própria melodia gregoriana não escapa a isto. O modo de ut, vencedor final dessa longa luta, não está ainda no seu canto de triunfo. Estamos, por um tempo bastante longo, num período de instabilidade tonal onde os antigos modos perdem terreno continuamente, sem que a tonalidade venha substituí-los [...]." Jacques CHAILLEY, op. cit., p. 766.

12. Ver Enrico FUBINI, *L'estetica musicale dall' Antichità al Settecento* (Turim, Einaudi, 1976), pp. 89-108.

13. Bruno KIEFER, op. cit., p. 58.

14. Idem, ibidem, p. 107.

15. Idem, ibidem, p. 108.

16. Bruno KIEFER, op. cit., pp. 172-5.

17. Otto Maria CARPEAUX, *Uma nova história da música* (4. ed. revista e atualizada, Rio de Janeiro, Alhambra), p. 31.

18. Idem, ibidem, p. 39.

19. Ver Bruno KIEFER, op. cit., pp. 189-216.

20. As notas brancas do piano correspondem ao tom de dó maior. Para passar a outros tons, lança-se mão das teclas pretas, que permitem manter a mesma ordem intervalar da escala de dó maior a partir de outras tônicas. Assim, em sol maior, por exemplo, usa-se o fá *sustenido* (meio tom acima do fá *natural*) para manter o semitom entre a sensível e a tônica (*si — dó* no primeiro caso, e *fá sustenido — sol* no segundo caso). Em ré maior, usa-se o fá e o dó sustenidos. Em fá, usa-se o si *bemol* (meio tom abaixo do si natural).

21. Cf. Otto Maria CARPEAUX, op. cit., pp. 83-4.

22. *Ariadne música* (1702) é uma obra do compositor alemão Johann Kaspar Fischer (1660-1738), constituída de vinte pequenos prelúdios e fugas e cinco ricercari, em que já se exercita a possibilidade do uso de múltiplos tons. Para mover-se no labirinto tonal, Bach guiou-se por esse fio de Ariadne, cuja influência pode ser percebida no *Cravo bem temperado.*

23. Refiro-me especialmente à interpretação de Glenn Gould (Bach: *Keyboard concerts*, vol. II, Vladimir Golschman/The Columbia Symphony Orchestra, Columbia, MS 7294.)

24. Otto Maria CARPEAUX, op. cit., pp. 89-90.

25. Pierre BOULEZ, "Moment de Jean-Sébastien Bach", em *Relevés d'apprenti* (Paris, Seuil, 1966), pp. 9-25.

26. Nos seus cursos de harmonia na escola Espaço Musical (São Paulo), Ricardo Breim propõe uma esclarecedora organização dos modos diatônicos, que resolve de maneira original e estrutural a questão da semântica desses modos. Segundo Breim, eles podem ser dispostos numa ordem gradual que vai do mais aberto e ascensional ao mais fechado e descendente.

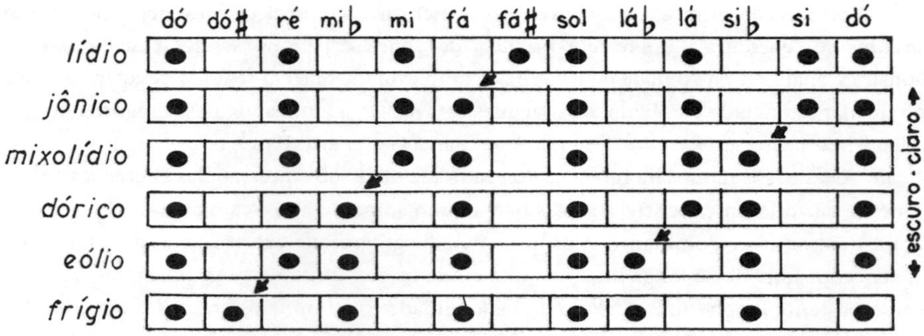

Tabela gradativa dos modos diatônicos, do mais aberto ao mais fechado

Todos os modos estão transpostos aí a partir de *dó*, para facilitar a comparação. O ponto de partida é o modo *lídio* (o modo de fá — tradição gregoriana), que apresenta uma dupla sensível ascendente sobre a tônica e a dominante, o que lhe dá um caráter aberto, "luminoso", tendente a subir e resistente a descer. Os modos seguintes são gerados a partir da descida gradual de semitons (através de um ciclo de quintas descendentes), que vai imprimindo a eles um caráter progressivamente mais fechado, "escuro", tendente a descer e resistente a subir, o que acontece em seu máximo grau no modo *frígio* — que só seria suplantado nisso pelo modo de *si*, chamado modernamente de *lócrio*, modo anômalo com a quinta abaixada em trítono, não usado no canto gregoriano, que seria o próximo passo no modelo gradativo de Ricardo Breim:

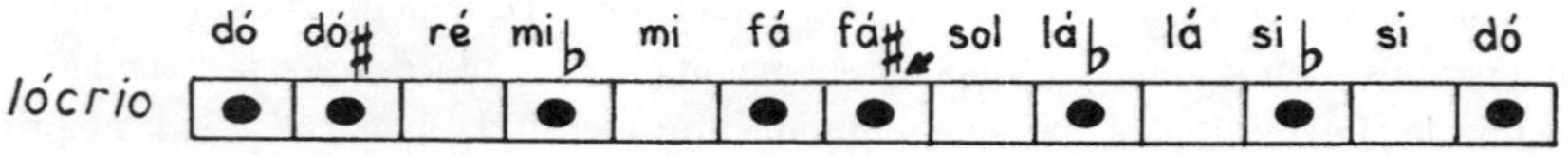

Breim sugere que, no *frígio*, "a subida é longa e penosa", e mais de acordo com o clima ascético da liturgia medieval, ao contrário do lídio e do jônico, muito "abertos" e pouco usados no canto gregoriano.

27. Marius SCHNEIDER, "Il canto gregoriano e la voce umana", em *Il significato della musica*, p. 190.

28. Idem, ibidem, p. 191.

29. Segundo Henri Pousseur, em cada intervalo se combinam de uma maneira particular uma *energia* (ou polaridade) *harmônica* e uma *energia* (ou polaridade) *melódica*. A energia harmônica concentra-se naquela nota que funcionar para a outra como sua fundamental (isto é, aquela que assimilar a outra como seu harmônico). A energia melódica por sua vez tensiona-se quando sobe para o agudo e relaxa ou "se resolve" quando desce para o grave. A quinta (como em dó — sol) é,

assim, um intervalo convergente: a energia harmônica se concentra em dó (que é a fundamental de sol), e a energia melódica também (pois dó é nota mais grave). A quarta (como em dó — fá), no entanto, é um intervalo dotado de uma "labilidade bipolar": a energia harmônica e a melódica não coincidem, pois se esta última se resolve descendo (fá — dó), a polaridade harmônica se resolve subindo (pois fá é a fundamental de dó). Esse caráter lábil e bipolar das quartas, sua ambivalência estrutural, tem um importante papel na definição semântica dos modos gregorianos (especialmente nos chamados modos plagais). É o que Henri POUSSEUR demonstra na "análise comparativa de dois hinos gregorianos" ("Trois exemples de sémantique musical", em *Revue des Sciences Humaines — Musique & Littérature*, Université de Lille III, 1987 — 1, pp. 189-214).

30. Ainda encontramos hoje concepções, não só antidodecafônicas, mas antitonais: bem examinadas as duas, elas são o desenvolvimento de um mesmo pressuposto antimoderno que atravessa em surdina a história da modernidade.

31. Marius SCHNEIDER, op. cit., p. 192.

32. Nesse tema de uma sonata em dó maior de Mozart*, parte-se da tônica para a dominante (tensionada pelo trítono) com retorno resolutivo para a tônica (primeira cadência); em seguida, faz-se o percurso cadencial subdominante/tônica/dominante/tônica.

Sonata em dó maior *de Mozart*

33. José Miguel WISNIK, *O coro dos contrários — A música em torno da Semana de 22*, p. 134.

34. Raymond COURT, *Adorno et la nouvelle musique*, p. 25.

35. A escala tonal menor:

36. Essa peça encontra-se analisada em Charles ROSEN, *The classical style: Haydn, Mozart, Beethoven* (Londres, Faber & Faber), pp. 91-3.

37. Olivier ALAIN, *L'harmonie* (Paris, PUF, 1969), p. 55.

38. Mikhail BAKHTIN, *Problemas da poética de Dostoiévski* (trad. Paulo Bezerra, Rio de Janeiro, Forense Universitária, 1981).

39. Haroldo de CAMPOS, *Deus e o diabo no Fausto de Goethe* (São Paulo, Perspectiva, 1981).

40. DOSTOIÉVSKI, *O adolescente* (trad. Ledo Ivo, Rio de Janeiro, José Olympio, 1962), pp. 415-6; Bakhtin, op. cit., pp. 194-6.

41. No capítulo XLVI do *Doutor Fausto* de Thomas Mann há uma passagem em que, referindo-se à cantata de Fausto composta por Adrian Leverkhun, o narrador diz: "Na música angelical penetrantemente sonora das esferas não há uma só nota que não seja encontrada com rigorosa correspondência na gargalhada do inferno". BAKHTIN (op. cit., p. 196) considera sobre esse ponto que "há muito de inspirado em Dostoiévski" no *Doutor Fausto* de Mann, e que a descrição da obra de Leverkhun nesse trecho lembra a "ideia musical" de Trichátov, com a sua arte paródico-polifônica, capaz de "tornar o idêntico diferente" (ou "sempre grande no tornar desiguais as coisas iguais", como traduz Haroldo de Campos ao comentar por meio de Bakhtin a intertextualidade Goethe-Dostoiévski-Thomas Mann, no *Deus e o diabo no Fausto de Goethe*, pp. 114-8).

42. Uma longa tradição imbrica o Fausto e a música. Giuseppe Tartini teria escrito uma sonata para violino ditada por Mefistófeles; essa mesma lenda acompanha Paganini, e ressoa na *Rapsódia sobre um tema de Paganini*, de Rachmaninoff. (A propósito, SPENGLER diz que "sem dúvida alguma é o violino o mais nobre dentre os instrumentos inventados e aperfeiçoados pela alma faustiana, para que esta pudesse nos revelar os seus últimos mistérios", op. cit., p. 146.) Entre outras versões musicais do tema, há a ópera *A danação de Fausto*, de Hector Berlioz, as *Cenas do Fausto de Goethe*, de Robert Schumann, a *Sinfonia Fausto* em três partes, de Franz Liszt, trechos de música para *Fausto* de Goethe escritos por Wagner, obras de Gound, Arrigo Boito, Busoni, a *Oitava sinfonia* de Mahler, o *Votre Faust* de Henri Pousser.

43. "O *Fausto* de Goethe: A tragédia do desenvolvimento", em *Tudo que é sólido desmancha no ar* (São Paulo, Companhia das Letras, 1986), pp. 37-84.

44. Lukàcs vê o último ato do Fausto (em que a personagem se investe do papel de fomentador do progresso universal) como a expressão do desenvolvimento capitalista "em sua primeira fase industrial" (cf. Berman, p. 71). Walter Benjamin viu na obra um napoleônico projeto de "emancipação social da burguesia sob a forma política do despotismo", ou ainda "um regresso utópico ao absolutismo" que teria sua fórmula no "poderio feudal sobre a propriedade agrícola administrada à maneira burguesa" (cf. Haroldo de Campos, p. 125). Marshall Berman chama a atenção para as ressonâncias utópicas socialistas nos "desígnios e visões de Fausto", que exerciam influência no tempo da velhice de Goethe. Ocupando o lugar "ambíguo do intelectual moderno", o Fausto, o "fomentador", teria como objetivo "menos os lucros imediatos que o desenvolvimento a longo prazo das forças produtivas, as quais em última instância, ele acredita, gerarão os melhores resultados para todos" (p. 73). Temos aí, portanto, um complexo de vetores ideológicos contraditórios e imbricados, apontando para uma restauração "feudal" e uma virtual nova ordem utópico-social. Na sua própria ambivalência, o Fausto "apresenta um modelo de ação social em que gravitam sociedades avançadas e atrasadas, ideologias capitalistas e socia-

listas [...] O processo de desenvolvimento que os espíritos criativos do século XIX conceberam como uma grande aventura humana tornou-se, em nossa era, uma necessidade de vida ou morte para todas as nações e todos os sistemas sociais do mundo. Em consequência disso, autoridades fomentadoras, em toda parte, acumularam em suas próprias mãos poderes imensos, fora de controle e muito frequentemente letais", indiferentes ao custo humano dessas superproduções (Berman, p. 74). No nosso tempo, quando "o modelo fáustico assume a sua forma plena", a crítica ao pesadelo do progresso ilimitado torna-se, segundo Berman, uma nova linha de força ao mesmo tempo fáustica (no seu desejo de pensar e atuar sobre os grandes conjuntos) e antifáustica (na sua crítica às consequências destruidoras do desenvolvimento).

45. J. W. GOETHE, *Fausto*, parte II (trad. Flávio Quintiliano, São Paulo, Círculo do Livro), p. 371. O problema da *totalização* no *Fausto* de Goethe, aludido na passagem, é esclarecido com precisão por José Antonio PASTA Junior, em *Trabalho de Brecht — Breve introdução ao estudo de uma classicidade contemporânea* (São Paulo, Ática, 1986), pp. 136-41.

46. Ver nota 52 do capítulo 2.

47. Theodor W. ADORNO, "Sulla scena finale del *Faust*", em *Note per la letteratura* (Turim, Einaudi, 1979), pp. 124-32.

48. "A disputa entre o celeste e o diabólico se converte num vale-tudo cósmico, onde todas as armas são lícitas, desde que resultem eficazes para a empreitada salvacionista de lesa-demo [...] No fim da folia cósmica, os 'tenentes do diabo' são desbaratados pelo *gay power* do partido dos anjos. Pelo menos são estes os termos da reportagem da derrota, feita pelo prisma de Mefisto, cujo enlevo erótico por seus querubínicos antagonistas envolve representações de eunuquismo, travestimento e *striptease*. 'Como a narrativa, o *striptease* tem a mesma estrutura da Revelação, faz parte da hermenêutica ocidental' (Roland Barthes) [p. 159] [...] os anjos servem à causa divina 'agindo como diabos'. O próprio Mefisto é quem o salienta [...] (nos combatem com nossas próprias armas;/não passam de demônios enrustidos.) Voluntária ou involuntariamente, com sua santimônia, com seus adejos e suas negaças [...] são os belos anjos adolescentes que fazem o velho mestre Satã e seus sequazes padecer penas de amor [...] perverso. Amor de danação" (pp. 161-2). Haroldo de CAMPOS, op. cit.

49. HEGEL, op. cit., p. 246.

50. Com o movimento cadencial a consonância se apodera do poder tensionador do trítono, e tira o máximo partido dele. A grande música clássica contemporânea de Goethe atesta essa vitória. A alma do Fausto é salva por um bando de Mozarts.

51. Ver Theodor W. ADORNO, "El estilo de madurez en Beethoven", em *Reacción y progreso y otros ensayos musicales* (Barcelona, Tusquets Editores, 1970), pp. 21-5.

52. Os primeiros concertos pagos tinham sido organizados pelo violinista e compositor Mannister, em 1672, em Londres. A primeira sala de concertos de que se tem notícia teria sido instalada na Alemanha por um grupo de comerciantes de Leipzig, em 1781 (conforme Jacques ATALLI, *Bruits*, pp. 101-2).

53. "[...] auditórios maiores exigiam sons mais altos — música que pudesse ser ouvida claramente até a última fileira. O resultado foi a mudança da música de câmara para formas sinfônicas [...] A orquestra até refletia certas feições da fábrica em sua estrutura interna. No princípio, a orquestra sinfônica não tinha regente ou a regência era passada ao redor entre os músicos. Mais tarde, os músicos, exatamente como os trabalhadores numa fábrica ou num es-

critório burocrático, foram divididos em departamentos (seções de instrumento), cada um contribuindo para a produção (a música). Cada um coordenado de cima por um gerente (o regente) ou mesmo, eventualmente, um subgerente muito abaixo na hierarquia da gerência (o primeiro violinista ou chefe de seção)." Alvin TOFFLER, *A terceira onda* (Rio de Janeiro, Record), p. 45.

54. "A classe dirigente, burguesia industrial ou elite burocrática, se identifica com o chefe criador da ordem necessária para evitar o caos na produção [...] um solista emerge como representação do indivíduo destacado fora da multidão [...] Ele permite ao espectador não se reduzir à escolha entre a identificação ao anonimato dos músicos ou à glória do chefe." Jacques ATTALI, op. cit., pp. 135-6.

55. "[...] na representação, um fosso separa os músicos dos auditores; o mais perfeito silêncio reina nos concertos da burguesia, que afirma sua submissão ao espetáculo artificializado da harmonia, senhora e escrava, regra do jogo simbólico de sua dominação." Jacques ATTALI, op. cit., p. 95.

56. "O artista nasce ao mesmo tempo em que seu trabalho é posto à venda [...] liberar o músico do entrave da encomenda nobiliária faz nascer a inspiração." Jacques ATTALI, op. cit.

57. Ver Theodor W. ADORNO, "Histoire naturelle du theatre", em *Quasi una fantasia* (Paris, Gallimard, 1982), pp. 73-89.

58. Ver Jacques ATTALI, op. cit., pp. 115-9.

59. Idem, ibidem, p. 93.

60. Charles ROSEN, *The classical style — Haydn, Mozart, Beethoven* (Londres, Faber & Faber).

61. Op. cit., p. 99.

62. Segundo Schoenberg, "através da unidade que se estabelece nas afinidades entre os sons, o auditor [...] não pode deixar de perceber que a obra foi concebida como um todo. Por outro lado, sua memória é ajudada pela função de articulação, que aclara a maneira pela qual os elementos são ligados entre si e ao conjunto [...]". Cit. por Raymond COURT, op. cit., p. 26.

63. HEGEL, op. cit., pp. 191-2.

64. ROSEN, op. cit., p. 392.

65. ADORNO, *Filosofia da nova música* (São Paulo, Perspectiva, 1974), p. 51.

66. A *mitose* é o processo de divisão da célula, que se dá em quatro fases (prófase, metáfase, anáfase, telófase). O crescimento orgânico se dá a partir das tensões internas à célula, que a levam a partir-se e multiplicar-se. O modo pelo qual Beethoven desenvolve os materiais temáticos na sonata poderia ser comparado a esse processo.

67. Willy Corrêa de OLIVEIRA, *Beethoven proprietário de um cérebro* (São Paulo, Perspectiva, 1979), p. 15.

68. ADORNO, op. cit., p. 52.

69. Ver nota 51.

70. Charles ROSEN, op. cit., p. 453.

71. Robert SCHUMANN, *La musica romantica* (Arnoldo Mondadori, 1958), p. 104.

72. Conforme Edmond COSTÈRE, *Mort ou transfigurations de l'harmonie*, p. 16.

73. Conforme Oliver ALAIN, *L'harmonie*, p. 94

74. Os comentários que seguem são baseados no ensaio de ADORNO, *Mahler — Une physionomie musicale* (trad. Jean-Louis Lelen e Theo Leydenbach, Paris, Minuit, 1976). Utilizei também a resenha deste texto feita por Raymond COURT em *Adorno et la nouvelle musique*, pp. 135-41.

75. Raymond COURT, op. cit., p. 138.

76. ADORNO, op. cit., p. 75.

77. Theodor REIK, *Variations psychanalitiques sur un thème de Gustav Mahler* (Paris, Denoël, 1972), pp. 154-67.

78. Ver nota 40.

79. ADORNO, op. cit., pp. 203-9.

80. A comparação entre a música e a mitologia está na "Ouverture" das *Mythologiques* de LÉVI-STRAUSS, em *Le cru et le cuit* (dominando todo o livro), e marca também "Finale", do último livro da série, *L'homme nu*. Ela abre e fecha, portanto, o ciclo, o que atesta a sua importância, aliás explicitada pelo autor. Ver *L'homme nu* (Paris, Plon, 1971), pp. 577 e ss.

81. LÉVI-STRAUSS, "Mito e música", em *Mito e significado*, p. 68.

82. Idem, ibidem, p. 69.

83. LÉVI-STRAUSS, *L'homme nu*, p. 583.

84. Idem, ibidem, p. 578.

85. Ver pp. 578-80.

86. "É esse fato fundamental que exprimem tantas fórmulas tais como: o significante e o significado jamais se recobrem completamente [...]" (Lévi-Strauss), "o desejo humano é fundamentalmente inadequado a seus objetos", ou ainda "o real está sempre no limite da experiência" (Lacan). Nicolas RUWET, "Fonction de la parole dans la musique vocale", em *Langage, musique, poésie* (Paris, Seuil, 1972), p. 68.

87. Op. cit., p. 233: "Uma partitura de orquestra não tem sentido se não for lida diacronicamente segundo um eixo (página após página, da esquerda para a direita), mas ao mesmo tempo, sincronicamente, segundo o outro eixo; de cima para baixo. Ou seja, todas as notas situadas na mesma linha vertical formam uma grande unidade constitutiva, um feixe de relações" (p. 232).

88. LÉVI-STRAUSS, "Mito e música", pp. 72-3.

89. *L'homme nu*, p. 583.

90. Embora sem tratar diretamente da música, o capítulo II, "A prosa do mundo", de *As palavras e as coisas*, de Michel FOUCAULT, toca nessa área de problemas. "A partir do século XIX a literatura volta a trazer à luz o ser de linguagem: mas não como aparecia em fins do Renascimento. Pois agora já não existe esta palavra primeira, absolutamente inicial, que fundamentava e limitava o movimento infinito do discurso; daqui em diante, a linguagem vai crescer sem ponto de partida, sem termo e sem promessa. O texto da literatura traça a cada dia o percurso desse espaço vão e fundamental."

91. Segundo LÉVI-STRAUSS, o sistema tonal é duplamente articulado, como a linguagem (uma mesma nota, ou unidade distintiva, pode assumir, conforme o contexto, diferentes papéis morfológicos ou significativos, como o da tônica, dominante, sensível etc.), o que não aconteceria na música dodecafônica, concreta ou eletrônica. Ver *Le cru et le cuit*, pp. 9-40.

92. *Le cru et le cuit*, p. 170.

93. "Mito e música", p. 76.

94. HEGEL, *Estética*, p. 233.

95. Idem, ibidem, p. 244.

96. Ver "Mito e música", pp. 69-71.

97. *Le cru et le cuit*, p. 38.

98. ADORNO, *Essai sur Wagner* (Paris, Gallimard, 1975), p. 209.

IV. SERIAL (PP. 173-208)

1. Seria preciso falar da música de Debussy, o que não coincidiu no entanto, e infelizmente, com o roteiro e as possibilidades deste livro. Em *O coro dos contrários*, fiz sobre ele as seguintes observações: "Antes [...] que se chegasse ao atonalismo, Debussy coroava o mundo tonal abrindo ao mesmo tempo, e à sua maneira, o horizonte final desse mundo. Marcado praticamente pelo signo da transição, sua obra finissecular é anterior ainda à grande eclosão moderna (*L'après-midi d'un faune* é de 1894), mas respondeu à crise do sistema tonal de modo extremamente pessoal. Debussy não adota nem extrapola a tonalidade, mas coloca a tonalidade em estado de suspensão: sua linguagem se conduz basicamente no sentido de desligar o mecanismo da *resolução harmônica*, sobre o qual assenta o princípio das hierarquias tonais, isto é, da polaridade. Ao evitar a *sensível*, e negar a lógica que converte os trítonos em consonância, em estabilidade, sua escritura eclipsa, dilui o encadeamento tonal dos acordes. Reduzindo os movimentos cadenciais (os intercâmbios entre os graus fundamentais de escala diatônica), Debussy reveste-os com acordes não usuais, emprestados de modos diferentes. Colaboram para isso as escalas exóticas, a escala hexacordal (formada de seis tons sem semitons), as tríades aumentadas decorrentes ou não da escala de tons inteiros, os acordes e apogiaturas sem resolução, as quintas e nonas paralelas" (São Paulo, Duas Cidades; Secretaria de Cultura e Tecnologia, 1977, pp. 135-6).

2. Um excelente panorama da música na primeira metade do século XX é oferecido por J. Jota de MORAES em *Música da modernidade — Origens da música do nosso tempo* (São Paulo, Brasiliense, 1983). Há também o bastante didático *Para compreender a música de hoje*, de Henry BARRAUD (São Paulo, Perspectiva), acompanhado de um disco. Sobre a música moderna nas Américas, comentando Ives e Villa-Lobos, ver Gilberto MENDES, "A música", em Affonso ÁVILA (org.), *O modernismo* (São Paulo, Perspectiva, 1975), pp. 127-37. Um comentário permanente da música contemporânea pode ser acompanhado, por outro lado, na obra crítica e poética de Augusto de Campos.

3. Nesses autores, de diferentes maneiras e por meio de diferentes trajetórias, se coloca o problema das relações contraditórias, ou antagônicas, entre a vanguarda estética atonal, por um lado, e socialismo e revolução, por outro. De maneira geral, há uma tendência a contestar os procedimentos derivados das várias linhas da música pós-tonal por meio da recuperação da música tonal. Essa retomada do tonalismo se faz como busca do éthos coletivista e do compromisso com as causas das massas trabalhadoras, rejeitando em diferentes contextos e conjunturas, como o do socialismo real (para os russos) ou mesmo do exílio americano (para os alemães exilados do nazismo), o caráter elitizado da música de vanguarda. Os escritos de Hanns EISLER estão reunidos no livro *Musica della rivoluzione (a cura e con uno studio di Luca Lombardi)*, Milão, Feltrinelli, 1978. No Brasil o engajamento político do músico foi proposto e ao mesmo tempo discutido em suas contradições por Mário de ANDRADE na década de 1940, em textos como *O banquete* (São Paulo, Duas Cidades, 1977); o prefácio a *Chostacóvitch*, biografia do compositor escrita por Victor SCROFF; ou "Distanciamentos e aproximações", em *Música, doce música* (São Paulo, Martins, 1963), p. 364. Essa questão se colocou na cena polêmica a certa altura do início dos anos 1980, com a ruptura de Willy Corrêa de OLIVEIRA para com a sua própria trajetória de músico de vanguarda; ver, a propósito, a sua introdução contestadora ("Uma intromissão") à edição brasileira do livro *Schoenberg*, de René LEIBOWITZ (São Paulo, Perspectiva, 1981).

4. Citado por Raymond COURT, *Adorno et la nouvelle musique*, p. 33.

5. Comentário de Adorno sobre essa questão: "Os momentos do decurso musical se sucedem com independência como os estados psicológicos, primeiramente como *schocks* e depois como figuras de contraste. Já não se acredita que o *continuum* do tempo subjetivo de vivência tenha a força de abarcar eventos musicais e dar-lhes um sentido ao conferir-lhes sua unidade. Mas esta descontinuidade mata a dinâmica musical, à qual aquela deve sua existência. Uma vez mais a música submete o tempo: não mais dominando-o depois de havê-lo preenchido com ela, mas negando-o, graças à construção onipresente, graças a uma suspensão de todos os momentos musicais. Em nenhuma outra parte se manifesta com maior clareza do que aqui o secreto entendimento entre a música ligeira e a música mais avançada. Schoenberg, em sua última fase, comparte com o jazz, e no demais também com Stravinski, a dissociação do tempo musical. A música delineia a imagem de uma constituição do mundo que, para bem ou para mal, já não conhece a história". ADORNO, *Filosofia da nova música*, pp. 54-5.

6. Tal como é definido por FREUD na parte V ("Características especiais do sistema inconsciente") de *O inconsciente.*

7. O traço repetitivo do inconsciente está teorizado na última fase da obra de FREUD, em *Mais além do princípio do prazer.*

8. Esse movimento é estudado por Michael IMBERTY em *Entendre la musique — Sémantique psychologique de la musique* (Paris, Dunod, 1979), e *Les écritures du temps — Sémantique psychologique de la musique, tome 2* (Paris, Dunod, 1981). Se a *Sémantique musicale* de Alain DANIÉLOU é uma semântica de inspiração modal, a de Imberty é de inspiração tonal. *Gestetexte-musique*, de Ivanka STOIANOVA (Paris, UGE, 1978), poderia ser, por outro lado, um bom exemplo de uma semântica musical pós-tonal. A questão do *sentido* na música tende a ser trabalhada, em cada caso, a partir da opção por um sistema musical — modal, tonal, serial.

9. A criança joga um brinquedo preso por um cordão para fora e para dentro do berço, assinalando o movimento traumático, e marcado de desejo, da presença e da falta da mãe. Ela ainda não sabe falar, mas simula, segundo Freud, por meio de um jogo vocálico, a oposição entre o espaço externo e o interno, que se opõem nesses dois monossílabos da língua alemã. Lyotard comparou a cadência tonal com o jogo de *fort-da*, em que, segundo ele, a errância positiva da libido é convertida na negatividade do desejo (como falta) do objeto *mimado.* Isso permite ao sistema tonal estilizar a aparência das paixões, constituindo, por meio do par dissonância-resolução, o viés da *profundidade* em música (o que o ligaria à teatralidade do espetáculo e ao mundo da representação no Ocidente "clássico"). Na conversão de toda dissonância (*fort*) em consonância (*da*), a angústia é reduzida "ao simples medo de perder e ao temor de ter perdido um objeto". O que leva à *mise-en-scène*: "A beira do berço é a moldura de cena, entradas e saídas da bobina, *Sprechgesang* (cantofalado) nos bastidores. É a Caverna" ("Plusiers silences", *Musique en jeu*, 9 (Paris, Seuil, 1972), p. 67.

10. Anton WEBERN, *O caminho para a música nova* (trad. Carlos Kater, São Paulo, Novas Metas, 1984), p. 86.

11. Conforme Christopher LASH, *O eu mínimo.*

12. A afirmação está no *Ensaio sobre Wagner*, e é citada por Fredric JAMESON em "T. W. Adorno; ou tropos históricos", em *Marxismo e forma*, p. 25.

13. No *Concerto para violino e orquestra*, Alban Berg usa uma série construída através de

um escalonamento de terças maiores e menores, o que faz com que ela contenha quatro tríades (ou acordes) perfeitamente "tonais". Com isso, o compositor trabalha uma espécie de interpenetração entre os dois sistemas, tonal e dodecafônico. Na sua obra final, Schoenberg faz também mediações como esta. Na Itália, seguindo a tradição de Dallapicolla, desenvolve-se um influente dodecafonismo mediterrâneo especialmente bem aplicado à ópera, onde as séries tendem a contar sempre com uma tríade "tonal", de modo a permitir estabelecer, ainda que dentro de um discurso dodecafônico, momentos definidos de tensão e repouso (agradeço esta última informação a Maurício Dottori).

14. O dodecafonismo e o serialismo colocam no seu limite mais aguçado o jogo entre projeto e acaso, que está assinalado na famosa frase de Mallarmé ("un coup de dés jamais n'abolira le hasard"). Ao mesmo tempo que busca o controle extensivo de todos os elementos sonoros a partir da série-matriz, o desenvolvimento estará subordinado ao horizonte combinatório dado pela série, em suas ocorrências (ou decorrências) probabilísticas. Essa margem de flutuação entre o projeto racional e suas franjas aleatórias será assumida por Stockhausen e Boulez (neste, através de uma poética explicitamente mallarmaica), em que o serialismo se combina com estruturas abertas e sujeitas em parte à intervenção do intérprete. Sobre esse ponto, ver Umberto ECO, *A obra aberta* (São Paulo, Perspectiva, 1976). Se Webern tipifica o controle máximo da estrutura da peça, Cage tratará o problema em termos de indeterminação e acaso. Augusto de Campos condensou essa polaridade no poema "Profilograma 2 — Horn 'Cage to Webern'".

15. Francis BAYER, *De Schoenberg à Cage — Essai sur la notion d'espace sonore dans la musique contemporaine* (Paris, Klincksieck, 1981), p. 29.

16. Ver René LEIBOWITZ, *Introduction à la musique de douze sons* (Paris, L'Arche), pp. 99-108.

17. O *ataque* pode ser definido como o tipo de intervenção sobre o instrumento que define o modo de "entrada" e "saída" do som, como por exemplo o "legato", o "staccato", o "sforzato", o "vibrato", etc. Os próprios instrumentos já se distinguem pelo ataque: o som de uma marimba, de uma harpa ou de um violino "emergem" e "desaparecem" segundo curvas de intensidade e velocidade diferentes. (De certa forma, o ataque é uma combinação de intensidade e duração.) Em linguagem de sintetizador, essa variável é tratada como "envelope".

18. O serialismo integral desponta como tendência forte na geração de Luigi Nono, Bruno Maderna, Luciano Berio, Franco Donatoni. As suas origens podem ser atribuídas ao cruzamento do dodecafonismo via Webern com os modos de durações e intensidades de Messiaen (que fazia música ao mesmo tempo rigorosa e belamente fluente). Pierre Boulez tem um papel decisivo na colocação em prática do sistema, nas *Estruturas* para dois pianos escritas a partir de 1952, e depois numa obra-prima como *Le marteau sans maître*, de 1955. (Boulez era aluno de Messiaen desde 1943, o que Stockhausen veio a ser na década de 1950.) Uma informação sintética e esclarecedora pode ser encontrada em Reginald Smith BRINDLE, *The new music — The avant garde since 1945* (Oxford; Nova York, Oxford University Press, 1975). Ou em Henri BARRAUD, *Para compreender as músicas de hoje*, pp. 127-9.

19. A análise gráfica de Carlos KATER faz parte do livro traduzido por ele contendo textos de Webern, *O caminho para a música nova* (São Paulo, Novas Metas). São transposições visuais da *Sinfonia* op. 21. O caráter perfeitamente simétrico da estrutura é evidenciado pela espacialização das várias seções da obra (tema, sete variações e coda). Poderíamos dizer que a escuta acrescenta ao ícone visual um elemento de oscilação e "distorção", pois a memória é aproxima-

tiva, e não tem uma captação global e instantânea das relações de alturas e timbres tal como são mostradas pelo esquema gráfico. Temos aqui uma pequena amostra adaptada ao nosso exemplo, os primeiros compassos das *Variações* op. 27*.

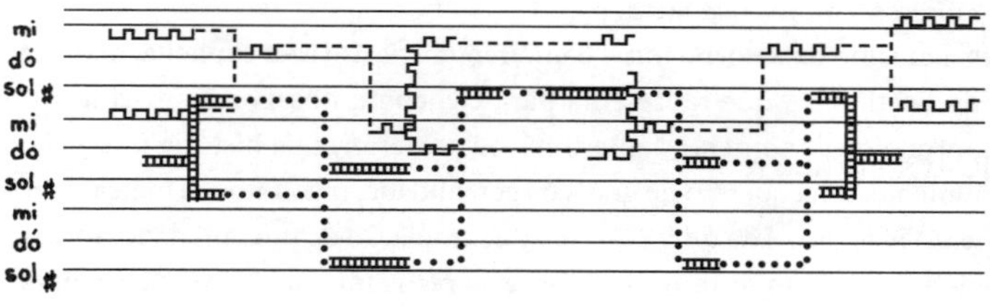

20. Webern tornou-se para uma parte importante dos compositores da geração de pós-guerra o mito do inventor extremo que dispensasse toda *bricolage* (ou seja, trabalho feito com materiais de variada proveniência) em nome da *engenharia* (trabalho feito com materiais próprios à construção, não extraídos de outros contextos). Num momento em que se busca fundar uma linguagem pós-tonal não polarizante, sem tônica, num campo sonoro dessacralizado, a única coisa que parece poder sustentá-la é a coerência completa entre o material sonoro e sua organização, por meio de uma condensação rigorosa que busca a obtenção de um máximo de relações com o mínimo de meios. Nesse quadro, Webern aparece como aquele fundador que constrói a totalidade de sua linguagem, sintaxe e léxico, e que se constitui em origem absoluta do seu próprio discurso, como um "criador do verbo, o próprio verbo". (Esse comentário está em *O coro dos contrários*, p. 138. Me utilizei aí do questionamento, feito por Jacques DERRIDA, da oposição lévi-straussiana entre *engenharia* e *bricolage*, à p. 239 de *A escritura e a diferença*.)

21. "Em primeiro plano são enfatizadas as considerações de simetria, de regularidade, que prevalecem agora sobre os intervalos até então dominantes — quinta, quarta, terça, etc. Por isso, a *metade* da oitava — a quinta diminuta — adquire aqui um significado muito grande" (WEBERN, op. cit., p. 146). Segundo Pousseur, Webern chega a constituir um tecido harmônico balanceado e não tonal, pelo fato de que ele põe "em equilíbrio a força polarizante de intervalos contraditórios" (POUSSEUR, *Fragments theoriques*, p. 247).

22. Raymond COURT, op. cit., p. 46.

23. Conforme J. Jota de MORAES, op. cit., p. 76.

24. Thomas MANN.

25. Ver por exemplo a nota 5: segundo Adorno, em Schoenberg, em Stravinski e na música de massas teria se rompido igualmente a correspondência entre o tempo musical e o tempo histórico, delineando "a imagem de uma constituição do mundo que, para bem ou para mal, já não conhece a história". Essa ruptura, no entanto, a música de Schoenberg não ocultaria, deixando-a transparecer como negatividade e recusa à consolação.

26. JAMESON, op. cit., pp. 34-5.

27. Idem, ibidem, pp. 35-6.

28. Mais especificamente: "As harmonias perfeitas são comparáveis às expressões ocasionais da linguagem e, mais ainda, ao dinheiro na economia. Graças a seu caráter abstrato, podem ser válidas em toda parte como uma função de mediação, e sua crise corresponde profundamente

à de todas as funções de mediação da fase presente. A alegoria dramático-musical de Berg alude claramente a isso. Em *Wozzeck* como também em *Lulu*, o acorde perfeito de *dó maior* aparece em passagens por demais desvinculadas da tonalidade, cada vez que se fala em dinheiro. O efeito é o de algo trivial e ao mesmo tempo superado. A moedinha do *dó maior* é denunciada como falsa" (*Filosofia da música nova*, p. 53).

29. O hegelianismo de Adorno toma como referência às vezes explícita, mas sobretudo implícita, a obra de Beethoven, que representa para ele, como observou Jameson, "uma espécie de ponto fixo contra o qual momentos anteriores ou posteriores da história musical serão julgados. Não é, naturalmente, uma questão de graus de genialidade, mas antes de lógica interna do próprio desenvolvimento histórico e de uma espécie de acumulação de possibilidades formais de que Beethoven se beneficia [...] Em termos musicais, essa reconciliação única que é a oportunidade histórica de Beethoven assume a forma de um equilíbrio precário entre melodia e desenvolvimento, entre uma nova e mais rica expressão temática do sentimento subjetivo e seu acabamento objetivo na própria forma [...]" (op. cit., p. 37). Uma tal "síntese privilegiada" corresponderia a uma "peculiar liberdade" histórica permitida por períodos de transição em que "o estilo de vida ainda não assumiu a rigidez de um estilo de época, e quando há uma súbita libertação do velho sem qualquer obrigação correspondente para com o que virá em seu lugar" (pp. 39-40). A "ambiguidade básica" desse momento que está entre o "colapso da ordem feudal na Europa" e a instalação definitiva das instituições burguesas produziria Beethoven e Napoleão, Hegel e Goethe (a relação entre essas figuras foi abordada, de certa forma, no capítulo anterior; Walter Benjamim comparou a ambiguidade feudal-burguesa do Fausto a Napoleão). Jameson toca em aspectos correlatos nas páginas 40 e seguintes do seu ensaio, em que aprofunda também a passagem da dialética hegeliana à "dialética negativa" em Adorno, cuja "sistematização antissistemática, com todas as profundas contradições internas que envolve", tem certamente seu correspondente na obra de Schoenberg (pelo menos tal como Adorno a vê). No texto de Jameson fica clara a correspondência dialética em que Beethoven está para Hegel como Schoenberg para Adorno. Em poucas palavras, pode-se dizer também que o filósofo-sociólogo da escuta está escutando aquela concha histórica que produziu Beethoven, a música da história possível, a história *feita* música, e que vai se corrompendo progressiva (ou "regressivamente") em ruído. Ruído da repetição que se instala na indústria cultural e que se mascara através do "fetichismo na música" e da "regressão da audição" ("O fetichismo na música e a regressão da audição" é o título de um dos seus mais importantes ensaios sobre as condições de produção da música contemporânea). Nesse texto (cuja introdução está contida no volume da coleção *Os Pensadores*, da Abril Cultural, pp. 173-99), ele vislumbra a possibilidade de uma criação capaz de produzir o inesperado, e renovar mahlerianamente os materiais mais gastos pelo uso, variando e improvisando maleavelmente sobre eles, e atraindo nosso olhar como um ímã (é o que ele diz de Mahler: "Nenhum de seus temas apresenta o som habitual, todos são guiados como por um ímã") (p. 199). Segundo Adorno, a música popular não produziu um modelo para essa possibilidade de ruptura com "a rotina do sempre igual". (No entanto, para um ouvido que se dispusesse a ouvir, sem resistir a todo custo ao apelo do pulso, e mesmo que de dentro da maior exigência estética, certos momentos da canção popular, o inesperado talvez fizesse uma surpresa.)

30. Desejo manifestado por Schoenberg a seu aluno Rufer, em 1921. Cit. por Caio PAGANO, "Schoenberg: um depoimento pessoal", em René LEIBOWITZ, *Schoenberg* (São Paulo, Perspectiva, 1981), p. 165.

31. Christopher LASCH, op. cit., p. 147.

32. Pierre BOULEZ, "Schoenberg est mort", em *Relevés d'apprenti* (Paris, Seuil, 1966), pp. 265-72.

33. WEBERN, op. cit., p. 43.

34. Idem, ibidem, p. 35.

35. Pierre Boulez assumiu a direção do IRCAM (Instituto de Pesquisa e de Coordenação Acústico-Musical) do Centro Georges Pompidou, em Paris. A obra *Répons* (1981), composta depois de um período de silêncio composicional desde 1974 (com *Rictuel*), para seis solistas, orquestra de câmara e "elaboradores de sinais digitais em tempo real", dá uma medida da profunda imbricação entre a composição e o estado atual de pesquisa sonora de ponta. A revista *Gaia* (São Paulo, mar. 1989, n. 1, USP; Secretaria de Estado da Cultura) publicou um texto de Pierre Boulez e Andrew Gerzo sobre a peça ("O computador e a música", traduzido da revista *Le Scienze* 28, jul. 1988).

36. Essa tendência que busca reencontrar um parâmetro viável de escuta tem um lado que caminha no sentido de devolver à música funcionalidade social ativa dentro de novas relações sociais, e outro que ressoa no cultivo pós-moderno de formas glosadas e destituídas de "história".

37. O melhor e mais curioso exemplo que conheço é o de Albert Roustit, *La prophétie musicale dans l'histoire de l'humanité (precedée d'une étude sur les nombres et les planétes dans leurs rapports avec la musique)*, 42 (Roanne, Horvath, 1970). O livro é prefaciado por Olivier Messiaen, que, embora faça reservas ao seu conservadorismo, impressiona-se com as coincidências que confirmam sua própria visão apocalíptica. Outros exemplos dessa tendência que condena a música moderna, com apelo ao caráter sagrado e cosmologicamente centrador do som, são os livros de David Tame, *O poder oculto da música — A transformação do homem pela energia da música* (São Paulo, Cultrix) e Cyril Scott, *La musique — Son influence secrète à travers les âges* (Neuchâtel, La Baconnière, 1960). São livros estética e politicamente conservadores.

38. Conforme Stephen HAWKING, *Uma breve história do tempo — Do Big Bang aos buracos negros* (Rio de Janeiro, Rocco, 1988), p. 101.

39. Obras como *Kontakte, Zeitmasse* e *Momentform* atestam essa vontade de "aplicar ao espaço sonoro certas técnicas de composição até então reservadas unicamente ao tratamento das durações e, inversamente, aplicar ao tempo certas técnicas de composição até então reservadas unicamente ao tratamento das alturas" (conforme Francis BAYER, op. cit., p. 84). Duração e altura são pensadas segundo um "princípio único de organização de impulsos elementares de origem temporal". Essas ideias estão expostas por Stockhausen no texto "A unidade do tempo musical" (tradução francesa na revista *Preuves*, n. 180, p. 32).

40. Conforme Francis BAYER, op. cit., p. 89. Em *Momentform*, busca-se uma espécie de manifestação do tempo presente em sua máxima intermitência, "sem referência ao que precede e ao que se segue", fazendo apelo assim ao próprio caráter disruptivo da *atenção* no que esta tem de fugaz e descontínuo (p. 87). Pode-se dizer que a exigência máxima da atenção, com a descontinuidade temporal que ela implica (transposta por Stockhausen para a espacialidade sonora), é uma consequência extrema da não-repetição serial, opondo-se ao caráter hipnótico e nublador da atenção das músicas puramente periódicas. A música do tempo descontínuo dirigido à pura atenção, sem apelo às ondas somáticas do pulso e aos reforços da memória, contrapõe-se à música "lunar" das repetições rítmicas e à música "mercurial" do discurso tonal. Por um efeito paradoxal, ela coincide

com aquele estado puro da atenção em que está à beira de se dissipar no "esquecimento". Esse limiar é a borda da *esquismogênese* a que já me referi, e que divide a música ocidental entre a consciência ativa e o puro ritmo, desgarrados um do outro. Os limiares atingidos pela música de Stockhausen, nesse sentido, "preparam" a reversão ao minimalismo e à elementaridade dos pulsos.

41. Op. cit., p. 33.

42. J. Jota de MORAES, op. cit., p. 189.

43. Frederick R. KARL, *O moderno e o modernismo — A soberania do artista* (Rio de Janeiro, Imago, 1988), p. 477.

44. Comentando as músicas repetitivas, Dominique AVRON apresenta uma versão mais repetitiva que ritual do interesse pelos processos sonoros minimais. Extraindo um efeito erótico da organização maquínica e dos componentes eletrônicos, "o ouvido libidinal moderno [...] se põe à escuta dessa ordem": "é o prazer do olhar sobre a máquina funcionando e da escuta atenta à espera de que a máquina desfuncione que fazem com que o ouvido possa fluir músicas onde a dimensão sonora não está mais sendo trabalhada". Segundo Avron, a arte da tradição renascentista não morre por falta de "dispositivos", mas por se impedir de ser uma arte de dispositivos. Já "não se tolera mais os efeitos que se esquecem ou se escondem de que são efeitos". Em outras palavras, em vez dos efeitos "mascarados" esteticamente, que fazem a arte clássica, o que o "ouvido libidinal" (pós) moderno buscaria é a exposição de efeitos caracterizados como tais (*L'appareil musical*, pp. 138-9).

45. AVRON, op. cit., p. 134.

46. Idem, ibidem, p. 135.

47. As seis notas (lá, si, dó sustenido, mi, fá sustenido, sol sustenido) formam uma escala diatônica incompleta, onde falta justamente a nota ré (ou ré sustenido), que introduziria o *trítono* e projetaria a definição tonal para o *lá* ou o *mi*. Estamos aqui numa nova espécie de evitação do trítono, o que confere aos sons uma certa equivalência, só realçada pelas acentuações que recebem em rodízio, à medida que circulam pelas posições repetitivas do tempo. Com isso, o material melódico-harmônico já se presta a toda sorte de superposição no desenvolvimento das defasagens, mantendo-se numa espécie de circularidade sincrônica sem desequilíbrios nem polarizações tonais. É um material harmonicamente neutro, que se presta a sofrer inflexões temporais, e que vão construindo e desconstruindo a sua aparência (ou identidade) melódica.

48. Steve REICH, *Écrits et entretiens sur la musique.* (A esta altura da peça um quarto violino introduz sobre os outros pequenos motivos levemente "improvisados".)

49. Ver Jean-François LYOTARD, *O pós-moderno* (Rio de Janeiro, José Olympio, 1986). A música minimalista esvazia (mais do que a serial) o "relato" harmônico, o lugar da narratividade tonal, o suporte do seu mito.

50. Steve REICH, op. cit.

51. Em termos polarizados, pode-se dizer que nas músicas modais africanas a repetição é um meio útil para fazer música, no minimalismo "a música é que é um meio útil para uma repetição fabricada com os meios da música" (conforme Dominique AVRON, *L'appareil musical*, p. 141). A certa altura da década de 1970, Steve Reich tende a rever essa polaridade, embora não se possa dizer que chegue a revertê-la.

52. Henri POUSSEUR, op. cit.

53. Essa passagem descreve na verdade a peça minimalista "I'm sitting in a room", em que uma voz gravada descreve os processos de transformação gradual a que ela mesma será subme-

tida através de uma série de regravações sucessivas, ao longo das quais as reverberações do ambiente contaminarão progressivamente a fala, convertendo-a em música de timbre/ruído.

V. SIMULTANEIDADES (PP. 209-221)

1. A expressão é usada por Augusto de CAMPOS no texto "Smetak, para quem souber", publicado na revista *Som Três* e no caderno *Retorno ao Futuro* (Salvador, Associação dos Amigos de Smetak; Prefeitura Municipal, 1985), em que aponta a redobrada falta de condições para a escuta da música contemporânea no Brasil: "Atinge dimensões apocalípticas a falta de gravações de música do nosso tempo, não ligada ao setor do entertainment, isto é, aquela que não tenha a função de divertir e fazer passar o tempo, mas que envolva um aprofundamento da nossa sensibilidade e uma ampliação do nosso conhecimento".

2. Ver Jacques ATTALI, op. cit., pp. 202-3.

3. Uma reflexão inusual sobre esse tema pode ser lida no livro de Paulo NEVES, *Mixagem — O ouvido musical brasileiro* (São Paulo, Max Limonade, 1985).

4. Luiz Augusto de Moraes TATIT, *Elementos semióticos para uma tipologia da canção popular brasileira* (mimeo), tese de doutoramento apresentada à área de pós-graduação em linguística (Universidade de São Paulo, 1986), t. 1, p. 131. O trabalho de Luiz Tatit pode ser encontrado em versão resumida: *A canção: eficácia e encanto* (São Paulo, Atual, 1987, série Lendo). Trata-se de uma original tipologia das relações entre música e texto na canção, fundada sobre a semiótica greimasiana. Na passagem a que estou me referindo Luiz Tatit dispõe sobre o quadrado semiótico baseado nas relações de asserção e negação tonal os termos: pré-tonalidade, tonalidade, dodecafonia e politonalidade (em vez de minimalismo). Adaptei o seu esquema a uma concepção mais metafórica, tendo como centro (vazio) o *tom*, e ampliei o quadro histórico que ele abarca, incluindo a música minimalista. No texto de Tatit, o esquema é:

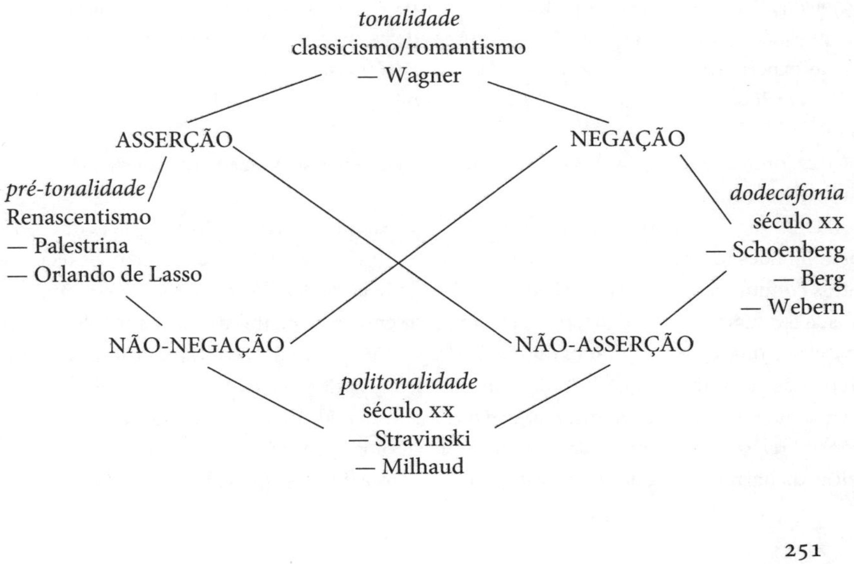

5. O "monólito" a que me refiro é portanto um objeto simbólico, onde se condensariam, nas suas máximas refrações, as possibilidades da periodicidade sonora. Por um lado, cada tom contém no seu espectro um *cosmo*, um modelo de periodicidade. Por outro, o deslocamento e a contiguidade com outros tons e sons/ruídos têm implicações que oscilam entre o periódico e o não períodico, o cósmico e o caótico. As músicas reais não estão comprometidas normativamente com a série harmônica, mas, de certo modo, pode-se dizer que dialogam permanentemente com esse paradigma.

6. A simultaneidade do côncavo e do convexo na música contemporânea é intuída, ao que me parece, pelos sons e instrumentos inventados pelo compositor suíço-baiano Walter Smetak, que muitas vezes tematizam concretamente, na materialidade escultórica de suas cordas e cabaças descentradas, o lugar do som, entre o eterno retorno e o desgarramento. A obra sonora, filosófica e profética de Smetak é uma intrigante reinvenção do pitagorismo musical, ou das concepções cosmológicas da música modal, mas num mundo pós-cagiano, aberto a escalas microtonais indeterminadas, flutuando entre a invenção e a natureza, através de instrumentos artesanais, bricolados, poéticos.

7. No Brasil, a passagem das polcas europeias para um ritmo sincopado é indicação importante sobre a vida brasileira. Tratei um pouco desse tema em "Algumas questões de música e política no Brasil", em Alfredo BOSI (org.), *Cultura brasileira — Temas e situações* (São Paulo, Ática, 1987). A expressão "triângulos de cegos e aleijados chispando no sol quente" é de Marilene Felinto, num inspirador texto inédito que ela escreveu sobre o tema "Simultaneidades contemporâneas".

8. "Onde não há pecado nem perdão" é o último verso da canção "Alguém cantando", de Caetano Veloso (LP *Bicho*). Essa canção contém uma reflexão sobre o canto, análoga àquela que Paul Zumthor mostrou existir na canção medieval, onde o cantar difunde o seu próprio sentido disseminando-se nas refrações da voz, onde o sujeito não é um *ego* pontual, mas a intensidade irradiante de um *alguém*, canto que "se eleva do coração" cheio de uma significação que está nele mesmo, nos incluindo "na circularidade desse intercâmbio indizível" (*Essai de poétique médievale*, Paris, Seuil, 1972, pp. 205-19). É claro que a matriz quase atemporal de canção contida nessa descrição, e condensada em algumas delas, vive da profusa maneira como se mistura com as experiências e os "sotaques" sociais mais diversos.

9. Ver Joachim E. BERENDT, *O jazz — Do rag ao rock* (São Paulo, Perspectiva, 1975), pp. 135-9.

10. Conforme Gilberto MENDES, "A música", em Affonso ÁVILA (org.), *O modernismo* (São Paulo, Perspectiva).

11. "O jazz dos anos 70 liga a total liberdade de improvisação do free jazz com todas as possibilidades harmônicas ou não harmônicas dos estilos anteriores, com recursos técnicos de outras culturas, ocidentais ou orientais. A liberdade jazzística dos anos 70 não está mais preocupada em fugir da tonalidade, pois ela não representa mais nenhum empecilho para o músico, caso ele se interesse por 'modos' árabes ou ragas hindus. Keith Jarret, pianista que se tornou famoso por seu trabalho ao lado de Miles Davis e Charles Lloyd, e o qual exerceu grande influência na concepção de harmonia, se é que assim se pode dizer, do jazz dos anos 70, em suas próprias realizações emprega acordes-blues, harmonias pentatônicas debussianas, sonoridades típicas da harmonia modal medieval, acordes da música romântica, harmonias das chamadas

'culturas exóticas', uma verdadeira 'liga das nações e das histórias' musicais..." (Joaquim E. BERENDT, op. cit., pp. 138-9).

12. "Alimentado por uma permanente tensão entre rebeldia e domesticação, o rock é o ruído dos jovens tentando se proteger numa redoma do ruído dos velhos, o ruído da mecanização da vida." Paulo NEVES, op. cit., p. 44.

13. Ver o parágrafo final do capítulo XLVI do *Doutor Fausto* de Thomas Mann: "Ouçam então o final, ouçam-no junto comigo: um naipe de instrumentos após outro esvai-se, e o que resta, quando a obra se acaba, é o sol agudo de um violoncelo, a última palavra, o derradeiro som que plana no ar e se extingue, lentamente sumindo numa fermata em pianíssimo. Nada mais acontece. Silêncio e noite. Mas o som ainda suspenso no silêncio, esse som que já não existe, que unicamente a alma prossegue escutando, e que arrematou a aflição, ele muda de sentido e se ergue como uma luz na noite".

Discografia da playlist

Africa — Music of Malinke and Baoulé. Counterpoint/Esoteric Records. CPT — 529.

Festival of India. Ustad Vilayat.

Gabon — Musique des pygmées Bibayak. Musiques traditionnalles vivantes. Gravação e notas por Pierre Sallée. Ocora-Radio France. 558 504.

Indonesia, Ethnic Folkways Library. EFL 1406.

John Cage works for piano and prepared piano (1943/1952). Joshua Pierce, piano e piano preparado. Catálogo Wergo. 60 151.

Les mystere des voix bulgares. Gravado na Bulgária por Marcel Cellier. Coral Feminino da Rádio e Televisão Estatal Búlgara, sob a direção de Philip Koutev e Krasimir Kyurkchyski. Explorer Series. Elektra/Asylum/Nonesuch Records. 79165 — 1.

Mr. John Cages prepared piano. Sonatas & Interludes for prepared piano. John Tilbury, piano preparado. Decca. Zal 13577.

Music from Bali. Orquestra de Gamelão de Pliatan, Indonésia, dirigida por Anak Anak Gde Mandera. Produtor: John Coast. Argo-Decca. ZFB 73.

Music fom Hungary. The Living Tradition. Produção de Deben Bhattacharya. Argo-Decca. ZFB 49.

Music from the Himalayas. The Living Tradition. Produção de Deben Bhattacharya. Argo-Decca. ZFB 40.

Musique du Burundi. Editor-geral: Charles Duvelle. Gravações realizadas por Michel Vuylsteke com a participação da Voz da Revolução do Burundi. Ocora-Radio France. OCR 40.

Polyphonies de Sardaigne. Collection du Centre National de la Recherche Scientifique et du Musée de L'Homme. Gravações, fotos e textos de Bernard Lortat-Jacob. Editor: Gilbert Rouget. Le Chant du Monde. LDX 74760.

Shakuhachi Minyo Okuni Meguri, volume 2. King Stereo, Kjst. 10.108.

Sicily in Music and Song. Gravações de James McNeish. Argo-Decca. ZFB 71.

Thailand. Musical Atlas — Unesco Collection. Coleção editada para o International Music Council pelo International Institute for Comparative Music Studies com a assistência da Fundação Calouste Gulbekian. Editor: Alain Daniélou. Emi-Odeon. 3C 064 — 18080.

The history of Music in sound. Vol. 1 — Ancient and Oriental Music. Editor: Egon Wellesz. Editor da coleção: Gerald Abraham. Oxford University Press. RCA.

The Peuls. Musical Atlas — Unesco Collection. Editor-geral: Alain Daniélou. Emi-Odeon. 3C 064 — 18121.

Two centuries of Bengali Songs. The Living Tradition. Produção de Deben Bhattacharya. Argo--Decca. ZFB 75.

John Cage works for piano and prepared piano (1943/1952). Joshva Pierce, piano e piano preparado. Catálogo Wergo. 60 151.

Mr. John Cage's prepared piano. Sonatas & Interludes for prepared piano. John Tilbury, piano preparado. Decca. Zal 13577.

The history of Music in Sound, Vol. 1 — Ancient and Oriental Music. Editor: Egon Wellesz. Editor da coleção: Gerald Abraham. Oxford University Press. RCA.

Ficha técnica

O SOM E O SINT

Roteiro, programação de sintetizadores, programação de computador, arranjo, gravação, edição e mixagens: Hélio Ziskind
Assistente de produção e edição: Laura Santana
Narrações e canto na canção "Canto do povo de um lugar": Hélio Ziskind
Vozes femininas: Ná Ozzetti, Vânia Bastos e Suzana Salles
Instrumentos acústicos:
contrabaixo: Rui Deutsch
sax soprano (Chopin, *Estudo*): Hélio Ziskind
Instrumentos eletrônicos:
Microcomputador Roland Mc 500 I
Samplers Roland 5330 e 550
Sintetizador Yamaha Tx 802
Sintetizadores Roland D550, MKS—70 MKS—80
Pedro Milliet ajudou na edição de timbres de sampler.
Ricardo Breim ajudou nas harmonias e ideias modais.
Concepção geral: Hélio Ziskind e José Miguel Wisnik.
Com exceção da Antologia Folclórica, do Canto Gregoriano e das peças de John Cage, todas as músicas foram executadas por computador e sintetizadores.

Agradecimentos:
Rodolfo Coelho

Jorge Poulsen
Teca
Cláudio Roberto Couto
Fonoteca da ECA-USP
Caetano Veloso

A trilha

A playlist que acompanha este livro contém uma série compacta de exemplos, que foram agrupados de maneira a não se perder o fluxo musical do conjunto. A trilha sonora não é linearmente paralela ao livro. Ela faz o seu caminho, mas num permanente contraponto com ele. No roteiro a seguir, estarão indicadas, a cada passagem, as páginas do livro a que ela remete mais diretamente (acompanhadas de um asterisco). Para ouvir, acesse a playlist disponível em www.companhiadasletras.com.br/osomeosentido.

Procure ouvir também gravações originais das peças que estão executadas por sampler e sintetizadores na trilha *O som e o sentido*, para melhor compreender a análise, e para ter a dimensão insubstituível da peça original. Uma seleção dessas gravações e das várias obras musicais citadas no livro também está disponível em playlists especialmente elaboradas para esta reedição e acessíveis na mesma página na internet.

José Miguel Wisnik

O som e o sint

“Uma trilha para o som e o sentido”

Hélio Ziskind

CONSIDERAÇÕES PRELIMINARES

1. Um sampler é um instrumento que grava sons. Quaisquer sons. Um ruído, uma nota, uma palavra. E do mesmo modo que uma vitrola pode tocar um disco em 33 ou 78 rotações, o sampler pode “ler” em várias velocidades o som gravado dentro dele. Cada nota do teclado corresponde a uma velocidade de leitura. Cada nota do teclado pode acionar um timbre ou um som diferente.

2. Um sampler permite fazer loops: repetir indefinidamente um som ou parte dele.

3. Um sequenciador é um tipo de programa de computador por meio do qual podemos gravar e transmitir instruções como esta: “toque tal nota em tal instante com tal intensidade e tal duração” (partituras inteiras são injetadas nele). O computador envia essas instruções para um sintetizador ou um sampler, que as executam com o som (o timbre) que estiver programado.

4. Uma mesma instrução pode ser parcial ou integralmente alterada. Você pode ter um timbre de “piano” executando uma sonata, e apenas graves soando como um contrabaixo. As mesmas notas poderão ser executadas com outros timbres: de vozes corais, de flautas, de cordas, etc. A possibilidade de alteração e combinação de múltiplos timbres sobre uma mesma sequência de notas permite desenvolver arranjos (que foram usados nesta trilha como recurso para a análise de músicas).

Roteiro da playlist

(As palavras em negrito serão ditas ou cantadas por um locutor. Use-as como referência.)

PARTE I: INTRODUÇÃO

Faixa 1

Música do Baoulé (África Ocidental): "Invocação, entrada e dança de Glaou".

Áudios sobrepostos:

John Cage? (Trecho extraído de *Sonatas e interlúdios para piano preparado*) (*54)

Série dodecafônica (série da *Peça para piano* op. 33a de Schoenberg, apresentada em timbre de cordas) (*181, 183)

O som e o sentido: As palavras "o som e o sentido", pronunciadas por Ná Ozzetti, foram gravadas num sampler. O equipamento permite revelá-las em pequenos trechos (loops graduais). O primeiro loop utiliza apenas o artigo "O"; com ele, ouvimos uma passagem gradual do agudo até o grave por desaceleração progressiva. Conforme nos aproximamos do grave, deixamos de ouvir notas afinadas e entramos no mundo dos pulsos (*21, apresentação invertida do esquema: a melodia "vira" ritmo). Quando o loop focaliza a última sílaba da palavra "sentido", ela se encaixa em acordes ritmados ("do, do, do...").

Áudio sobreposto: vocal masculino da Sardenha.

PARTE II: MUNDO MODAL (*37-8, 42-3, 71-111) (ANTOLOGIA)

Faixa 2
Uma voz: canto do povo de um lugar
Oriente: canto de um muezim (Oriente Próximo).
África: peuls da região de Kouande (norte do Daomé), "Canto de flagelação".
África: Burundi, canto feminino Akazehé ("numa mesma emissão, a cantora usa a voz de peito e a voz de cabeça, com alternâncias rápidas de uma a outra, obtendo assim um efeito de 'jodl', que se encontra frequentemente na África entre os pigmeus").
Itália: Sicília, canção de ninar, "C'era 'navolta" (melodia de caráter tonal).
Uma voz: pigmeus do Gabão, estudos de jodles (*95-6).
Duas vozes.
Três vozes.
Cinco vozes.
Oito vozes.
Uma aldeia: pigmeus do Gabão.
Outra aldeia, nas montanhas do Himalaia: Tibete, canto dos lamas (*History of music in sound*, vol. 1).
Sardenha: quatro homens cantando.
Mulheres búlgaras: "Canção do Schkopsko".

Faixa 3
Ouvindo madeiras

> **Batendo pilões:** África, peuls (povos do Saara): "três mulheres pilando o milho, os pilões batem, os braceletes se entrechocam. Às vezes, para relaxar os músculos, as mulheres lançam no ar, uma depois da outra, seus pilões e, antes que eles caiam, batem as mãos".
> **África:** Baoulé, dois músicos tocam xilofone.
> **Sumatra:** xilofones, introdução da canção "Ile-ile" (*Indonesia* — Ethnic Folkways Library).

Faixa 4
Ouvindo metais

> **Ilha de Bali, gamelão** (*95).
> **Pigmeus, "mbira":** introdução da "Conversa com os espíritos" ("mbira": instrumento feito com finas hastes de metal presas numa base de madeira e tocado com os polegares; enrolados nas hastes, pequenos anéis metálicos vibram junto com elas; o músico afina o instrumento empurrando cada haste mais para a frente ou para trás).

Faixa 5
Ouvindo peles

> **África, Malinke:** povo do Mali, África Ocidental, tambores.

John Cage?: *Quarteto para doze tontons* (*54).
África, Burundi: tambores (música tocada em "honra às autoridades" por um grupo de 25 percussionistas de Bukirasazi; ver oposições percussivas entre o timbre da pele e o do aro dos tambores).
Japão: tambores (oposição entre pele e aro do tambor).

Faixa 6
Ouvindo cordas

Japão: "koto" (ritmos apoiados no intervalo de oitava, inicialmente, e depois na quinta da fundamental, "resolvendo" na oitava superior).
China: um "koto" toca uma melodia tradicional (escala pentatônica) (*75-6).
Tunísia: "Alhazo Zabi" (introdução instrumental); o instrumento é um "üd" (alaúde).
África: Burundi, solo de cítara "inanga" (oito cordas).
África: Malinke, solo de "seron" (instrumento de dezenove cordas).
John Cage?: *Totem ancestor*, peça para piano preparado (*54).

Faixa 7
Ouvindo sopros

África: Burundi, solo de flauta "ntagahogo".
Turquia: Flauta solo (*History of music in sounds*, vol. 1).
Itália: Sicília, flauta de pastor.
África: Burundi, "ubuhuha" (literalmente, "assoprar"; a mulher usa os lábios como palheta para agitar o volume de ar contido na cavidade das mãos pressionadas contra a boca; os sons resultantes variam em altura, timbre e intensidade conforme a disposição das mãos e a tensão dos lábios).
Japão: "shakuhaki", flauta de bambu.
África: peuls, "tekuluwal", palheta tocada perto da boca com sons de respiração.

Faixa 8
Ouvindo harmônicos (*25-6)

África: (peuls) palheta tocada perto da boca. Os movimentos de abrir e fechar da boca ressaltam diferentes harmônicos e produzem variações de timbres. ("Tekuluwal", um instrumento que se usa quando se anda atrás dos bois, tocado também às vezes por ocasião de casamentos e em cerimônias de batismo de recém-nascidos. Reservado aos homens e aos rapazes, é o único instrumento de palheta dos peuls; é feito de uma fina haste de milho de aproximadamente 40 centímetros. A palheta, cortada longitudinalmente na própria face interna, vibra tanto na inspiração como na expiração. Abrindo ou fechando uma das extremidades da haste com o indicador da mão direita, o músico pode variar a altura dos sons; segurando a outra extremidade com a mão esquerda, ele chega a produzir efeitos de surdina. Assim, com esse instrumento rudimentar, é possível obter sons de altura determinada e de uma grande variedade de timbres num registro que atinge uma oitava.)
Itália: Sicília, "tarantellina" (o instrumento é uma simples lâmina estreita de metal

presa num suporte também metálico; o suporte é encostado nos dentes enquanto o polegar pinça a lâmina; a boca funciona como caixa de ressonância; o som varia somente com o movimento de abrir e fechar da boca, que ressalta diferentes harmônicos de uma fundamental, e permite que se desenhem melodias).

África: Baoulé, solo de arco (da família do berimbau: "um arco de madeira com uma corda roçada por uma pequena vara; o músico deixa a corda passar entre seus lábios, abrindo-os e fechando-os conforme o harmônico particular que ele quer acentuar; sua mão esquerda segura o arco e separa a corda usando uma peça similar àquelas usadas para afinar um piano").

Série harmônica (*25-6, 61-3, 117-8): inicialmente ouve-se a "trunfa" da Sardenha, espécie de berimbau metálico de boca do tipo da "tarantellina" (ver Itália, acima), cujas variações sobre um som fundamental são produzidas pelos seus harmônicos. Em seguida sobrepõe-se a série harmônica natural ou justa produzida por um contrabaixo, da seguinte forma: com a mão direita o contrabaixista usa o arco para fazer a corda soar; na mão esquerda ele segura um plástico pontiagudo que apenas encosta levemente na corda sem pressionar, e com o qual vai percorrendo a corda, de cima para baixo; os harmônicos vão soando como decorrência natural da divisão da corda vibrante em seus pontos de inflexão. Observe que os intervalos vão se tornando cada vez menores até chegar a um glissando (passagem contínua de uma nota para outra) agudo. Essa parte final da série, assim como a afinação justa dos intervalos, não se encontra no exemplo do livro (*61). A série é apresentada num movimento completo de "ida e volta".

Itália: é o mesmo instrumento do início, que permanecia tocando o seu bordão; sobre ele levantam-se um canto e um violão da Sardenha.

Faixa 9

A ideia de um centro (*80-2, 92)

Hungria: uma gaita de foles. Pode-se perceber que há uma nota grave que permanece sempre constante e contínua. Um contrabaixo reforça essa nota no final do exemplo. Os outros exemplos que vêm a seguir apresentam o mesmo princípio de sustentação de um som contínuo: é a explicação da tônica fixa sobre a qual se apoiam as músicas modais.

Iraque: "Tahhaer fonadaka — ràhàt" ("Sua imagem"); enquanto um instrumento semelhante a um violino ("kamanja") toca várias notas da escala, um outro, semelhante a um violão ou alaúde ("úd"), mantém uma nota constante.

Bulgária: mulheres búlgaras; a orquestra mantém uma nota constante e a cantora passeia sobre essa base contínua.

Marrocos: "Oonri alayki"; um violão mantém uma nota constante; um homem canta várias notas; um "violino" persegue o cantor.

Hungria: é um exemplo mais familiar para os ocidentais, pois em vez de a nota de referência, a tônica, permanecer como um bordão reiterado ao longo da música, ela comparece no final, como ponto de chegada, de repouso. Sintetizadores simulam uma orquestra para reforçar a conclusão.

Ilha de Bali: cordas sustentam uma nota para o solo de metalofones (gamelão).
Índia: enquanto o sitar sola, o "tampura" conserva uma nota constante. Mais adiante, entra um instrumento de percussão ("tabla"), afinado nessa mesma nota (a tônica).
John Cage?: "For McarDT". Aqui não há centro.

Faixa 10
Vinheta pentatônica (*75-9)

Ouve-se uma sucessão de quatro intervalos de quinta (fá-dó-sol-ré-lá). Ouve-se a voz "sampleada" de Vânia Bastos cantando as cinco sílabas da palavra "pen-ta-tô--ni-ca"; cada sílaba corresponde a uma nota da escala. Vânia Bastos "canta" uma melodia pentatônica do Laos. Violinos fazem um acorde com as cinco notas da escala pentatônica.
Laos: versão original do exemplo. "Vânia" sublinha as notas da escala.

Faixa 11
Passeando por escalas

Tailândia: orquestra tailandesa: cordas, flautas, percussões.
Índia: flauta e "violino" imitam livremente um cantor passeando pela escala. O cantor parece "escorregar" de uma nota para a outra, mas na verdade os três músicos passam conscientemente pelas mesmas notas. Ao fundo, uma "tabla" (espécie de tambor) faz contrapontos.

Faixa 12
Diálogos e imitações

África: (peuls) uma mulher canta, outras duas imitam.
Voz imita corda: Burundi, canto com "inanga" (cítara de sete cordas). Esse gênero de canto "sussurrado" é comum nas diversas regiões do Burundi.
Voz imita sopro: (peuls) voz de homem, flauta, cabaças percutidas.
Diálogos: Bali, gamelão.
África: Malinke, "Dança dos caçadores". Um cantor faz uma melodia com variações, enquanto um coro feminino responde sempre igual, como num refrão; um "baixo" cria um pulso constante por meio de um motivo repetido, acompanhado de uma percussão semelhante a uma colher raspando num prato; uma flauta soa livre dos outros elementos.

Faixa 13
Microtons (*42, 90-2)

Índia: enquanto um instrumento conserva a nota de referência (a tônica), o sitar toca intervalos por vezes menores que meio tom.
Oriente: o canto do muezim "escorrega" por notas que aos ouvidos ocidentais podem parecer desafinadas, mas que o muezim é capaz de repetir exatamente da mesma forma. Não são "escorregadas" acidentais. São notas conscientemente percebidas e fixadas na memória de um povo, codificadas num sistema de escalas.

Faixa 14

Joias raras de um minuto

Tido, tido, tido... ao canto do muezim, do exemplo anterior, sobrepõe-se um acorde tocado com as duas últimas sílabas da palavra "sen-ti-do". Ouvem-se quatro pulos de quinta (fá-dó-sol-ré-lá).

Todo dia o sol levanta
e a gente canta ao sol de todo dia (Caetano Veloso, "Canto do povo de um lugar"): pode-se dizer que esta é uma canção tonal sobre o mundo modal.
Um acorde (sons tocados simultaneamente) sustenta as cinco notas da escala pentatônica...

Faixa 15

Primeira joia: "Conversa com os espíritos". Pigmeu do Gabão canta acompanhado por "mbira". Canto e instrumento fazem melodias sobre escala pentatônica. O acorde contendo as notas da escala permanece ao fundo por algum tempo, sem se chocar com nenhuma das notas da música; a escala pentatônica compatibiliza o sincrônico (exposição simultânea da escala) e o diacrônico (combinação sucessiva das notas melódicas).

Fim da tarde a terra cora
e a gente chora porque finda a tarde (Caetano Veloso, "Canto do povo de um lugar").

Faixa 16

Um timbre de sintetizador (que batizamos de "soft-piano") faz uma escala pentatônica japonesa.
Segunda joia: ouvimos uma melodia executada por um "shakuhaki" (flauta de bambu do Japão). A escala permanece ainda por algum tempo com o "soft-piano" (*213, nota 4).

Faixa 17

Modos diatônicos (*83-5, 87-8, 137-41, 238-9)

Na escala diatônica (com suas sete notas) encontramos intervalos de semitom; as mudanças na sua posição dentro da escala produzem os diferentes modos gregorianos: dórico, frígio, lídio, mixolídio...

(cada modo é repetido duas vezes)
tom tom semitom tom tom semitom (*jônico*, o modo de dó)
tom tom semitom tom semitom tom (*mixolídio*, o modo de sol)
tom semitom tom tom semitom tom (*dórico*, o modo de ré)
tom semitom tom semitom tom tom (*eólio*, o modo de lá)
semitom tom tom semitom tom tom (*frígio*, o modo de mi)
semitom tom semitom tom tom tom (*lócrio*, o modo de si)

tom tom tom semitom tom semitom (*lídio*, o modo de fá)
(ver especialmente a tabela *238-9)

E a gente canta ao sol de todo dia
O som e o sentido, tido, tido, tido (sampler/loop).

Faixa 18

Tido, tido, tido...: O sampler em loop nas sílabas "ti-do" canta a canção de Caetano Veloso. Cada estrofe está num dos modos diatônicos na ordem em que foram apresentados anteriormente:
jônico
mixolídio
dórico
eólio
frígio (*238)

O que caracteriza a sequência dos modos tal como estão apresentados aqui é que eles estão numa ordem progressiva de fechamento, de "escurecimento", como se fossem do dia para a noite; com isso, é possível ter uma ideia do caráter diferente de cada um; notinhas de sintetizador sinalizam a passagem de um modo a outro, a cada estrofe. (Procure cantar junto para perceber melhor a diferença em cada modo.)

Quando a noite a lua mansa
e a gente dança venerando a noite ("Canto do povo de um lugar"): esta estrofe é cantada em modo lócrio, com a quinta abaixada (não usada no canto gregoriano); o mais "escuro" e descendente entre os modos diatônicos. (*238).

Todo dia o sol levanta
e a gente canta ao sol de todo dia ("Canto do povo de um lugar"): cantada em modo lídio, o mais aberto e ascensional entre os modos diatônicos; muito usado na música nordestina brasileira.

Observação: os modos diatônicos foram apresentados aqui de maneira a fazer sentir gradativamente as nuances de "clima" em cada um, através de uma progressão estrutural na posição dos semitons. Essas variações escalares são tipicamente modais e dão uma ideia do que os modos representavam no canto gregoriano. O exemplo escolhido, no entanto, partindo de uma canção brasileira, faz ouvir essas variações em cima de uma linguagem tonal, com movimento cadencial de acordes.

PARTE III: A VIAGEM DE BEETHOVEN (*43-5, 115-8) (MÚSICA TONAL)

A próxima etapa da playlist trata da música tonal. Foi baseada no primeiro movimento da *Sonata* op. 53, de Beethoven, também conhecida como "Waldstein" ou "Aurora". Por meio da sonata vão sendo mostradas as características e a história da linguagem tonal. A peça foi escrita originalmente para piano. Fizemos um "arranjo" usando outros timbres além do piano, com o objetivo de "analisar" a música por meio dos próprios sons. Desde o início, os diversos temas são apresentados com timbres diferentes, para que se possa localizá-los e acompanhar as suas transformações.

Faixa 19

Ruídos de estação de trem; uma breve chamada de elementos que compõem o primeiro tema (tema do pulso, defasagem, motivo, resposta, melodia sinuosa, pontos).

Faixa 20

Início da sonata: *exposição do primeiro tema* (*151-8) (que na verdade é um agregado de diversos materiais); timbres identificadores do primeiro tema: "soft-piano", contrabaixo, clarinete.

Faixa 21

Exposição do segundo tema: timbres identificadores do segundo tema: coral, cantora (Ná Ozetti/sampler), "coral com ataque" (som brusco), "cantora com ataque" (som brusco).

Faixa 22

Surge o timbre de *piano*: transição.

O surgimento do piano marca o final da exposição dos temas; o piano faz uma transição, uma "ponte" que nos levará ao *desenvolvimento* dos temas.

Faixa 23

Desenvolvimento: piano e clarinete desenvolvem elementos do primeiro tema. "Coral com ataque" e "cantora com ataque" desenvolvem elementos do segundo tema.

Surge o piano novamente: fim do *desenvolvimento.*

No original escrito por Beethoven, a sonata começaria a reapresentar os temas (*reexposição*), numa repetição quase literal do início. Mas nós faremos uma pausa para uma breve "vistoria" nas características dos dois temas. A reexposição prosseguirá na faixa 30.

Faixa 24

Composição opus 53 se aproximando da estação de vistoria

Corte! Ruídos de esportes: cortada de vôlei, jogo de basquete, esgrima cortando o ar,

pingue-pongue lento, tacada de golfe, pingue-pongue rápido, squash (todos eles percussivos mas sem pulso constante).
Ruídos de ginástica; **tempo constante, pulso.** Ruído de alguém correndo em volta de uma sala.

Faixa 25

Os dedos de Beethoven entram batendo juntos.
Começa a defasar, começa a defasar
bate um tempo contra tempo
cada tempo tem dois dedos
mas agora tem um dedo em cada tempo
tem um dedo em cada nota
em cada nota tem um tempo
em cada nota...

De uma das mãos de Beethoven
desprende-se uma melodia...

Mais adiante
A melodia se estende numa mão
e na outra tem um dedo em cada nota
tem um tempo em cada nota
e as mãos se igualam como num espelho
e fazem uma ponte para...

Os dedos de Beethoven entram batendo juntos
de uma das mãos de Beethoven
desprende-se uma melodia
as mãos se igualam como num espelho
e fazem uma ponte para...

Como se vê (e se escuta), apesar de os temas parecerem tão diferentes entre si, eles na verdade não só têm pontos em comum ("os dedos entram batendo juntos") como sofrem transformações semelhantes ("desprende-se uma melodia, mãos como num espelho..."). É como se Beethoven quisesse nos comunicar a capacidade que a música tem de transformar uma coisa em outra. Temas aparentemente distantes podem ser de fato pontos de uma mesma linha. Todo segredo está em como se passa de um ponto a outro. É sobre essa linha que a viagem de Beethoven se desenrola (*153-5).

Faixa 26
Vinheta: **Tom e pulso**

Passos. Ao fundo ouvimos a nota dó.

A nota de fundo passa de dó para ré; a velocidade dos passos aumenta na mesma proporção (correspondência entre melodia e ritmo: (*24, 61-3, 205-6). A progressão continua até o próximo dó (oitava acima do dó inicial).
Oitava (dó-dó): estabilidade total dos pulsos.
Quinta (dó-sol): estabilidade relativa dos pulsos.
Quarta (dó-fá): estabilidade relativa dos pulsos.
Terça (dó-mi): relativa instabilidade dos pulsos.
Semitom (dó-dó sustenido): os pulsos começam juntos, progressivamente vão se defasando, chegam a um máximo de defasagem, começam progressivamente a se reaproximar, até que novamente coincidem.
Acorde dó — mi — sol — dó.
Acorde dó — fá — lá — dó.
Acorde dó — mi — sol — dó.

Faixa 27
Consonância e Dissonância
Série harmônica com contrabaixo.
Série harmônica com som sinusoidal (sintetizador) (*25). Passos ao fundo. "Violinos" (sintetizador) fazem nota longa. Piano começa fazendo "pingos" (duas notas, uma depois da outra) em intervalos de oitava, sétima e sexta.
Narração: **Tem sensações que a gente escuta.**
"Pingos" param no intervalo de quinta; "violinos" reforçam a quinta.
Parece uma coisa que às vezes se encaixa...
Passos fazem intervalo de quinta (loop/sampler).
"Pingos" fazem intervalo de quarta e terça.
... e às vezes se desencaixa...
"Violinos", passos e "pingos" em intervalo de segunda.
"Pingos" fazem terça.
Consonância e dissonância.
"Pingos" fazem diversos intervalos; uma voz sustenta sempre a mesma nota. (Experimente cantar a nota longa. Você vai sentir os diferentes matizes da sensação de consonância e dissonância.)

Na verdade, esses "pingos" já fazem parte do exemplo que virá a seguir: são as notas graves do *Prelúdio nº 1*, de Bach.

Faixa 28
Prelúdio nº 1, de Bach (*Cravo bem temperado*, vol. 1) (*132-7). Sobre os "pingos" (mão esquerda do tecladista) surge um som de sintetizador fazendo sequências de seis notas (mão direita). Estamos ouvindo com dois timbres diferentes uma música feita originalmente para um timbre único.

Sobreposição: "violinos" (sintetizador) tocam a sequência de acordes (harmonia) que está implícita no prelúdio (embora não conste no original).

Faixa 29

Contrabaixo, bumbo, órgão, "clarinete sintetizado" aparecem para mostrar que este mesmo prelúdio pode ser ouvido também como uma sequência de pequenos motivos sobrepostos e defasados. As notas são as mesmas da partitura original. Apenas a diferença de timbre ressalta uma outra possibilidade de escuta. Aceleramos o andamento para acentuar o caráter rítmico da passagem.

Progressivamente, este arranjo entrecortado vai dando lugar a um timbre único, como no original do *Prelúdio*.

Faixa 30

A viagem de Beethoven (*reexposição do primeiro tema*): continuação da sonata a partir do ponto em que havia parado no final da faixa 23. A *reexposição* (ou recapitulação) será feita agora com timbre de *piano*, como no original de Beethoven.

Faixa 31

Reexposição do segundo tema (em vez dos timbres de coral utilizados anteriormente (faixa 21), executamos agora o segundo tema com timbre de *piano*).

A partir deste ponto, vamos intercalar a escuta da sonata com outras obras musicais. Vamos estabelecer paralelos entre a viagem de Beethoven e outras viagens. Vamos ouvir músicas dentro de músicas.

Vozes diferentes cantando juntas.

Vamos abrir um parênteses na sonata de Beethoven e voltar no tempo... Um canto gregoriano atravessará quinhentos anos da história da música servindo de base para que outras vozes se sobreponham. Nosso ponto de partida é o século x. Vozes em uníssono.

Faixa 32

Panorâmica do século x ao xviii (*121-36).

Canto gregoriano. Versão original com coral masculino. (*Kyrie Cunctipotens*, modo dórico) (*42-3, 106-9, 137-9)

O mesmo canto gregoriano ("sampleado"), somado ao "soft-piano" para reforçar sua melodia.

Existem partituras que documentam a presença deste canto gregoriano em diversas obras, sendo reutilizado como *cantus firmus* (*122).

Organum paralelo (*122): uma outra voz (aqui executada por um sintetizador e não por uma voz humana, como de fato ocorreu historicamente) segue o mesmo perfil melódico do gregoriano (movimento paralelo), dobrando-o uma quinta acima.

Século xi: Organum livre (*122). Uma outra voz faz um perfil melódico diferente do gregoriano (movimento não paralelo).

Século xii: Organum melismático (*122). O canto gregoriano é "espaçado". Entre

uma nota e outra surge uma nova melodia mais rápida e mais ágil. Diferença de tempo (andamento) entre as vozes.
Século xiii: *Rex virginum amator* (*Kyrie-Tropus* anônimo). As vozes se agilizam à maneira da *clausula* (*123).
Século xiv: Guillaume de Machaut, *Kyrie* da *Missa de Notre-Dame.* Moteto unitextual (*123-6)
Século xv: *Kyrie* anônimo (fragmento) (*127-8).
Século xvi: Josquim des Prés, *Faulte d'argent, chanson.* Não há mais o canto gregoriano. A ideia de imitação de motivos começa a se tornar suficientemente forte para organizar a música, dando maior autonomia ao jogo polifônico (*128).
Escuta, escuta...: *Ohinè, se tanto amate,* madrigal de Claudio Monteverdi (século xvii). O movimento cadencial (tensão-repouso) começa a recortar mais claramente a música (*130).
Século xvii: o acorde... a cadência...: "Non schivar, non parar", de *O combate de Tancredo e Clorinda,* de Monteverdi. A polifonia (trama de vozes simultâneas, "horizontais") já se cristaliza em acordes (bloco de sons superpostos, "verticalizados") (*130).
Século xviii:
Uma voz ("soft-piano").
Outra voz (piano).
Outra voz (piano).
Outra voz (clarinete).
Um coral de Bach (número 24, *Ein feste Burg*).
Quatro melodias sobrepostas
e, ao mesmo tempo, uma sequência de acordes.

A música de Bach concilia a dimensão horizontal das melodias simultâneas (polifonia) com a dimensão vertical dos acordes (harmonia) (*136).

Faixa 33
Beethoven — Sonata: uma sequência de acordes.
A sonata de Beethoven prossegue do ponto em que havia parado na faixa 31, ou seja, reexpondo o segundo tema.

Uma melodia passeia pela sequência de acordes.
Ouvimos com timbre de piano a sonata prosseguir com o segundo tema, com acordes na mão esquerda e uma melodia na mão direita.

A sonata entra em loop preparando a entrada de novos exemplos comparativos. "Violinos" (sintetizador) fazem uma suspensão...

(A suspensão se produz quando a cadência é interrompida, suspensa antes de se resolver, insistindo na tensão e adiando o repouso...)

Faixa 34

Uma sequência de acordes...

Três melodias vão passear...

Bach, *Fuga número 4* (do segundo volume do *Cravo bem temperado*, a três vozes, fragmento).

Na versão original, cinco vezes mais rápida, não há violinos. A sequência de acordes não está escrita no original de Bach, mas é algo presente em sua mente durante a composição. A arte da fuga é justamente um jogo em que melodias aparentemente independentes se imitam em defasagem, mas são controladas por um pensamento harmônico subjacente (*132 e seguintes, 167-70).

Faixa 35

sequência de acordes...

Duas melodias vão passear...

Chopin, *Estudo número* 7 (opus 25, fragmento).

A versão original é só para piano. Note como as duas melodias são de natureza tão diferente, mas caminham juntas sobre a mesma base de acordes. Temos uma espécie de dupla melodia acompanhada (*121).

Faixa 36

Melodias em defasagem: Bach, *Fuga número 5* (do segundo volume do *Cravo bem temperado*, a quatro vozes, fragmento).

Faixa 37

Mãos em defasagem: **Chopin, mão direita;** *Prelúdio nº 5*, opus 28, original para piano (*159-60). A mão direita sugere uma melodia acompanhada por um baixo. Colocamos um timbre de contrabaixo (agudo) para sublinhar.

Mão esquerda: a mão esquerda sugere outra melodia acompanhada por outro baixo. Colocamos um timbre de contrabaixo para sublinhar.

Mãos em defasagem: sobreposição das duas mãos, como no original de Chopin. Sobreposição dos dois baixos.

Faixa 38

Beethoven — Sonata, mão direita

Mão esquerda

Ouvimos mais um trecho da sonata, em que encontramos também este jogo de oposições entre mão direita e esquerda.

Faixa 39

Trinado sobre intervalo de *trítono*: a sonata se interrompe mais uma vez...

Trinado: alternância rápida entre duas notas. Trítono: intervalo de seis semitons. Ponto de máxima ênfase tensional da sonata, o trítono foi reforçado com um timbre de trompa (sintetizador).

Faixa 40

Vinheta: diatônica (*82-5)

Seis saltos de quinta em várias oitavas (fá-dó-sol-ré-lá-mi-si).

"Harpa" (sintetizador) reagrupa as mesmas notas no espaço de uma oitava.

Vânia Bastos (sampler) com as sílabas da palavra "di-a-tô-ni-ca" "canta" as notas da harpa.

"Harpa" ordena as notas a partir de dó (dó-ré-mi-fá-sol-lá-si-dó).

Vânia Bastos "canta" a mesma ordenação, nota por nota (dia-tô-ni-ca-dia-tô-ni-ca).

Idem no sentido descendente.

Vânia Bastos (sampler) com as sílabas da palavra "di-a-tô-ni-ca" "canta" o início da *Sonata em dó maior K 545*, de Mozart, que virá logo adiante.

Faixa 41

Vinheta: cadência dominante-tônica

Trítono si-fá (*67, 109-11).

Si que vai para dó, sensível que sobe.

Fá que vem para mi, sensível que desce.

Dupla sensível,

resolve sobre dó-mi.

Coloca um baixo:

cadência dominante-tônica (*140-1).

Faixa 42

Mozart, *Sonata em dó maior*, compasso 1.

Dó mi sol, acorde de dó maior.

compasso 2

Acorde de dominante, cadência sobre tônica dó maior.

Mozart, compasso 14.

Ré si sol, sol maior.

Mozart, compasso 14.

Acorde de dominante, cadência sobre sol maior.

Faixa 43

Mozart — Sonata: versão para violoncelo, viola, trompete, piano e "soft-piano". (Originalmente composta para piano.)

Faixa 44

Cadência wagneriana: Trecho inicial do *Prelúdio de Tristão e Isolda.*

Note como na sonata de Mozart o ponto de chegada, o repouso harmônico (resolução tônica-dominante) é sempre muito nítido. Aqui em Wagner, a harmonia vai deslizando de um centro para outro, sem que a gente saiba muito bem onde é o ponto de chegada. Você pensa que chegou, mas sempre tem outro degrau mais para a frente... A esse estado de tensão tonal chamamos "cromatismo" (*117, 143-4).

Faixa 45

Beethoven — Sonata, parte final: a sonata seguirá agora até o final, numa espécie de segundo desenvolvimento, buscando sua conclusão.

Piano faz uma série de cadências.

Reaparece o primeiro tema modificado.

Através da mistura dos timbres (clarinete, coral, "soft-piano", baixo) podemos perceber que os dois temas começam a se sobrepor.

Uma melodia coral (próxima do segundo tema) aparece acompanhada pelo piano batendo acordes (primeiro tema); a "melodia sinuosa" se sobrepõe ao "motivo com resposta" (a identificação destes elementos foi feita na chamada da primeira estação da "Viagem de Beethoven", faixa 19).

O clarinete retoma a "melodia sinuosa" (material do primeiro tema) e o piano faz uma progressão com "motivo e resposta" (semelhante ao que ocorria no desenvolvimento (faixa 23), ou seja, sobrepõem-se elementos do tema com elementos do desenvolvimento). Ambos vão caminhando defasados até se tornarem uma só melodia de clarinete... E depois de todas estas fusões:

Volta o tema do coral.

Volta o tema do pulso.

Ponto final.

PARTE IV: DOZE NOTAS (MÚSICA SERIAL)

Faixa 46

Vinheta **cromática** (*175-95)

Piano faz as doze notas da escala cromática, formada por intervalos de semitom.

Sampler (Ná Ozzetti) "canta" as doze notas com as sílabas da palavra "cro-má-ti-ca" (repetida três vezes).

1-2-3-4-5-6-7-8-9-10-11-12 (A série dodecafônica da *Peça para piano* op. 33a, de Schoenberg (*180-3) é cantada na sua forma original, falando números.)

A série é uma ordenação da escala cromática. Esta ordem pode ser invertida:

12-11-10-9-8-7-6-5-4-3-2-1 (A mesma série, ouvida de trás para diante: forma retrógrada, espelho.)

Acordes feitos com a série.

Faixa 47

Schoenberg, opus 33a (feita originalmente para piano).

Loop, compassos 12 e 13:

Abrimos um parêntese para ouvir comparativamente cada uma das vozes que podem ser subentendidas através de um processo repetitivo, de tipo minimalista, aplicado aqui "artificialmente" à peça dodecafônica (*207). Completados os elementos, segue a música, com o seu caráter "não repetitivo".

Faixa 48

Anton Webern, opus 27 (*183-6, 246, nota 19); feita originalmente para piano ("Variações").

As notas repetidas indicam a presença de "espelhos" (os compassos formam grupos simétricos; cada trecho ouvido é reapresentado de trás para a frente).

Faixa 49

Coda: mundo repetitivo

Bongô. Máquina de somar elétrica.

Máquina de fotocópia.

Um batuque gravado no sampler. Tocado no agudo se torna um ruído repetitivo rápido, semelhante ao ruído da fotocopiadora.

Quando a fotocopiadora desliga, o batuque vai descendo para o grave (vai ficando mais lento), até atingir seu andamento normal.

Máquina de escrever. **No século XX abre-se novamente um período de contraponto. O pulso torna-se fundamental.**

Brotam pulsos de sampler feitos com os primeiros tons da série harmônica. A série ouvida como pulso.

"O som e o sentido" reaparece.

Sobreposição dos samplers "pentatônica, diatônica e cromática", que apareceram anteriormente. As estruturas escalares sobrepostas produzem pulsações defasadas. Pensamento rítmico. Música das musas, música das máquinas, música das músicas.

Índice remissivo

1ª EDIÇÃO [1989] 2 reimpressões
2ª EDIÇÃO [1999] 9 reimpressões
3ª EDIÇÃO [2017] 3 reimpressões

ESTA OBRA FOI COMPOSTA PELA PÁGINA VIVA EM MINION E
IMPRESSA EM OFSETE PELA GEOGRÁFICA SOBRE PAPEL PÓLEN SOFT
DA SUZANO S.A. PARA A EDITORA SCHWARCZ EM JANEIRO DE 2024

FSC®
www.fsc.org
MISTO
Papel | Apoiando o manejo florestal responsável
FSC® C019498

A marca FSC® é a garantia de que a madeira utilizada na fabricação do papel deste livro provém de florestas que foram gerenciadas de maneira ambientalmente correta, socialmente justa e economicamente viável, além de outras fontes de origem controlada.